JN092353

ライブラリ 民法コア・ゼミナール 3

コア・ゼミナー

民法Ⅰ

債権法1 債権総 契約総

平野 裕之

Core Sem

新世社

はしがき

　本書『コア・ゼミナール民法Ⅲ　債権法1』は，姉妹書である拙著『コア・テキスト民法Ⅳ　債権総論［第2版］』及び同『コア・テキスト民法Ⅴ　契約法［第2版］』の副読本として作られたものである。「コア・テキスト」を読みつつ，知識の確認用に使用してもらうための事例問題集である。もちろん，「コア・テキスト」を利用していない読者がこの問題集だけを利用できるように，最小限の説明はしてある。基本コンセプトは論点ごとにばらした事例問題の千本ノックともいうべきものである。

　注意していただきたいのは，知識確認のためだけの問題集ではなく，事例問題集だということである。ずばり「論点」の正誤を考えてもらうのではなく，その「論点」を事例から探し出すことも求められている。その意味で，事例からの論点発見能力を鍛える「事例」問題集である。民法の学習では，その条文や判例理論を必ず事例とセットにして覚える必要があり，民法の条文からインプットした知識を，今度は事例を見て何が問題になるのかを探し出すためにアウトプットしてもらいたい。

　「コア・テキスト」は，定義・要件・効果をまとめることを意識しつつも，具体的事例を示しながら解説しているので，屋上屋を重ねることになることを危惧するが，再度，事案を見て使える知識になっているかどうか確認をしてもらいたい。このような基本コンセプトの本なので，再度の不必要に多くの解説をすることは控えている。

　上に「問題集」と書いたが，事例問題を解きながら読む参考書といってもよい。問題集的に使用したい読者は，解説の部分を隠して問題文を読み，自分で考えてから答え合わせ的に解答を読んでもらいたい。これに対して，事例で考える参考書として使用しようという読者は，事例を読んですぐに答えを見て，どうしてそうなるのか解説を読みながら確認をしていただければよい。適用条文は，2020年4月に施行された2017年改正法に拠っている。改正法を理解するために必要な限度で，改正前規定に言及することもある。

　以上のようなコンセプトであるので，何らかの客観的解答を用意しておかなけ

ればならず，条文から明らかな場合には条文の適用で答えが出せるが，条文から
は当然に解答が導かれない問題については，判例を基準として正しいかどうかを
判断することにした。そのため，完全に区別できるとは思われず，一応の区別に
すぎないが，以下のような基準で各記号を付けることにした。

○　判例から結論が正しい場合
×　判例から結論が誤りの場合
△　最上級審判決がなく，結論について学説上議論がある場合
　　または，要件の充足如何により○にも×にもなる場合

　本書は拙著『コア・ゼミナール民法Ⅰ　民法総則』及び同『コア・ゼミナール
民法Ⅱ　物権法・担保物権法』の続刊であり，債権法の残る部分を扱った『コア・
ゼミナール民法Ⅳ　債権法2』も刊行準備中である。

　なお，これらは「ライブラリ 民法コア・テキスト」の「演習書版」であるが，
「コア・テキスト」の既刊6巻をもとに，「親族・相続」の要旨も含めて，民法全
体が一冊でわかるようにまとめた「ダイジェスト版」ともいうべき概説書も執筆
を終え，校正を待つだけの状態になっている。

　「コア・テキスト」は考える力を鍛えてもらうことも意図して判例とは異なる
学説の提案さらには自説も必ず書き添えているが，概説書のほうは基本的に条文
と判例，条文趣旨，要件事実の説明だけに留め，財産法部分については「コア・
テキスト」6巻をダイエットして骨と皮だけにした形で解説を精選し，効率よく
必須の基礎知識が得られるようにした。法学部におけるテキストのほか，予備試
験，司法試験，あるいは公務員試験など種々の試験の直前に知識の確認をするた
めに用いてもらうことを想定している。

　最後に，本書も『コア・ゼミナール民法Ⅰ・Ⅱ』また「コア・テキスト」同様，
新世社編集部の御園生晴彦氏と谷口雅彦氏にはお世話になった。お二人に感謝し
たい。

　　2020年4月

平野　裕之

目　次

第2編 契約総論

第1編

債 権 総 論

■第 1 章■
債権・債務の意義

CASE1-1　　　Aは，その所有する甲地（1000 平方メートル）につき，
Bとの間で，1 年を有効期間として，Bが 1000 万円で甲地の中から 200 平
方メートル好きな部分を買い取ることができるという内容の売買予約を締結
した。1 カ月後にBは買い取ることを決意し，東側の 200 平方メートルの部
分（以下，乙地という）を指定して予約完結の意思表示をし，乙地の引渡し，
また，分筆登記及び所有権移転登記手続を，Aに対して求めてきた。
【Q】　BのAに対する上記請求は認められるか。

【A】　○（給付内容が確定されてはいないが，選択債権［選択的予約完結権］
　　　を認める合意として有効である）

【解説】　債権の成立要件としての給付の確定可能性について考えてもらう問題で
ある。
　　判例は，「土地の有形的の二分の一に対する所有権を其者に移転すると云ふに
あらば，其有形的の部分を定むる方法を予め定められある以上，是又有効の契約
たるを失はずと雖，其定無き場合に於ては契約は無効を免れ」ないとしている
（大判大 12・7・27 民集 2 巻 572 頁）。選択権を買主側に認めるなどの対象の確
定方法が定まっていない限りは*1，契約は無効ないし不成立というのである*2。
しかし，土地の一部の贈与や賃貸の合意も，選択債権として有効であり，選択債
権の合意として有効と扱われる可能性がある*3。上記判決でも半分を決める方法
が定められていれば契約は有効になることを認めている。その後の判例は，340
坪の土地のうちの 50 坪の賃貸借につき直截に選択債権と認めている（最判昭
42・2・23 民集 21 巻 1 号 189 頁）。本問ではBに選択権を認めた選択債権――
ないし選択権としての予約完結権――を認める合意と解釈し，契約は有効と考え
られる。よって，○を正解と考えるべきである。
　　*1『民法Ⅳ』注 2-23　　*2『民法Ⅳ』1-2　　*3『民法Ⅳ』注 2-23

■第　2　章■

債務の分類及び債権の目的

[1]　債務の分類

> **CASE2-1**　　　Ａ所有の甲地とＢ所有の乙地とは隣接しており，法律上は
> ３階建ての建物の建築が可能であるが，ABが同時期に土地を建物所有目的
> で取得したこともあり，相互に建物は２階建てまでしか建てないことを合意
> した。Ａはただちに２階建ての建物を建築したが，Ｂは息子のために建物を
> 建てる目的で乙地を購入したものであり，息子が海外転勤になったため，建
> 物を建築しないままであった。
>
> 　合意から５年が経過した時点で，Ｂは息子が家族とともに帰国したため，
> 息子のために建物を建てることにし，息子家族の意見も聞いて３階建ての建
> 物を建築することにした。Ｂが３階建ての建物の建築を開始したため，Ａは
> ２階建てへの変更を求めた。これに対してＢは，そのような合意は無効であ
> り，たとえ有効でも５年が経過しているので消滅時効が完成していると主張
> して，Ａの請求に応じない。
>
> 　【Q】　Ａの請求は認められるか

　【A】　○（不作為を目的とする債務の合意も有効であり，また，消滅時効は
　　　　違反する作為があってから起算される）

　[解説]　不作為を目的とした債務を負担する契約の有効性，また，不作為債務の
消滅時効の起算点を考えてもらう問題である。

　　契約自由の原則からして（521条１項），不作為を目的とする契約も，その内
容が確定され公序良俗に違反しない限り有効である。本問の契約も，甲地と乙地
につき２階建て以上の建物を建築しないという不作為を内容としており，内容は
確定されまた公序良俗に反するものではない。したがって，契約は有効である。

　　次に，消滅時効であるが，不作為を目的とする債権も時効期間は166条１項に

3

より5年または10年となる。問題は起算点である[*1]。合意の時に既に債権は成立しており，条件も期限もない。では，契約から5年または10年の消滅時効を起算すべきなのであろうか。違反なしに恙なく過ぎているのに，5年で債権が時効にかかるというのは不合理である。そのため，違反がありその除去請求という形で請求権の行使ができるようになって初めて権利行使ができ，その時点から消滅時効を起算すべきである。

　そうすると，違反があってから10年，違反があったのを知ってから5年の消滅時効が問題になると考えるべきである（166条1項1号・2号）。したがって，Bの債務はいまだ消滅時効にはかかっていない。○が正解である。

　　[*1]『民法Ⅰ』16-2

[2]　債権の目的──特定債権及び種類債権

(a)　特定債権（特定債務）

❶　特定物ドグマの否定

CASE2-2　　　　　Aは中古の建設機械の整備・販売を業とする会社である。Aは，中古の甲クレーン車をB会社に販売し，1週間後に引渡しをすることを約束した。Aは甲クレーン車をその倉庫において管理していたが，売買契約の翌日に，爆弾低気圧の通過に伴い，Aの営業所のある地域に竜巻が発生し，倉庫の屋根が吹き飛ばされ，甲クレーン車も突風により転倒し，損傷した。

【Q】　BはAに対して，甲クレーン車の損傷を修理した上で引き渡すよう請求できるか。

【A】　○（567条1項の反対解釈により，562条の追完請求が可能）

[解説]　2017年改正法により特定物ドグマが否定されたことを確認してもらう問題である。

　改正前は，旧483条を根拠に，特定物ではその特定物を渡せば引渡義務の不履行はないと考える，いわゆる**特定物のドグマ**を認める学説があった[*1]。この考えでは，引渡義務については，不具合があっても「その特定物」を引き渡せば引渡義務の不履行はないことになる。不可抗力による損傷は，修理可能でも売主には修理義務はなく，危険負担の問題になると解されていた。

ところが，2017年改正法は483条の現状引渡義務につき「契約その他の債権の発生原因及び取引上の社会通念に照らしてその引渡しをすべき時の品質を定めることができないときは」という制限をつけたのである。特定物であっても，約束した契約内容に適合した状態で目的物を引き渡す義務が認められることになった*2。そして，売買契約の担保責任の規定も，特定物ドグマと結びついた**法定責任説**を否定し，**債務不履行として再構成されている**。この結果，567条1項の反対解釈として，562条の追完請求は損傷が目的物の引渡前のものである限り，不可抗力で生じた場合にも認められることになる。したがって，BはAに対して，甲クレーン車を修理した上で引き渡すよう請求でき，○が正解となる。

［関連して考えてみよう］　なお，修理のために甲クレーン車の引渡しが遅れたとしても，修理自体の遅滞がない限りは，不可抗力による損傷なので，Aは損害賠償義務を負うことはない。

　*1『民法IV』2-13　　*2『民法IV』2-14

❷　引渡しまでの善管注意による目的物保管義務

CASE2-3　　Aは中古の建設機械の整備・販売を業とする会社である。Aは，中古の甲クレーン車をBに販売し，1週間後にBが引取りに来て引渡しをすることを約束した。

　1週間後の引取期日に，Bが引取りに来なかったため，AがBに確認したところ，工事現場で事故があり引取りに行く余裕がないと伝えられた。Aは，台風が接近しており何かあるといけないので，Bにできる限り早く引取りに来るように求めた。

　それでも，Bは引取りに来ずに，Aの営業所のある地域が大型台風の直撃を受けた。甲クレーン車の横の別の乙クレーン車は固定されていたが，通常の台風では耐えられたが未曾有の大型台風であったため，固定されていたにもかかわらず突風により乙クレーンが倒れ，甲クレーン車に接触し，甲クレーン車がこれにより損傷を受けた。

　【Q】　BはAに対して，甲クレーン車の損傷を修理した上で引き渡すよう請求できるか。

　【A】　×（413条1項によりAの注意義務が軽減され，その注意義務違反が否定されるため，当事者双方の帰責事由によらない損傷と扱われて

567条2項が適用になり，562条の追完請求は否定される）

[解説] 特定物売買における，売主の引渡しまでの目的物の保管義務についての問題である。

民法は，特定物の引渡しを目的とする債務の債務者につき，目的物の引渡しまで善管注意義務——その内容は契約で合意できる——を負うことを規定した（400条)[*1]。そうすると，Aは，売却済みの甲クレーン車の横にある，転倒をすれば甲クレーン車に損害を与える可能性のある乙クレーン車の固定を，大型台風が予測されているにもかかわらず，十分になしていなかったので，善管注意義務違反が認められるかのようである。

しかし，本問では，債権者Bには，催告されても取りに来ないいわゆる<u>債権者遅滞ないし受領遅滞が認められる</u>。Aとしては，台風までにはBが心配になって引取りに来るだろうと踏んでいたと思われる。第一，受取期日にBが引取りに来ていればそもそもこのような事態にはならなかったのである。そのため，民法は，413条1項により，<u>受領遅滞の場合には債務者の注意義務を自己の財産におけると同一の注意義務に軽減した</u>[*2]——さらには，413条の2第2項により，債務者Aに帰責事由が認められないだけでなく，事故自体はAの帰責事由によるものではないが，Bが引取りに行けなかったからこうなったという因果関係はあり，公平の観点から，「債権者の責めに帰すべき事由によるものとみなす」とまで扱っている——。

Aの注意義務が軽減された結果，Aの帰責事由が否定され，これに，Aが提供をしていたこと——取立て債務なので用意をして引取りを促せばよい——を合わせると，567条2項の適用が認められることになる。この結果，Bは修理，代金減額，損害賠償，解除のいずれの請求も否定され，他方で，代金全額を支払わなければならないことになる。よって，BはAに甲クレーン車の修理を請求することはできず×が正解になる。

[*1] 『民法Ⅳ』 *2-11*　　[*2] 『民法Ⅳ』 *2-12*

(b) 種類債権ないし不特定債権（種類債務ないし不特定債務）

❶ 種類債権の意義

CASE2-4　A楽器店で，Bはカタログにより甲ギターを注文し，入荷したら連絡をもらうことにした。Aはメーカーに発注し，甲ギター（以下，本件ギターという）が入荷したので，Bに連絡をした。ところが，Bは，運悪くインフルエンザにかかってしまっており，Aに事情を話して，治ってから

受取りに行く旨を伝えた。

　しかし、Ｂはなかなか全快せず、Ａから入荷の連絡を受けてから４日経ったが受取りに行けなかった。４日目に、Ａの店に強盗が押し入り、店の奥に保管してあった他の貴重な楽器とともに、Ｂが注文した本件ギターもこの時、盗難にあった。

【Ｑ】　ＢはＡに対して、新たに甲ギターを仕入れて引き渡すよう請求できるか。

【Ａ】　×（401条により特定が認められ、履行不能となり412条の２第１項により履行請求がなしえなくなる）

【解説】　種類物売買における、種類債権の特定の問題である。甲ギターはカタログで注文を受けるいわゆる種類物であり、Ａは種類債務を負い、目的物を調達する（仕入れる）義務を負担する。種類債務には履行不能はない。では、Ａは取り置きしておいた甲ギターが盗難されても、再度甲ギターを調達しなければならないのであろうか。

　これに関連して、民法は種類債権の特定という制度を用意している[*1]。Ａの債務は取立債務であり、ＢがＡの店舗に引取りに来る必要があり、「物の給付をするのに必要な行為を完了し」たとは、甲ギターを入手したことを伝えてＢに引取りを催告することで足りる。したがって、既に甲ギターは本件ギターに特定しており、Ａはこの特定した本件ギターを保管して引き渡せばよく、本問では盗難にあっており、社会通念上不能になったといえる。

　したがって、Ａは履行不能の抗弁を主張しＢの履行請求を拒絶できる（412条の２第１項）。そのため、Ｂは新たな甲ギターの入手（調達）を求めることはできず、×が正解になる。

【関連して考えてみよう】　なお、Ａが代金の支払請求ができるかは567条２項の解釈にかかり、Ｂが引取りに行けなかったのはインフルエンザにかかったためであり、履行不能のみならず受領遅滞にも帰責事由はない。債権者に帰責事由がなくても危険の移転を認めるかは議論があったところであり、567条２項はこれを解決するものではなく解釈に任せたものである。ただ、Ｂは自分が引取りに行けなくても家族に引取りに行ってもらうなどの方法をとることかできたことを考えれば、受領遅滞に帰責事由がないということ自体、疑問はある。

　　[*1] 『民法Ⅳ』2-18 以下

❷ 制限種類債権

CASE2-5 Aは甲リンゴ園を経営しており，B会社の契約農家として，この秋に収穫するリンゴ100キログラムの売買契約を5月に締結した。Bはリンゴを社員に与えるとともに，顧客の賞品として応募者に与える予定にしている。

秋になり，Aはリンゴが熟してきたので，そろそろ収穫する準備をしていた。ところが，ある夜，窃盗団がAの甲リンゴ園に入り，リンゴをすべて持ち去ってしまった。そのため，AはBに供給する甲リンゴ園のリンゴが1つ残らずなくなってしまった。

【Q】 BはAに対して，Aが経営する別の乙リンゴ園のリンゴ100キログラムを引き渡すよう請求できるか。

【A】 ×（制限種類債権であり，特定がなくても履行不能がありうる）

[解説] 制限種類債権の問題である。Aの債務は，甲リンゴ園のリンゴの引渡しという形で特定がされている。しかし，甲リンゴ園の中のどのリンゴかは特定されておらず，甲リンゴ園のリンゴであればどれでもよい——契約内容に適合している物であれば——。このような特定債務と種類債務の中間的な債務を**制限種類債務**（債権としては制限種類債権）という[*1]。

種類債務は特定がなければ履行不能にはならない。本問では，AがB用のリンゴを収穫して取り置きしていたわけではなく，特定はしていない——制限種類債務にも特定は適用される——。しかし，制限種類債務には特定がなくても，<u>目的物全部がなくなれば履行不能が考えられる</u>という特殊性が認められる。本問では，甲リンゴ園のリンゴ全部が盗難にあったので，履行不能となっている。したがって，BはAに対して，乙リンゴ園のリンゴの引渡しを求めることはできない。よって，×が正解である。

[関連して考えてみよう] なお，夜中に窃盗団が入った点であるが，制限種類債務については特定物と同様に善管注意義務があるのかという問題があり，これを肯定しても，窃盗団が出没しているという注意が農協から出されていたなどの特別の事情がない限りは，注意義務違反を認め，損害賠償義務を負わせるのは酷なように思われる。

[*1] 『民法Ⅳ』2-16

CASE2-6　Ａは甲リンゴ園と隣接する乙リンゴ園を経営しており，Ｂスーパーのバイヤーが，Ａを訪問し，Ａと甲リンゴ園または乙リンゴ園になっているリンゴ100キログラムの売買契約を締結した。ABは引渡期日を決め，その日にＢが100キログラム分を収穫して引き取る約束にした。

　ところが，約束の期日に，Ｂが収穫のために雇っていた業者に不幸があり収穫に行けなくなった。Ａは甲リンゴ園にてＢが来るのを待って，収穫作業が可能なように準備をしていた。しかし，結局，午後になってから，Ｂから本日は行けないという通知が入った。その夜，窃盗団がＡの甲リンゴ園に入り，リンゴをすべて持ち去ってしまった。そのため，Ａは，Ｂに供給するリンゴがなくなってしまった。乙リンゴ園は被害がない。

【Q】　ＢはＡに対して，乙リンゴ園のリンゴ100キログラムを引き渡すよう請求できるか。

【A】　○（提供はあっても特定はされていない）

【解説】　制限種類債権における特定の問題である。甲リンゴ園のリンゴはなくなったが，乙リンゴ園にはリンゴは残っており履行が可能である。制限種類債務についても特定が適用されるが，本問では特定があったといえるのであろうか。ＡはいつでもＢが取りに来て収穫作業を行えるよう準備をしていたのであり，Ａ側がなすべき行為はすべて尽くしている。しかし，弁済提供としては要件を満たしているが，引渡しの目的物が分離され特定はされていない（漁業用タール事件の事例と同じ）[1]。提供また債権者の受領遅滞はあるが，種類債権の特定はなく，そのため履行不能にはならず，Ａは依然として乙リンゴ園のリンゴ100キログラムを引き渡す義務を負っている。よって，○が正解である。

　[1]『民法Ⅳ』2-23

❸　種類債権の特定の効果

CASE2-7　Ａ楽器店で，Ｂはカタログにより甲ギターを注文し，入荷したら連絡をもらうことにした。Ａはメーカーに発注し，甲ギター（本件ギターαという）が入荷したので，Ｂに連絡をした。ところが，Ｂは，運悪くインフルエンザにかかってしまっており，Ａに事情を話して，治ってから受取りに行く旨を伝えた。

Aは，Bに入荷の連絡をした翌日，甲ギターを購入したいと言ってきた客がいたため，Bのインフルエンザはすぐには治らないと思い，Bのために取り置きしていた本件ギターαをこの客に引き渡し，改めて甲ギターを発注し，入荷した甲ギター（本件ギターβという）をB用に保管している。

【Q】　Bは注文後に高いギターを注文してしまったと後悔していたため，インフルエンザが治ってAの店に引取りに行った際に，Aから上記事情を聞かされ，これを理由に受取りを拒否しようと考え，最初の本件ギターαでなければ受け取らず代金も支払わないと主張している。Bの主張は認められるか。

【A】　×（Aには変更権がある）

【解説】　種類債権の特定の場合の変更権の問題である。種類債権の特定があった後も，本質的には種類物であり，他の目的物でいくらでも代替可能なことには変わりない。そのため，条文に規定はないが，債務者Aには，特定した目的物を別の物に変更することが可能とされており*1――不適合なものに変更することは許されない（変更は無効）――，Aによる目的物の変更は有効である。したがって，BはAが変更した本件ギターβを受け取り，代金を支払わなければならず，×が正解となる。

　*1　『民法Ⅳ』2-25

(c)　金銭債権及び利息債権

CASE2-8　　Aは，その飼い犬甲犬を散歩に連れて行ったが，その途中において，Bの飼っている猛犬が，Bが制止したにもかかわらず，甲犬にいきなり襲い掛かった。AとBは猛犬をなんとか甲犬から振りほどき，Aは甲犬をただちに動物病院に連れて行った。甲犬は重傷を負ったが手術により一命をとりとめた。

その後，ABは示談をして，かかった治療費と慰謝料合計50万円を支払う約束がされた。しかし，Bは一向に約束した賠償金を支払わず，既に2年が過ぎ，Aは時効にかかる前にBに対する訴訟を提起した。

【Q】　Aは損害賠償請求において，事件の当時は法定利率は2％であったが，訴訟提起時は2.5％に変更されており，事件後変更までは2％，変更

後は 2.5％の利率で遅延損害金を計算すべき旨を主張している。Aの主張は認められるか。

【A】　×（途中で法定利率が変更されても利息が発生した最初の法定利率による）

【解説】　法定利率の決定基準時の問題である。2017 年改正法は，法定利率につき固定制を廃止し変動制を導入した（404 条 3 項）[*1]。そして，法定利率を 3 年毎に見直すことにした。そのため，本問のように，元本の支払がないまま利息が法定利率の変更の前後をまたいで発生し続けている場合に，利率の計算がどうなるのかが問題になる。この点，民法は「その利息が生じた最初の時点における法定利率による」ものと規定した（404 条 1 項）。したがって，Aの損害賠償請求権は当初の 2％の利率のままであり，途中で 2.5％に利率が変更されてもその時点以降の利息の利率が変更されることはない。したがって，Aの主張は適切ではなく，×が正解になる。ただ，Aは 412 条 3 項の原則通り，請求時以降の遅延損害金だけを請求し，変更後の利率によることの選択ができると考える余地はある。利率変更直前の不法行為の場合には問題となる。

　　　[*1]　『民法Ⅳ』2-27

(d)　**選択債権**

CASE2-9　　Aは，Bから依頼されて，C所有の甲画の 100 万円以内での買取を委託された。Aは，Bの代理人として，Cと甲画の購入について交渉し，Bに事前に確認せずに，Bを代理して 105 万円で甲画を購入する契約を締結した。

　その後，CはBから，Aには 100 万円以内での買取権限しか与えていないと言われ，Bとの取引を諦め，Aに対して何らかの請求をすることを考えている。AはCに陳謝するとともに，どのような請求をするつもりなのか確認し，1 週間以内に返答するよう求めたが，Cからは何らの返答もなかった。そのため，AはCに対して，自分が代金 105 万円を支払い甲画を買い取る旨を通知し，代金を振り込んで甲画の引渡しを求めた。

　【Q】　AのCに対する甲画の引渡請求は認められるか。

【A】　○（117 条 1 項の選択権が催告によりCからAに移転している）

[解説]　選択債権の問題である[*1]。Cは表見代理が成立するかどうかを問わず、無権代理人に対して117条1項の責任を追及でき、その内容は、履行か損害賠償かである。すなわち、Cは甲画を渡して代金の支払を求めるか、甲画を渡さず販売利益等損害の賠償を求めるか選択ができる。履行を選択した場合には、結局はAC間に売買契約が成立するものと考えられる。

　ところが、Cがいつまでもいずれを選択するか返答せず不確定の状況に置かれるのは、Aにとってたまらないことである。そのため、民法は、催告により選択権が移転することを認めており（408条）、Aの催告にもかかわらず、選択をしなかったCは選択権を失い、Aが選択権を取得し、Aは履行を選択したのである——代金債務だけ負担するというのは不合理であり、要するにAC間の契約が成立する——。Aの選択は有効であり、代金を振り込んだAは、Cに対して甲画の引渡しを求めることができ、○が正解である。

　　[*1]『民法Ⅳ』2-28

CASE2-10　　Aは、100万円の債務を負担するBに対して、甲画か乙画により代物弁済することを約束し、選択を債権者Bに委ねた。Bがいずれを選択するのか通知してこないため、AはBに対して、1週間以内に選択するよう求めた。ところが、Bが何ら返事をよこさなかった。その後、A宅に泥棒が入り、甲画は盗まれたが、乙画は無事であった。

【Q】　Aは甲画を選択し、自己の帰責事由によらずに履行不能になったものとして、その引渡しを拒絶し、また、乙画の引渡しも拒絶できるか。

【A】　○（410条の反対解釈として、Aに帰責事由がないのでAは甲画を選択することができる）

[解説]　選択債権において給付の一部が不能になった場合の問題である[*1]。2017年改正前は、債務者の帰責事由によらない履行不能の場合、債務は当然に消滅し、残部の債務に特定することになっていた。ところが、改正法では、履行不能になっても債務は消滅せず抗弁権を成立させるだけなので（412条の2第1項）、依然として選択債権は存続することになる。410条は、選択権を有する者の過失（帰責事由といってよく、履行補助者の故意過失も含まれる）による場合には残存する債務のみになる、要するに履行不能になった債務は消滅するものという例外を規定したのである。わざわざこのように規定したことから、反対解釈として、選択権者に帰責事由がなければ選択債権のままということになる。

本問は，Bに選択権があったが，Aに選択権が移転し，履行不能はAの帰責事由によるものではなく，Aは履行不能になった甲画を選択して履行を免れ，乙画も渡さないで済む。したがって，○が正解である。

[関連して考えてみよう]　しかし，こう考えるとしても，その後の法律関係には疑問は残る。甲画の引渡義務は存続，Aに履行不能の抗弁が成立するだけである（412条の2第1項）。そうすると，履行（＝代物弁済）はあくまでもされていないので，代物弁済の効力は生じない。AのBに対する100万円の債務は代物弁済の効力が生じないので存続していることになりそうであるが，それではAに甲画の選択を認めた意味がまったくなくなってしまう。難問であるが，Aにより甲画で代物弁済がされたものとみなすことを認めるべきである。

　*1 『民法Ⅳ』2-28

■第 3 章■

弁済（履行）

[1] 弁済（履行）総論

(a) 受取証書の交付請求権

CASE3-1 　Aは甲画をBに販売し，代金をその場で受け取り，Bの自宅への配達を約束した。Aは配達期日に甲画を持参して，Bに，持参した受取証に署名して交付することを求めた。ところが，Bが受取証に署名しようとしないため，受取証に署名して交付してくれないと甲画は渡せないとAが述べたところ，Bは激怒して「代金は既に支払っている」と怒鳴りつけ，Aは結局甲画をBに渡せなかった。

【Q】　Aは引渡期日に甲画を渡さなかったので履行遅滞になるか。

【A】　×（486条により，債務者は受取証書と弁済との引換え給付を主張できる）

[解説]　受取証書の交付請求権の交付と弁済との同時履行の抗弁権の問題である。

弁済期日について確定期日が定まっていれば，その日を徒過すれば，履行遅滞になる（412条1項）。代金は既払いなので，Aには代金支払いとの同時履行の抗弁権はない。また，Bは受領拒絶をしているわけではなく，Aが甲画を引き渡さないことには特別の理由がなければ，履行遅滞になる。そこで，Aが援用することが考えられるのが，486条の規定である。

債務者は弁済に際して，受領権者に対して受取証書の交付請求権があるが，本来は「弁済した」という過去の事実を証する書面なので，まず弁済（履行）がなされることが論理的前提となる。しかし，それでは証拠確保としての機能を十分に果たし得なくなるため，2017年改正前から判例・学説により，債務者（弁済者）は提供により受取証書の交付請求権を取得し，その交付と引換えでないと弁済（履行）しないと主張することが認められていたのである。債権者は受領すると言っているのに弁済しないので提供の効果で履行遅滞を免れるとはいえず，特別

の拒絶権を認めていたのである*1。改正486条はこれを明文化したものである。したがって，Aは履行遅滞にはならず，×が正解である。

*1 『民法Ⅳ』3-3

(b) 弁済の費用

CASE3-2　A会社は，Bからその所有の自宅建物の塗装を請け負った。Aは塗装のための足場を組んだが，当初予定していたものとは異なる足場を組み立ててしまい，足場を交換することになり余計な費用がかかった（「第1出費」という）。ようやく足場を組み直したが，Bの子どもらが，業者がいない間に足場を登って遊んでいることにAが気づき，Bに伝えた。AはBに，事故が起きてはいけないので，登り口に急きょフェンスを設けてもらい，このためBに余計な費用がかかった（「第2出費」という）。

【Q】　Aの①第1出費，及び，②第2出費につき，AはBに支払うよう請求できるか。

【A】　①×（債務の履行費用は債務者負担），②○ or △（債権者の行為による増加費用は債権者負担）

【解説】　債務の履行（弁済）のための費用は誰が負担するのかという問題である。義務なしに他人のために事務の管理をすれば，いわゆる事務管理が成立し，その費用の償還請求ができる（702条）。逆に言うと，義務に基づいて行った場合には，その利益を受ける本人に対して費用償還請求はできないことを意味する。民法は，債務についてだけであるが，485条本文で，弁済費用は債務者が負担するという原則を宣言している*1。そのため，予見しない特別の費用がかかった場合，債務者に帰責事由がなくても——台風で設置した足場が崩れて組み直した等——増加費用は債務者が負担する。したがって，①は×である。

しかし，債権者に原因のある事由に基づいて，費用が増加した場合にまで，義務履行のための費用だとして債務者の負担とするのは公平ではない。債権者の行為によって弁済費用が増加した場合には，485条但書で，増加額は，債権者の負担と規定した*2。規定はないが，両者の原因が競合している場合には，費用は折半ないし寄与度に応じて負担すべきである。本問は微妙である。Bの一方的事由によるものと考えることもできるが，Aとしては子どものいる建物については，安全配慮義務として子供が入らないように柵を設置することは，初めから「義務

づけられている」と考えれば，Aの義務履行のための費用になる。そのため，Aの義務履行のための費用ともいえ，×の可能性もある。

  *1 『民法Ⅳ』3-7 *2 『民法Ⅳ』3-8

(c) 弁済の充当

CASE3-3　　Aは，甲建物をBに月10万円で賃貸している。賃借人Bがインターフォンを誤って壊してしまい，Aがこれを修理し，業者に10万円を支払った。Bは体調をくずして失業し，10万円の賠償金を支払うことなく，その後は毎月の賃料の支払もしなくなった。賃料を滞納すること5カ月に及び，Aも意を決してBに強く支払を求めた。Bはなんとか30万円を親せきから借りて，Aに支払った。

【Q】　Bは合計60万円の債務を負担しているのに，30万円のみしか支払っておらず，残り30万円を支払って合計全額60万円の支払をしないと，弁済の効力は一切生じないのか。

【A】　①×（弁済充当により決められる債権について弁済の効力が認められる）

[解説]　弁済充当の問題である*1。1つの債権について費用，利息，元本の支払が必要な場合には，当事者の合意による場合にはどう充当するかは自由であるが，債務者が一方的に指定する指定充当は，債務者により一方的にこれを変更することはできず，必ず費用，利息，元本の順で充当される（必要的法定充当）。これに対して，元本たる債権が複数ある場合には，債務者がどの債務に充当するか決めることができる（488条1項）。

　ところが，本問では債務者Bは指定をしていない。そのため補充的法定充当の規定の適用により充当がなされることになる（488条4項）。損害賠償義務10万円，5カ月分の賃料債務のいずれも弁済期にあるので488条4項1号では決められず，特に弁済の利益も変わらないと思われるので，同2号によっても決められず，結局は3号の弁済期の先後で決められることになる。そうすると，最初の債務は損害賠償義務であり，遅滞している賃料債務の中から最も古い2カ月分に充当されることになる。ということで，30万円につき弁済充当により消滅する債務が決められるので，一切弁済の効力が生じることはないということはなく，×が正解である。

[2]　弁済の有効要件 1 ──弁済のできる者

CASE3-4　　Aは住宅を購入し，その際，B銀行の融資を受けて代金を支払っており，その借入金を分割払いする約束をし，その担保として購入した住宅に抵当権を設定し，その旨の登記を行った（いわゆる住宅ローン）。Aは購入した本件住宅に家族と居住していた。ところが，Aは妻と不仲になり，愛人を作って家を出て行ってしまった。

　その後は，Aは住宅ローンの支払をしておらず，抵当権の実行が危惧されたため，本件建物に母親（Aの妻）とともに居住する成人の息子Cが，Aの住宅ローンを支払うようになった。Aは意地悪ばかりしていた妻への復讐のため，住宅ローンをあえて支払わず，抵当権が実行され，妻が路頭に迷うことを期待していた。ところが，Cが自分の住宅ローンを支払っていることを知り，B銀行にCの支払を受け取らないように求め，抵当権を実行してよいと伝えた。

【Q】　①それまでなされていたCの弁済は有効か。また，②Cはこれ以降につき弁済をすることができるか。

【A】　①○（債務者Aの意思に反することを債権者Bが知らなかったので有効），②△（既に債権者Bが債務者Aの意思に反することを知っているが，Cは母との自宅を確保するという利益があり，正当な利益と認めれば債務者の意思に反しても弁済可能になる）

【解説】　第三者弁済の問題である*¹。債務の弁済は，一身専属的給付でない限り，第三者が自分を弁済者として債務者の代わりに行うことができる（474条1項，4項）。履行代行者は，第三者を用いて債務者が弁済（履行）をしているのであり，弁済主体は債務者であり第三者弁済ではない。抵当不動産の第三取得者など，他人の債務を弁済する正当な利益があれば，債務者の意思に反するか否かを問わず第三者弁済ができるが（474条3項），そうでない限り，債務者の意思に反している場合にはその弁済は無効になる（474条2項本文）。

　ところが，債務者の主観において意に反するというだけで当然に弁済を無効にしてしまうと，第三者の弁済が債務者の意思に反することを知らない債権者に不

測の損失を被らせることになる。そのため，民法は，債務者の意思に反する第三者弁済であっても，そのことを債権者が知らなった場合には第三者の弁済も有効になるものとした（474条2項但書）。したがって，①につき弁済は有効であり○となる。

問題は②である。AがB銀行に受け取らないようにと通知したため，Cが第三者「弁済をするについて正当な利益を有する者」と考えられる場合でなければ，今後の第三者弁済は効力が認められないことになる。判例は事実上の利益では足りず法律上の利益でなければならないというが，本問は微妙である。転借人は賃借人（転貸人）の賃料債務について第三者弁済の正当な利益が認められ，それに準じて考える余地はある。○としたいが，判例を考えると△とせざるをえない。

*1 『民法Ⅳ』3-13 以下

[3]　弁済の有効要件2──誰に弁済すべきか

(a)　弁済受領権者

> **CASE3-5**　Aは，Bに対して100万円を貸し付け，BからBのCに対するα債権50万円に債権質の設定を受け，Bは，Aのために債権質を設定した旨の通知をCに対して行った。Cの経理担当者は，このことを失念し，支払期日が到来したため，Bの指定口座に50万円を振り込んだ。
>
> その後，Bにつき破産手続きの開始決定がされ，Dが破産管財人に選任された。BはCに対してβ債権100万円を有していたが，破産手続開始を知らず，Cの経理担当者は，Bの指定口座に100万円を振り込んだ。
>
> 【Q】　①Aは別除権として，債権質に基づいて，α債権の支払を求めることができるか。また，②破産管財人DはCに対して，β債権の支払を求めることができるか。

【A】　①○（CのBへの弁済はAに対抗できない），②×（CのBへの弁済は破産管財人Dに対抗できる）

[解説]　債権の弁済受領権の問題である*1。①については，Aのために，BのCに対するα債権に債権質が設定されると，債権者Bは債権の取立権また受領権を失い，これを質権者Aが取得することになる。したがって，CがBに支払っても弁済は無効であり，債権は消滅していないことになるが，質権設定を知らないC

（第三債務者）を保護するために，<u>民法は債権譲渡の 467 条を債権質に準用している</u>（364 条）。本問では，債権質の設定通知がされているので，対抗要件を満たしており，Ｂの弁済は無効でありα債権は消滅しておらず，ＡはＣに対して支払を求めることができる。

差押えについても同様の効力が生じ，差押通知が債務者になされることがその効力発生の要件になっているが，破産開始決定は，債務者の財産につき包括的に差押えと同様の効力が発生する（破産 47 条 1 項）。しかし，いちいち破産者の債務者に破産手続開始の決定があったことの通知を要求するのは煩雑であり，他方で，当然に取立権・受領権の制限を債務者（第三債務者）に対抗できるというのは酷である。そのため，破産手続については当然に差押え同様の効力が生じるとしつつ，善意でなした弁済を有効としている（破産 50 条 1 項）。このため，②については，ＣのＢへの弁済は有効であり，破産管財人ＤはＣに対してβ債権の支払を求めることはできない。よって，×が正解である。

*1 『民法Ⅳ』3-20 以下

(b) 受領権のない者への弁済についての原則——弁済は無効

CASE3-6 　　Ａは，友人Ｂに請われて，事業資金として 100 万円を貸し付けた。このおかげで，Ｂはその経営する会社の倒産を逃れ，現在は業績が改善して順調に経営がされている。Ｂは，Ａに借りた 100 万円を返すため，菓子折りを持って，Ａ宅を訪ねた。あいにくＡは不在であったが，Ａの高校生の息子Ｃが自宅におり，Ｂは多少不安はあったものの真面目そうな息子なので，Ｃを信頼して，大事なものなので必ずＡに渡してほしいと告げて，手紙と 100 万円の入った封筒と菓子折りが入った紙袋をＣに手渡した。
【Q】　①Ｂが 100 万円をＣに預けたのは弁済として有効か。②その後，Ｃが紙袋をＡに渡したら弁済は有効になるか。

【A】　①×（家族というだけでは受領権限は認められない），②○（Ａが受け取った時点で弁済は有効になる）

[解説]　債権の弁済受領権のない者に対してなされた弁済の効力問題である*1。①については，同居の家族というだけで当然にはＡの息子ＣにＡの債権の受領権が認められるわけではなく，宅急便など日常的な受取り等では黙示的に受領権が付与されているということができるが，今回は 100 万円の受取りという日常的に

なされる行為の域を超えている。そのため，BはAに必ず支払うべきであった。今回はCがAに渡したからよいが，Cが使い込んだら弁済は無効であり，Bの借金は消滅していないことになる――Aに責任能力ある未成年者の監督者責任を負わせるのは困難――。意思表示の到達とは異なり，金銭がAの勢力範囲に入ればよいというわけにはいかない。

こうして，Cへの交付は弁済として無効になり，①は×となる。しかし，その後に，CがAに手渡しているにもかかわらず，弁済が無効なままというのは法律関係が複雑になるし，また，CがAに渡せば弁済は有効と考えるのが常識であることから，民法は，「債権者がこれによって利益を受けた限度において」弁済が有効になることを認めている（479条）。②では，Cが一部抜き取るということもなく全額Aに渡っているので，全額弁済の効力が生じていることになる。よって，弁済は有効になり○が正解である。

[1] 『民法IV』3-27

(c) 受領権者としての外観を有する者に対する弁済

❶ 478条の要件1 ── 表見受領権者

CASE3-7 Aは，友人Bに請われて，事業資金として100万円を貸し付けた。このおかげで，Bはその経営する会社の倒産を逃れ，現在は業績が改善して順調に経営がされている。Aの同居の成人の息子Cは，父親AからBに100万円を貸したことがある旨を聞いて知っていた。

あるとき，Cは，Aの机からBが交付した借用証書を見つけ，これを利用して，父親Aに言われて受取りに来たと説明し，Bに対して100万円の支払を求めた。Bはちょうど取引先から入金があったばかりであり，これを従業員に引き下ろさせてCに100万円を交付し，Aによろしく伝えるようお願いした。Cはこの受け取った100万円を遊蕩費に費やしてしまった。

【Q】 BのCへの100万円の弁済は有効か。

【A】 △（Cは借用証書を持参しており，Bは無過失と認められる可能性がある）

[解説] いわゆる**表見受領権者**への弁済の問題である[1]。Cは取立の代理権を付与されておらず，基本代理権もないので表見代理は成立しない。では，BのCへの弁済は無効かというと，2017年改正前から――当時は「債権の準占有者」と

規定されていた――，詐称代理人への弁済にも478条の適用が肯定されていた。弁済という特別の場面では，債務者は表見代理以上の厚い保護を与えられるべきであると考えられているのである。改正法は，これを明文化し，「受領権者（債権者及び法令の規定又は当事者の意思表示によって弁済を受領する権限を付与された第三者をいう。以下同じ。）以外の者であって取引上の社会通念に照らして受領権者としての外観を有するものに対してした弁済は，その弁済をした者が善意であり，かつ，過失がなかったときに限り，その効力を有する」ものと規定した（478条）。

　したがって，Bが無過失であれば478条の適用があり，弁済は有効になる。同居の家族であり，無断で持ち出す可能性があること，Aにスマートフォンなどでその場で確認することができ，これだけの大金であり確認すべきではないかとも思われる。過失が認められる可能性もあり，断定せず△としておいた。

*1 『民法Ⅳ』3-28 以下

❷　478条の要件2――偽造キャッシュカードについての特例

> **CASE3-8**　Aは，B銀行に普通預金を持っており，キャッシュカード（以下，甲カードという）の発行を受けている。あるとき，Aが繁華街のキャバレーαで飲食し，支払のために甲カードを渡して精算しようとしたところ，αの従業員Cが，使えるかどうか調べると言って，甲カードを持ってどこかに行ってしまった。まもなく従業員が戻ってきて，使えるということなので，Aはその場で暗証番号を打ち込み，飲食代金を精算した。実は，Cはこのとき甲カードを利用して偽造カードを作成しており，Aが暗証番号を打ち込むのを横で盗み見ていた。Cは偽造したカードを利用して，B銀行のATMで数回にわたり現金合計100万円を引き出した。
>
> 【Q】　Aはその後に，覚えもないのに100万円が引き出されていることから，B銀行に確認したところ，何者かが偽造したカードを利用していることを知り，甲カードを無効にしてもらうとともに，B銀行に対して100万円の支払は無効であると主張している。Aの主張は認められるか。

【A】　○（Aに重過失までは認められないので払戻しは無効となる）

【解説】　キャッシュカードによる無権限者による払戻しの効力の問題である。478条は個人が債権者や代理人を確認して現金を支払う典型的な事例が念頭に置

かれており，ATMといった機械を用いて支払う場合は，想定外である。しかし，これを適用外とするわけにはいかず，判例は適用を肯定しつつ銀行側の注意義務について機械の設計・管理についての注意義務を問題にするといった形で特別の運用をしている[*1]。そうすると，本問では，B銀行にATMの設定や管理に問題がなければ，偽造カードによる引き下ろしも478条により有効になる。

ところが，平成17年（2005年）に偽造・盗難カード預貯金者保護法が制定され，特例が設けられている。偽造カードによるATMでの払戻しについては，<u>銀行側が善意無過失であるというだけでは足りず，預金者に重過失があったことが</u>，払戻しが有効になるための要件とされ，要件が加重されているのである（同法4条）。

本問ではAには過失が認められる可能性があるが，重過失とまではいえないと思われ，B銀行による100万円の偽造カードによる払戻しは効力が認められないことになる。Aの無効の主張は認められ，○が正解である。

[関連して考えてみよう]　なお，盗難されてキャッシュカードが利用された場合には別の救済の仕組みによる。また，あくまでもキャッシュカードによるATMでの払戻しが対象であり，クレジックカードやデビッドカードにより店舗での買い物の支払がなされる場合は，この法律の対象ではない。

　[*1] 『民法Ⅳ』**注3-13**

---

❸　**478条の適用の効果**

> **CASE3-9**　　[CASE3-7] の事例で，Cに支払をしたBが，Cは実はAから取立ての依頼を受けていなかったことを知り，Cに支払った100万円の返還を求めた。
> 【Q】　BのCへの100万円の返還請求は認められるか。

【A】　×（判例では478条の効力は当然に発生し，Bには損害ないし損失がない）

[解説]　表見受領権者への弁済の効果についての問題である[*1]。民法は，478条の効果として，「……に対してした弁済は，……その効力を有する」と規定している（478条）。そうすると，Bが善意無過失である限り，Cになした100万円の支払は有効になり，BのAに対する債務は消滅していることになる。Bは損害ないし損失はなく，これを受けているのは債権を失ったAであり，AのCに対する損害賠償請求または不当利得返還請求が認められるだけであるとも考えられる。判例はこの立場である（大判大7・12・7民録24輯2310頁）。そうすると，判

例による限り，BのCへの返還請求は認められず×が正解になる。

[関連して考えてみよう]　しかし，478条は債務者Bを救済する制度であり，不法行為者・不当利得者を免責する制度ではなく，外観法理の共通の結論として利益といえども強制する必要はないはずである。表見代理が成立しても，相手方は無権代理人の責任追及ができるのであり[*2]，それと抵触することになる。この無権代理人についての判例との整合性，94条2項で第三者からは無効を認めることができること等と総合判断すれば，判例は変更されるべきである。478条を援用するかどうかは，Bに任せるべきである。そのため，判例変更により○となる可能性がある。

　　[*1] 『民法Ⅳ』3-32 以下　　　[*2] 『民法Ⅰ』13-18

(d)　478条の類推適用

❶　弁済以外への類推適用

CASE3-10　　Aは，B生保と解約払戻金500万円の生命保険契約を締結しており，特約として解約払戻金の金額まで保険者貸付が受けられ，貸付けを受けた場合には，解約払戻金からその金額が差し引かれることになっている。Aの妻Cは，Aの代理人としてこの制度を利用して，200万円を借り入れた。その後，ACは不仲になり離婚し，AはBとの生命保険契約を解約したが，既に200万円を保険者貸付により貸し付けていることを理由に，300万円しか払戻しを受けられなかった。

【Q】　AはBに対して，500万円全額の払戻しを求めることができるか。

【A】　×（判例は478条の類推適用を認める）

[解説]　478条の「弁済」以外への類推適用の可否について考えてもらう問題である[*1]。CがAを代理してなしたのは弁済の受領ではなく――Bからすると行ったのは弁済ではなく――消費貸借契約の締結である。形式だけみれば，478条の「弁済」保護規定とは何ら関係ないようにみえる。しかし，この段階で200万円の支払を受け，後日の解約の時に500万円からその分減額して300万円の支払だけ受けることになる。形式は貸付け，相殺であるが，実質は500万円の解約払戻金の中から<u>200万円を前払い</u>してもらったに等しい。すなわち実質は弁済である。そのため，判例はこのような事例――典型的には銀行預金を担保にする貸付け――に478条を類推適用し，消費貸借契約は無権代理で貸金債権は成立しないが，

相殺を有効にして辻褄を揃えるために，存在しない債権との相殺を478条の類推適用により有効にして，Bが300万円だけ支払えばよいものとしているのである。よって，Aは300万円しか払戻しを受けられず，×が正解になる。

*1 『民法Ⅳ』3-37以下

❷ 債権者死亡の事例についての類推適用

> **CASE3-11**　Aは，その所有の甲土地をBに賃貸している。Aは高齢になったため，同居の息子Cに財産管理一切を委ね，CはAの代理人として甲土地を含めAの財産を管理していた。その後，Aが死亡し，CDが相続分平等でAの財産を相続した。BはAの死亡を知らず，従前通り振込先に指定されていたA名義のE銀行の口座に賃料を振り込んだ。また，Cは生前同様にA名義のE銀行口座に振り込まれた賃料を，窓口でAの代理人として全額払戻しを受けた。
>
> 【Q】　Dは，①Bに対して，賃料の支払は無効であると主張して，半分の賃料の支払を求めることができるか。または，②E銀行に対して，Cへの払戻しは無効であると主張し，預金金額が支払分減っていないことの確認を求めることができるか。

【A】　①②いずれも×（判例は478条の類推適用を認める）

[解説]　債権者が既に死亡している場合への478条の類推適用の問題である*1。
　①相続財産が金銭債権である場合に，共同相続により当然に分割債権になるということは，預金債権以外には依然として妥当することになる。さらにいえば，相続された賃貸不動産につき，相続後に発生した債権は相続財産ではない。いずれにせよ，A死亡後，賃貸人はCDとなり，賃料債権は分割債権になる。そうすると，Bが，Aが生存していると思って，Aへの支払としてAの口座に賃料を振り込んだのは，存在しない──権利能力のない──者への支払になり，無効になるのであろうか。この点，BはAへの弁済のつもりであっても，預金はCDに有効に共同相続されているので，振込みによりCDの預金債権が成立し，賃貸人CDへの支払として有効になると考える余地がある。こうして，①のBの振込みは，478条を持ち出すまでもなく有効とされる可能性が高い。
　②については，名義変更はされていないがCDの銀行預金であり，判例によれば全員で行使しなければ払戻しを受けられないことになる。ところが，E銀行は，

Aの死亡を知らずにCにAを代理する代理権があると思って，Cに支払をしているのである。2018年改正相続法により，判例を修正して，相続財産たる預金につき相続人が150万円を限度として相続分の3分の1まで権利行使が認められたが（909条の2），これは相続人が自己の預金債権として権利行使する場合についての規定である。本問では，死亡したAの代理人として払戻しを受けているのである。また，相続財産ではなく，相続後のCDの賃料である。

　この点，預金債権が分割債権として帰属されると考えられていた時代の判決であるが，死亡した預金者の代理人への払戻しにつき478条を類推適用した判決がある（大阪高判平26・3・20金融・商事判例1472号22頁）。前提の法律関係は判例変更また相続法改正により変更されているが，本人が生存していると思いその代理人に支払ったのを有効とする必要があることに変わりなく，現在でも478条の類推適用は可能であると思われる。そこで，②も×と考えられる。

　*1 『民法IV』3-38

■第 4 章■

相殺（法定相殺）

[1] 法定相殺制度の意義と機能

> **CASE4-1** AはB会社に，その所有地上に倉庫の建築を工事代金500万円で依頼した。Bは甲倉庫を建築してAに引き渡したが，Aは，合意されていた火災警報器が設置されていないことに気がついた。そのため，Bは陳謝し，追加工事することを約束したが，Aが何度も催告しても，他の工事の予定が詰まっていてすぐにはできないと述べ，追加工事をしようとしない。
>
> そのため，Aは他の業者に警報器を設置してもらい，50万円の工事代金を支払った。AはBにこのことを通知し，この50万円を差し引いてBに代金の差額450万円を振り込む旨を説明し，翌日，Bの指定した口座に450万円を振り込んだ。しかし，Bは，同じ工事を自社で行えば30万円で済んだと主張し，20万円の追加の支払を求めている。
>
> 【Q】 AがBに対して450万円しか支払わないという主張は認められるべきものであろうか。

【A】 ○（Bに追完の機会を保障しており，Aによる修補は有効であり，相殺または代金減額ができる）

【解説】 請負の注文者の自らした追完費用をめぐって，これを損害として賠償請求権との相殺ができること，また，代金減額請求の根拠とできることを考えてもらう問題である[*1]。

本問は，請負の目的物に契約不適合があった事例であり，売買の担保責任の規定が準用される（559条）。そうすると，勝手にAが追加工事をすることはできないが，2017年改正法の前提には請負人（売主）に追完権の保障があり――Bが主張するように自分で工事すれば安くなり，より多くの収益が得られる可能性がある――，563条1項の代金減額請求権（性質は形成権）を行使して初めて請

負人（売主）の追完権を消滅させることができ，そのためには請負人に催告をして自ら追完をする機会を与える必要がある。代金減額は一部解除の実質を有するため，解除と同様の構成になっている（541条参照）。

564条の損害賠償につき，修補（追完）に代わる損害賠償請求についてはこの追完権保障の趣旨があてはまり，催告し相当期間経過して初めて修補工事分の損害賠償請求との相殺ができると考えるべきである。相殺とは，505条1項に規定されているように，同一当事者間に債権債務（問題になるのは金銭債務）が対立している場合に，お互いに履行し合うのではなく，対当額で履行し合ったことにして消滅させる制度であり，一方から相手方に対する相殺の意思表示によって行われる（506条1項）。本問では有効にAの工事分の損害賠償請求権が成立しているので，Aのなした相殺は有効である。ただ，Aが代金減額の意思表示をしているのか，相殺の意思表示なのかは明確ではないが，いずれでも結論に差はない。

*1 『民法Ⅳ』4-1以下

CASE4-2

A信金は，食品メーカーB会社に対して100万円の貸金債権（以下，α債権という）を有している。Bは業績不振で倒産が危ぶまれる状態に陥っている。Bは商品や材料を供給した取引先への債権を有している。Bの債権者としては，100万円の売掛代金債権（以下，β債権という）を有するC，工場の設備の設置工事を請け負った請負代金債権100万円（以下，γ債権という）を有するDがいる。その後，Bは事実上倒産してしまった。

【Q】 Bの財産が，①Eに対する90万円の債権の場合，及び，②Aに対する90万円の債権の場合につき，Bの債権者ACDはいずれの場合も債権平等での債権回収が適用されるのであろうか。

【A】 ①○（債権者平等の原則通り），②×（Aが相殺により優先的に債権回収しうる）

[解説] 相殺が債権の優先的回収の機能を持つことを確認する問題である。

債務者が無資力になっていなければ，相殺には単に相互に支払い合うのを省略するというだけの意味しか認められない*1。ところが，債務者（本問ではB）が無資力の場合には，それ以上の機能が相殺には認められる。

①については，債務者Bの責任財産であるEに対する90万円の債権は，ACDの平等の責任財産であり，破産手続きが取られると，また，3人の差押えが競合

すると，Eから破産管財人または裁判所に支払われた90万円から債権額に応じた30万円ずつの回収となり痛み分けとなる。ところが，②になると，Aに対する債権が責任財産になり，Aが破産管財人または裁判所に90万円を支払い，ACDが30万円ずつそれから回収するのではなく，Aは相殺をして支払うべき90万円を自分の債権の回収に全額充てて独り占めができることになる。Aが90万円回収し，CDの回収は0円となるのである。

　こうして，相殺は債務者が無資力の場合には，債権の優先的回収を可能とする機能が認められることになる。これを相殺の担保的機能という*²。したがって，②ではAが優先的に回収ができるので，×が正解となる。

　　*¹『民法Ⅳ』4-5　　　*²『民法Ⅳ』4-7

［2］　相殺権（法定相殺権）の成立要件

(a)　相殺適状の存在

❶　消滅時効にかかった債権による相殺

CASE4-3　　A会社は，食品メーカーB会社に対して食材を販売し，Bの工場に商品を配達する際に，従業員がトラックをBの工場に衝突させてしまった（2020年4月10日）。Bは修理費用として50万円がかかった（Bの損害賠償債権をα債権という）。Aは，Bへの賠償金を支払わないまま，業績不振となり，その後，結局C会社に吸収合併された。Cは，2023年3月10日に，Bに食材を販売し，代金100万円の支払は5月10日とした（この代金債権をβ債権という）。Cも結局業績不振に陥り，Cの債権者Dが，同年5月1日に，α債権の消滅時効をCを代位して援用するとともに，Cが合併により取得したβ債権を代位行使して，Bに対して5月10日に100万円の自己への支払を求めた。

【Q】　Dの支払請求に対して，Bはα債権による相殺を援用して，50万円と遅延損害金を差し引いて残額のみの支払を主張することができるか。

【A】　×（α債権の時効完成前にβ債権との相殺適状になく，508条は適用にならない）

【解説】　消滅時効にかかった債権を自働債権とする相殺の可否を問う問題である。Bのα債権は709条に基づく不法行為法上の損害賠償債権であるため，724条

1号により3年の消滅時効にかかる。Bは事故と同時に損害賠償請求権について――金額が確定していないまでも――知ったので，時効は翌日から起算される。したがって，2020年4月11日から時効が起算され，2023年4月10日の24時を過ぎれば時効が完成する。DがCに代位して時効援用をすることは許され，援用によりα債権は消滅したことになる。

　ところが，CはBに食材を販売し，代金債権であるβ債権を取得している。そのため，508条の特則が適用されれば，Bはα債権が消滅時効により消滅し債権債務の対立という相殺適状が失われていても，消滅時効にかかったα債権を自働債権としてβ債権に対して相殺をすることができる[*1]。ただしそのためには，時効完成以前に相殺適状になっていたことが必要である（508条）。両債権はいつ相殺適状になっていたのであろうか[*2]。

　Bは期限の利益を放棄できる。①期限の利益を放棄していつでも相殺ができたので，β債権が成立した2023年3月10日に相殺適状になっていたのであろうか。もしそう考えると，2023年4月10日の時効完成前に相殺適状にあったことになり508条が適用されることになる。②他方，あくまでも，Bが実際に期限の利益を放棄して初めて相殺適状になるのであり，時効の利益を放棄していない以上，2023年5月10日の弁済期が到来して初めて相殺適状になると考えることもできる。そうすると，時効完成後であり，508条は適用されないことになる。

　最判平25・2・28民集67巻2号343頁は，「受働債権につき，期限の利益を放棄することができるというだけではなく，期限の利益の放棄又は喪失等により，その弁済期が現実に到来していることを要する」として，②の立場を採用した。そうすると，Bは508条を援用できず，×が正解になる。

　　[*1]『民法Ⅳ』4-8　　　[*2]『民法Ⅳ』4-9

❷　508条と除斥期間

> **CASE4-4**　Aは建設機械の設備・販売を業とする会社であり，中古の甲クレーンをB会社に1000万円で販売し，引き渡した。Bは代金をすぐに支払った。その後，Aは中古の乙フォークリフトを200万円でBに販売し，代金の支払は2週間後とされた。乙フォークリフトの購入から1週間後，甲クレーンに不備が見つかったが，Bは業績不振で事実上活動を停止してしまった。甲クレーンの不具合がBからAに通知されることもなく，また，乙フォークリフトの代金もBによって支払われていない。その後，1年が経過し，Bにつき破産開始決定がされ，Cが破産管財人に選任された。

Cは，従業員から甲クレーンに不具合があったことを知らされ，不具合が
あるため600万円でしか売却しえなかったことから，200万円の乙フォーク
リフトの代金債権を届け出たAに対して，本来の評価額800万円との差額
200万円の損害賠償請求権による相殺を主張した。これに対して，Aは566
条により既に損害賠償請求権は消滅していると主張し，相殺を争い，200万
円の債権に対する配当を求めている。

【Q】　Cによる相殺の主張は認められるべきか。

【A】　× or △（566条につき508条を類推適用により適用を拡大できるか
　　　　は微妙）

[解説]　2017年改正後の566条の期間制限の性質，また，この期間制限を受け
た債権に508条を類推適用できるかを問う問題である。改正前の566条の1年は
権利行使期間であり，いわゆる除斥期間であり，商法526条2項の検査通知義務
違反による権利消滅とは異なる——検査通知義務違反がない場合でも6カ月の除
斥期間がある——。ところが，改正566条は不具合を知ってから1年内に通知を
しないと権利が消滅するといった，①商法526条2項の通知義務に1年の猶予を
与えたような規定になった。1年以内に権利行使を必要とするという，権利行使
期間（除斥期間）ではない。しかし，②権利行使を不具合の通知に緩和したもの
として除斥期間として規定されたようである。
　そこで，特例たる除斥期間として考えていくが，不具合発見から1年が経過し
た後でも，それ以前に相殺適状になっていれば，508条の類推適用により消えた
債権を自働債権とする相殺が認められるべきであろうか[*1]。判例は，改正前の
566条につき，508条を「瑕疵担保の場合に於ける除斥期間に適用せむとする所
論は採用するに由無し」とした（大判昭3・12・12民集7巻1071頁）。ところが，
その後，改正前の請負の担保責任についての除斥期間についてであるが，同一契
約上の請負人の報酬請求権を受働債権としてする相殺を508条を根拠に認めてい
る（最判昭51・3・4民集30巻2号48頁）。「注文者の瑕疵修補に代わる損害
賠償請求権は，実質上，経済的には，請負代金を減額し，請負契約の当事者が相
互に負う義務につきその間に等価関係をもたらす機能をも有するものであるから
……公平の見地からかかる注文者の信頼は保護されるべき」であり，「時効期間
であると除斥期間であることによりその結論を異にすべき合理的理由はない」と
いうのが理由である。
　代金減額とのバランスを問題にしているが，改正法では代金減額も566条によ

り制限される。むしろ代金減額とのバランスを考えると，損害賠償請求権との相殺にしたら508条類推適用により許されるというのは不合理になる。×と考えるが，上記判例の射程を改正566条にも及ぼす考えもありえないわけではないので，△にもしておいた。

*1 『民法Ⅳ』4-10以下

❸　508条と保証人が主債務の時効を援用する場合

> **CASE4-5**　A会社は，Bに建設機材を100万円で販売し，代金債務につき同業者のCが連帯保証をした。Bはその後の業績が著しく悪化し，結局代金を支払うことができず，事実上活動を停止しているが，法人は解散していない。Aは保証人Cから代金の回収を図ろうとして，代金の支払期日より1年後に，Cと分割払いにより支払う旨の約束を取りつけた。その1カ月後，Cは，以前Aから購入して使用していた中古の建設機械に不具合があり，そのために工事中に事故が発生し，これにより200万円の損害を受けた。賠償についての話し合いがまとまらないまま，交渉は決裂してしまい，その後，Cは分割払いを約束した保証債務の履行をしていない。
>
> 　代金の支払期日から5年後に，CからAに対して，主債務の消滅時効を援用した上で，上記損害金200万円の支払いを求めて訴訟を提起してきた。これに対して，Aが賠償額を争い，たとえその賠償額が認められるとしても保証債務との相殺をすると主張し，差額の100万円のみしか支払わないと主張している。
>
> 【Q】　Aによる相殺の主張は認められるべきか。

【A】　○（判例は主債務を時効を援用した保証人に対する508条の適用を認めている）

【解説】　保証人が主債務の時効を援用し，付従性による保証債務の消滅を主張するのに対して，債権者が508条の類推適用により相殺を対抗することができるのかを問う問題である。本問では，保証人Cは債務承認により保証債務は代金支払期日から1年後に時効が更新されており，未だ4年しか経過していないため，Cの保証債務は時効にはかかっていない。他方で，主債務者Bについては，破産免責を受けたり解散したわけではなく，未だ主債務の時効が考えられ，完成停止手続きもなく更新もされていないので，弁済期から5年の経過で時効が完成してい

る。そのため，Cは保証債務の時効を援用することはできないが，主債務の時効の援用権者と認められ（145条括弧書き），その援用により保証債務も付従性により消滅することになる。

　ところが，本問では，保証債務の付従性による消滅前にAC間には相殺適状が成立していた。では，保証債務の消滅は付従性によるものであるが，主債務の時効と連動しているため，508条を類推適用し，Aからの相殺を認めて，Aの損害賠償義務は100万円のみと考えるべきであろうか——損害賠償請求権は未だ5年の時効は完成していない——。判例は，上記の問題につき508条の適用を肯定している（大判昭8・1・31民集12巻83頁）*1。決済されたのも当然と考えて権利行使を怠ることが考えられる点で変わらないという理由である。通説は反対しているが，判例による限りAは相殺可能であり，○が正解になる。

　*1 『民法Ⅳ』4-13以下

(b) 「2人互いに同種の目的を有する債権を負担する」こと

CASE4-6　　A銀行はB会社に5000万円の融資をし，Cがその所有の甲地に抵当権を設定し，その登記を経た。その後，Bは業績が不振であり，返済期日に支払ができなかった。Cは，抵当権の実行がされる恐れが出てきたため，これを阻止する方法を模索した。Cは，A銀行に3000万円の普通預金があるため，2000万円を調達し，3000万円の預金と，AのBに対する債権との相殺の意思表示をした上で，残額2000万円を調達した資金で提供をして，抵当権設定登記の抹消登記をAに対して求めた。しかし，Aが受取りを拒絶したため，Cは2000万円を供託した。

【Q】　CのAに対する抵当権設定登記の抹消登記請求は認められるか。

【A】　×（判例は三者間の相殺を認めない）

【解説】　三者間の相殺の可否を問う問題である。相殺は「2人が互いに」債権が対立していることが必要であり（505条1項），同一の当事者間に債権が交差していることが必要である。ところが，本問では，A→B債権とC→AとをCは相殺で決済しようとしている。確かに債権は対立していないが，物上保証人Cは抵当権の実行を阻止するために，Bの債務を代位弁済しなければならず，弁済はAC間で相互に行われるので，これを省略できれば簡単でよい。これを認めても，CはBに求償権を取得するが，Aが無資力ならば問題であるが，Aは銀行であり

特に問題を生じない。

　しかし，判例は「2人が互いに」ではないため相殺適状を満たしていないと形式的な理由で，本問のCの主張する三者間の相殺の効力を否定する[*1]。CはAから3000万円の払戻手続とAへの払込手続を行わなければならないことになる。よって，判例によれば×が正解になる。しかし，学説では肯定説が有力である。
　　[*1] 『民法Ⅳ』4-17以下

(c) 「双方の債務が弁済期にある」こと

CASE4-7　　工作機械メーカーAは，B会社に工作用クレーンを2020年4月10日に販売し，2000万円の代金債権を取得し，その支払期日が同年5月31日と約束された。4月30日に，以前AがBに販売した中古のブルドーザーに不具合があり，これにより事故が発生し，Bは1000万円の損害を受けた。

【Q】　この場合に，5月1日に，①AからBに1000万円につき相殺により清算する意思表示がされたとして，これは有効か。また，②BからAに1000万円につき相殺する意思表示がされたのであったら，それは有効か。

【A】　①×，②○ or △（両債権が弁済期にあることが必要であるが，期限の利益がある側は期限の利益を放棄して相殺適状を作り出して相殺をすることはできる）

[解説] 「双方の債務が弁済期にある」ことという相殺適状をめぐる要件を問う問題である。A→Bの代金債権はBにとって5月31日までの期限の利益がある。他方，B→Aの損害賠償請求権は期限の利益はない。したがって，両債権が弁済期にはないので相殺適状にはない。①の期限の利益を有しないAからの相殺は，Bの期限の利益を奪うことになるので認められない。よって，①は×が正解である。

　ところが，②については期限の利益を放棄できるものの，期限の利益を放棄して初めて相殺適状になる。期限の利益を放棄できるからといって，いわばBのみにつき片面的な相殺適状があるというものではない（☞ [CASE4-3]）。したがって，Bからは期限の利益を放棄して一方的に相殺適状を作って相殺をすることができる[*1]。ただ，問題は2000万円の債務の1000万円だけ期限の利益を放棄できるのかという点である。弁済であれば一部だけ期限の利益を放棄して弁済するこ

とは，債権者の承諾がなければ許されない。相殺は債務の一部であっても行うことができるが，相殺の前提として一部だけの期限の利益放棄ができるのかという問題である。弁済のためではなく相殺のためであることを考えればできてもよさそうであるが，明言は避けたい。そのため，○としたが，×の余地も認められる。

*1 『民法Ⅳ』4-24 以下

(d) 債務の性質が相殺を許さないものではないこと

CASE4-8 　　　ＡはＢに，Ｂの名でＣからＣ所有の甲画の 500 万円での買付けを依頼した。Ｂはこの委託に基づき，Ｃから自己を買主とする甲画の売買契約を締結して，代金 500 万円を後日Ｃの指定した口座に振り込むことを約束した。そのため，ＢはＡに対して，甲画が無事 500 万円で購入できたことを伝え，Ｃの口座に 500 万円を振り込むよう求めた。

ところが，Ａは以前Ｂから乙画を購入し，600 万円を支払ったが，その後，乙画が贋作と判明したため，契約を解除して代金 600 万円の返還請求権があるのでこれと相殺をする旨の意思表示をして，Ｂに対して残額 100 万円の返還を求めた。

【Q】　Ａのなした相殺の意思表示は有効か。

【A】　×（判例は 650 条 2 項の代弁済請求権に対する相殺を認めない）

【解説】　650 条 2 項の代弁済請求権を受働債権とする相殺の可否を問う問題である。本問では，ＢのＡに対する債権は，650 条 2 項の**代弁済請求権**であり，ＡがＣに代金を支払ってＢのＣに対する代金債務を消滅させるよう求める権利であり，いわゆる**免責請求権**といわれる権利である。もしＡの主張のような相殺がされると，ＢのＣに対する代金債務は消えていないのに，すなわちＢが免責されていないのに，ＢのＡに対する免責請求権が消えてしまうことになる。そのため，判例は，受任者の第三者に対する「債務の免脱を請求するに外ならざる受任者の代弁済を請求する権利は，結局相殺に依りては毫も其の目的を達することを得ざる」として，委任者Ａによる相殺を否定している（大判大 14・9・8 民集 4 巻 458 頁[*1]）。したがって，判例による限りは，正解は×となる。ただし，学説では相殺肯定説も有力である。

*1 『民法Ⅴ』14-16 以下

[3] 相殺禁止にふれないこと

(a) 相殺禁止特約

CASE4-9　AB 間は日頃取引関係があるが，AB 間の取引による債権については，相殺を禁止し，相殺がされても無効であることが合意されている。その後，A は経営に窮し，取引先である債権者 C に商品の購入代金の支払ができず，弁済に代えて B に対する 100 万円の代金債権を C に譲渡し，A は B に譲渡通知をした。C は，B に対して 200 万円の債務を負担していたため，B に対して 100 万円の対当額での相殺の意思表示をして，残額 100 万円のみを B に支払った。C は譲り受けた債権について相殺が禁止されていることを知らなかったが，相殺の意思表示時にはこれを知っていた。

【Q】　C のなした相殺の意思表示は有効か。

【A】　○（善意無重過失であればよく，その基準時は，譲渡時である）

【解説】　相殺禁止特約の債権譲受人への対抗の問題である[1]。2017 年改正前の 505 条 2 項は，第三者の善意のみを要件として第三者の保護をしていたが，改正 505 条 2 項は，悪意または重過失の第三者には対抗可能であるものと規定した。相殺禁止を第三者に対抗するための積極的な要件として規定されているので，B の側で C の悪意または重過失を証明しなければならない。また，取引安全保護規定であるから，明記はないが譲渡時が基準時になる。C には，特段重過失とされる事情もないので，相殺禁止特約の対抗を受けず，C のなした相殺は有効である。よって，○が正解である。

[1] 『民法Ⅳ』4-27

(b) 法律による相殺禁止

CASE4-10　A と B とは一戸建ての隣人同士である。あるとき，A の幼稚園に通う子が，家の前においてサッカーボールで遊んでいて，B の家の外灯にぶつけて壊してしまった。B は気に入っていた外灯が壊されたが，A から何も謝罪はなく，様子を見ていた近所の人から聞いて，B が A に文句を言って，初めて A が陳謝して賠償をすることを申し出てきた。このため B は，言われなければそのままにするつもりであったことに激怒し，A の玄関を蹴

りつけドアを破壊してしまった。Ｂの外灯は 10 万円相当のものであり，Ａ
のドアの修理費用もちょうど 10 万円かかった。

【Q】 ①Ａからなす相殺，また，②Ｂからなす相殺は有効か。

【A】 ①○，②×（故意による不法行為債権を受働債権とする相殺は禁止される）

[解説] 不法行為により生じた債権を受働債権とする相殺禁止の適用範囲の問題である[1]。2017 年改正前の 509 条は，広く不法行為債権を受働債権とする相殺を禁止していた。しかし，そのような広汎な禁止は比較法的に例がなく立法論として疑問視されており，改正法により制限がされた。「悪意」——故意よりも程度を高めて区別しようという趣旨であるが，区別は難しい——による不法行為の損害賠償と生命・身体侵害による損害賠償——これは安全配慮義務など債務不履行にも適用を拡大——についてのみ，その損害賠償請求権を受働債権とする相殺が禁止された。

　　この結果，故意でドアを蹴飛ばしたＢは相殺が許されず，②は×。他方，Ａは 714 条の監督者責任を負うにすぎず相殺可能であり，①は○ということになる。
　　[1] 『民法Ⅳ』4-28

CASE4-11　　Ａは自宅の屋根のリフォームと塗装の塗り替えをＢ会社に注文し，Ｂが足場を組む作業を開始した。その際，Ｂの従業員が作業中に板を落下させてしまい，代々引き継がれてきた樹齢 100 年を超えるいくつもの盆栽が，これにより被害を受け，見事な枝ぶりであったのに枝が折れて悲惨な姿になった。Ａは老後の日常生活において盆栽の手入れを毎日楽しみにしていたが，あまりにもショックで寝込んでしまい，生活の気力を失い，家族に伴われて病院に行き診察を受けたところ PTSD と診断され，その後通院をしている。Ａの損害は，①盆栽の被害 200 万円相当，②通院費 10 万円，③慰謝料 30 万円であり，Ｂのリフォーム及び塗装費用は合計 300 万円である。

【Q】 ＢのＡに対する，リフォーム等の代金債権を自働債権とし，①〜③の損害賠償請求権を受働債権とする相殺は有効か。

【A】 ①○，②③△（身体侵害についての規定の拡大の可能性がある）

［解説］　生命・身体侵害の不法行為により生じた債権を受働債権とする相殺禁止の問題である。509条2号では，生命・身体侵害による損害賠償請求権につき，これを受働債権とする相殺を禁止している。この適用の可否が問題となる限界事例は少なくない。暴言によるパワハラにより精神的に病気になった，さらには自殺をしたといった場合，精神的な健康が害されているが，それも「身体」侵害なのか，結局自殺にまで至れば「生命」侵害なのか――侵害客体とは別の相当因果関係の問題か――，判断は難しい。場合によっては類推適用により対処するしかない[*1]。

　本問の①は財産損害なので相殺可能であり，問題は②③である。精神的健康を害し通院し治療費がかかり，さらには精神的健康を害されたたため慰謝料を請求できるが，類推適用をして相殺を禁止すべきであろうか。今後の判例の運用にまかされ，類推適用を認める可能性もあるため△としておいた。

[*1] 『民法Ⅳ』4-29

［4］　法定相殺の行使・効果

CASE4-12　　Aは古物商を営んでおり，Bはなじみの客である。BはAから甲掛け軸を購入して受け取り，後日，代金50万円を支払うことを約束した。その支払前に，Bが以前Aより100万円で購入した乙掛け軸が贋作であることがわかり，Aにこのことを通知して代金の返還を求めた。Aは，もしそうであれば陳謝するが，再度自分のほうで確認したいと申し出た。しかし，Bは鑑定してもらったので間違いなく，その必要はないとして，ただちに代金を返還するよう求めた。Aはあくまでも自分で乙掛け軸を確認すると主張し，代金の返還に応じておらず，他方，Bが甲掛け軸の代金を支払っていないのでその支払を求め，引き合いの多かった人気商品なので，1週間以内に支払がなければ契約を解除して他の客に販売すると告げた。Bは100万円の代金の返還請求権があるので，Aに甲掛け軸の代金を支払わず，請求を無視した。そのため，1週間してAから，解除になったので甲掛け軸の返還を求める通知をメールで受け，Bは慌てて乙掛け軸の代金と差し引く旨，代金の返還として差額50万円の支払を求める旨をメールで返答した。

　【Q】　BのAに対する相殺は有効か。

【Ａ】　△（相殺には遡及効があるが，そもそも相殺適状がなくなっており，相殺が無効。ただし，解除後遅滞なくなした相殺を有効と考える学説がある）

[解説]　既になされた契約解除を相殺により覆すことができるかという問題である。AB間には50万円に限り相殺適状があったが，相殺はその意思表示がされて初めて効力が生じる（506条1項）。そのため，Bは相殺をして債務を免れると思っていても，相殺の意思表示をしない限り——抗弁権ではないので——履行遅滞になり，催告また解除は有効となる。その後に相殺をしても，契約解除により甲掛け軸の代金債務が消滅しているので，相殺適状はなくなり，もはや相殺はできず，後の祭りである。

　したがって，相殺は無効であるが，ドイツ民法は相殺の期待を保護するために，解除がされた後遅滞なくなされた相殺は有効という特例を認めている。わが国でも解釈により同様の特例を認め，相殺適状がなくなったのに相殺を有効とする主張がある[*1]。相殺を認めればその遡及効により相殺適状時に遡って債権債務は消滅していたことになり，履行遅滞はなかったことになるため，解除の効力も否定されることになる。判例はこの点明確に判断したものはなく，相殺を認める可能性も否定されないことから，△にしておいた。

*1 『民法Ⅳ』4-39

[5]　差押えと相殺及び相殺予約

CASE4-13　Aは食材の製造販売を業とする会社であり，食品メーカーBと食材を供給する継続的供給契約を締結するとともに（2020年4月），Aの食品をBのブランドにて販売することを委託している。いずれも各月の取引につき，代金をBが，販売手数料をAが，それぞれ翌月の10日に支払う約束になっている。
　2021年4月10日に，Aから3月分の委託販売手数料200万円の支払がなかったが，Bは，その後も取引を継続し，支払を催促していたが，Aからは5月10日に4月分の200万円の支払もなかった。そのため，BはAに対して，支払が滞っているので，委託販売を一時中止すると伝えたが，食材についてはAからそのまま供給を受けている。
　Aは業績不振で倒産の危険があり，Aの債権者Cが，同年6月1日に，6

月 10 日に支払われる 5 月分の A の B に対する食材の販売代金 400 万円を差し押さえてきた。驚いた B は，委託手数料債権合計 400 万円を有しているので，これと相殺をすると主張し，C の支払請求を拒絶した。

【Q】　B のなした相殺は有効か。

【A】　○（受働債権につき差押えがあっても，差押え前に取得していた債権による相殺が可能である）

【解説】　差押えと相殺と呼ばれる問題である。AB は相互に債権が発生する関係にあり，一方に信用不安が生じても，相殺により債権が回収できると安心して取引を継続することができる。法定相殺は，先取特権にも似た法定の担保として機能している。そのため，511 条 1 項は，差押え前に取得した債権でさえあれば，弁済期がいつか，発生時期がいつかを問うことはなく，相殺をもって対抗可能としている（2017 年改正法は無制限説を採用）*1。本問では，B の A に対する 400 万円の手数料債権は差押え前の債権であり，差押債権者に相殺をもって対抗することができる。したがって，B による相殺を C に対抗でき，○が正解になる。
*1 『民法Ⅳ』4-40

CASE4-14　　A は中古の建設機器の修理・販売を業とする会社である。A は信用不安の状態になっており，A が B に販売した甲クレーンの代金 2000 万円債権を，A の債権者 C が差し押さえてきた。差押後，B が C に支払をなす前に，B が A から購入した乙ブルドーザーの不具合により事故が発生して 500 万円の損害をこうむった。そのため，B は C に対して 500 万円を相殺により差し引き計算して，残額 1500 万円のみを C に支払った。

【Q】　B のなした相殺は有効か。

【A】　○（差押え後に取得した債権でも差押え前の原因による物であれば相殺をもって対抗できる）

【解説】　差押えと相殺と呼ばれる問題につき，2017 年改正により相殺の保護が拡大されたことを確認してもらう問題である。

B の A に対する本問の損害賠償請求権は，差押え後に発生した債権である。確かに，不具合の修理代の損害賠償請求権であれば，既に引渡時に債権は成立して

いるので，差押え前の債権である。しかし，本問では不具合による事故によって積極的に発生した損害であり，事故時に債権が発生したといわなければならない。そうすると，差押え後の債権なので，511条1項によれば相殺を対抗できないことになる。

　ところが，既に損害賠償請求権の発生原因となる不具合のある製品の引渡しがあったのであり，その不具合による事故が発生したのが差押え後であったというだけである。そのため，民法は特例を設けて，511条2項により，債権の発生「原因」が差押え前にあれば，相殺をもって差押えに対抗できるものとした[1]。この結果，BはCに対して相殺をもって対抗でき，○が正解である。

[1] 『民法Ⅳ』4-40

■第 5 章■
債権のその他の消滅原因

[1] 代物弁済契約の履行（代物弁済）

> **CASE5-1**　　AはBに100万円を貸し付けているが、1年後の返済期日に、Bが100万円と利息5万円合計105万円の調達ができなかった。そこでBは、Aが骨董品蒐集に興味があることを知っているため、電話をして、その所有する甲掛け軸により代物弁済することを申し出た。Aはこれに応じて、AB間で甲掛け軸を代物弁済として受け取り、105万円が消滅することが合意された。翌日、Bが甲掛け軸をAの自宅に持参し、その受取りを求め、借用証書の返還を求めたが、Aは気が変わりその受取りを拒絶し、やはり105万円を支払うように求めた。
>
> 【Q】　Bは代物弁済の合意により105万円の債務が消滅していることを主張できるか。

【A】　×（代物弁済の合意の効力は代物弁済により初めて生じる）

【解説】　代物弁済の合意の効力を考えてもらう問題である。代物弁済は当然には有効ではなく、当事者のそれを認める合意と代物「弁済」がされることが必要である。そして、その合意は、本来の給付に代えてなされた「他の給付」に、本来の給付についての「弁済と同一の効力を有する」ものとするという合意である。別の「弁済」に本来の債務の「弁済」としての効力を認めるのが代物「弁済」であり、代物「弁済」がされて初めて「弁済」の効力が認められるのは当然である。代物「弁済」の効力を認める物権的ないし準物権的合意は、要物契約となる*1。

　　ただし、別の給付（代物弁済）がされることが「弁済」の効力発生の要件であるというだけで、代物弁済をするという債権的合意を無効とする必要はない。質権設定契約が物権契約として要物契約であるが、質権を設定するという債権契約が並行して効力が認められるのは売買契約における物権的合意と債権的合意との関係同様であり、約束の質物を交付するよう債権的合意の効力として求めること

ができる。それと同様に，物権的合意としての代物弁済契約は要物契約であるが，代物弁済をするという債権契約も並行的に有効と認められ——これを2つの契約に分けるか1つの契約の物権的効力と債権的効力に分けるかは，売買契約同様に問題になる——，債権者は代物弁済を請求できる。こうして，合意だけでは債権契約としては有効でも，代物弁済そのものの効力は生じていないので，未だBの105万円の債務は消滅しておらず，×が正解である。

[関連して考えてみよう]　なお，Aが合意後に105万円の請求が禁じられ甲掛け軸の請求しかできなくなるか，それとも，選択関係になりAの選択に任されるのか，いずれの合意も可能である。不明な場合は，代物弁済の請求しかできないと考えるべきである。

*1 『民法Ⅳ』5-1 以下

[2]　更 改 契 約

CASE5-2　AはBに甲画を100万円で販売したが，販売してから倉庫を確認したところ，甲画は盗難にあっていたことがわかった。そのため，AはBに事情を話したところ，Bから，そういう事情ならばAの店で110万円で販売されている乙画も前から欲しかったので，それと代えられないかという打診を受けた。Aは在庫を確認したところ，乙画は盗難にあっていなかったので，Bに，その申し出に応じることは可能である旨を伝えた。そこで，ABは，甲画の債務はなかったことにして，乙画をその代わりに引き渡すことを合意した。

ところが，その後，窃盗犯が捕まり，甲画が戻ってきたため，Aがやはり甲画が引き渡せると説明して，甲画を提供してきた。

【Q】　Bは甲画の債務は合意により消滅したと主張して，甲画の受取りを拒絶し，乙画の引渡しを請求できるか。

【A】　○（更改は有効であり，旧債務は消滅している）

[解説]　更改の問題である。AB間で甲画の引渡しに代えて乙画を引き渡す合意がされている。これが代物弁済の合意であれば，未だ甲画の引渡義務は消滅しておらず，甲画の履行が許されるのかは代物弁済の合意によることになる。しかし，本問では履行不能になっているので，甲画の引渡債務——412条の2第1項で抗

弁権つきで存続——は消滅させて，新たに乙画の引渡義務を成立させており，これは更改と考えることができる（513条）*1。そうすると甲画の引渡義務は消滅しているので，その後に甲画が取り戻されたとしてもAはこれを提供してBに受取りを求めることはできない。よって，×が正解である。

[関連して考えてみよう]　なお，錯誤取消し（95条）は難しく，事情変更の原則による解除は考えられないわけではないが，いささか無理があるというべきか。なお，BはAが乙画を引き渡さない場合に，更改契約を解除できるかは問題になる。債務を変更させることで更改契約は実現されており，債務不履行はない。しかし，判例は解除を認めている。

　*1 『民法IV』5-5 以下

[3]　免　　除

> ### CASE5-3
> Aの幼児甲が，近所のBの幼児乙に怪我をさせてしまった。Bは乙を病院に連れて行き，5000円の治療費を支払った。AはBに陳謝し，治療費を支払うので金額を教えて欲しいと述べた。しかし，Bは5000円かかったが，子ども同士のことであるし賠償はしなくてよいと述べた。ところが，Aはこんなことでご近所に借りを作りたくないので，Bの郵便受けに5000円の入った封筒を菓子折りとともに入れておいた。
>
> **【Q】**　Aの弁済は有効か。

【A】　×（免除は単独行為でできる）

[解説]　免除の要件の問題である。Aは免除を受けるとBに今後借りができてやりにくいので，5000円を支払いたいと思っている。それなのに一方的にBが免除することができるのかという問題である。この点，免除も合意によることを要求する立法もあるが——利益といえども強制されない——，民法は免除を単独行為とした（519条）*1。そのため，Aの意思に反してでも免除ができ，Aは債務がないのに弁済をしたことになり無効である。よって×が正解になる。ただし，705条により非債弁済となり，返還請求はできない。

　*1 『民法IV』5-7

[4] 混 同

ⓐ 混同の原則

> **CASE5-4**　Aは，前妻との子であるBに，その事業を支援するために1000万円を無利子で貸し付けている。Aは，Bからこの貸付金の支払を受ける前に死亡し，相続人はBと後妻であるCの2人だけである。相続後に，CがBに対して，Aからの貸金債権1000万円は，Bは債務者なので相続することはできず，自分が全額相続したと主張して，Bに対して1000万円全額の支払を求めてきた。
>
> 【Q】　CはBに対して1000万円の支払を求めることができるか。

【A】　×（Bにつき自分に対する債権も相続の対象となり混同で消滅する）

【解説】　混同についての原則を確認してもらうだけの問題である。相続は被相続人の財産を，一身専属的な権利義務を除いて包括的に承継するのであり，自己に対する債権も相続財産から除外されることはない（896条）。BCの相続分は，900条1号により2分の1ずつであり，判例によれば預金債権は例外として，貸金債権は原則通り500万円ずつ分割債権となり相続される（最判昭29・4・8民集8巻4号819頁など）。Bが取得した500万円については自分が自分に支払っても意味がないため，当然に混同により消滅することになる（520条本文）[*1]。したがって，CがBに請求できるのは500万円のみであり，×が正解である。
　　[*1]　『民法IV』 5-8

ⓑ 混同の例外

> **CASE5-5**　Aは，子であるBに，その所有の甲地を建物所有目的で賃貸し，Bはその地上に乙建物を建てて，自己名義での所有権保存登記をするとともに，Cに対する2000万円の借入金債務のために乙建物に抵当権を設定し，その登記を済ませた。その後，BがCに対して借入金の弁済をする前にAが死亡し，Bが単独相続をした。
>
> 【Q】　この場合に，Bの借地権は消滅するか。

【A】　×（混同の例外となり借地権は消滅しない）

【解説】 混同の例外の問題である。乙建物とともにその従たる権利かつ不可欠の権利として，借地権にもＣの抵当権の効力が及んでいる。そのため，もし混同により借地権が消滅すると，Ｂは借地権がなくても自分の土地の上に自分の建物があるだけなので何も不利益はないが，抵当権者Ｃは建物の抵当権だけ残っても，これを競売しても借地権がなければ買受人は土地を利用できず，意味がなくなってしまう。そのため，民法は債権の混同についても（520条但書），物権の混同についても（179条1項但書），混同の例外を認めている[*1]。したがって，Ｂは自己借地権が存続することになり，×が正解である。

   *1 『民法Ⅳ』5-8

CASE5-6　Ａは，子であるＢに，その所有の甲地を建物所有目的で賃貸し，Ｂはその地上に乙建物を建てて，自己名義での所有権保存登記をした。その後，ＡはＣに対する2000万円の借入金債務のために，甲地に抵当権を設定した。ＡがＣに対して借入金の弁済をする前にＡが死亡し，Ｂが単独相続をした。

【Q】 この場合に，Ｂの借地権は消滅するか。

【Ａ】 ×（混同の例外となり借地権は消滅しない）

【解説】 混同の例外の問題である。本問で，もし借地権が消滅してしまっても，抵当権が実行されずに消滅すれば，Ｂについては借地権がなくても自分の土地の上に自分の建物があるだけなので何も不利益はない。しかし，将来，ＢがＡから相続したＣに対する借金を返済できず，抵当権が実行されたならば，もし借地権が消滅してしまうとＢにとり大ごとである。Ｂは買受人所有の甲地に何ら権限なしに乙建物を所有していることになり，建物収去をしなければならないことになるからである。法定地上権の要件は満たしていない。

　そのため，競売対策用に，Ｂにとって借地権を万が一のために存続させておく必要がある。ところが，債権については混同の例外は，混同により消滅する権利が第三者の権利の対象になっていることが必要である（520条但書）。[CASE5-5]では，借地権に抵当権の効力が及んでいるが，本問では抵当権が設定されているのは土地についてである。この点，物権法は地上権が設定されている場合にこのような事例も想定して例外が規定されているのである。すなわち，179条1項但書は，「当該他の物権」（地上権等）が第三者の権利の目的になっている場合だけでなく，「その物」（地上権等の対象である土地）が第三者の目的になっている場

合にも例外を認めているのである。したがって，地上権であったら，本問も混同の例外が認められる。

ところが，債権では520条但書で，本問でいうと借地権（賃借権）が第三者の権利の目的になっている場合に限定しているのである。520条但書を類推適用することも考えられるが，借地権が物権化されていることから179条1項但書を適用——本当に物権になっているのではなく物権同様に第三者対抗力を認めるだけなのでやはり類推適用といえる——することが考えられる[*1]。いずれにせよ，混同の例外が認められるべきであり，×が正解である。

   [*1] 『民法Ⅳ』5-8

CASE5-7　　　AはBに，その所有の甲地を建物所有目的で賃貸し，Bはその地上に乙建物を建てて，自己名義での所有権保存登記をした。その後，Bは甲地をAから買い取ったが，所有権移転登記を受けていなかった。Bが甲地を買い取ってから1年後に，Aが甲地をCに売却し，Cへの所有権移転登記をしてしまった。

【Q】　この場合に，Bは借地権をCに対抗できるか。

【A】　○（混同の例外ではなく，Cとの関係ではそもそも混同は生じていない）

[解説]　混同の例外ではなく，混同自体が否定されることを考えてもらう問題である。BがAから土地を取得したことにより，建物にも土地にも抵当権の設定がないので，借地権は混同で消滅するはずである。そうすると，その後に，Bが甲地取得をCに対抗できなくなると，借地権がないので乙建物の所有は不法占有になり収去を義務づけられるかのようである。しかし，本問では，そもそもBが所有権を取得したことをCには対抗できず，Aが所有者なのでAから甲地の所有権を承継取得することになるのである。そのため，Cとの関係では，AからBへの所有権移転が否定される結果，CとBとの間ではAB間の混同もなかったものと扱われることになる。混同を認めつつその例外によるのではなく，<u>そもそも混同が否定される</u>ことになる[*1]。よって，Bは借地権をCに対抗でき，○が正解である。

   [*1] 『民法Ⅳ』5-9

■第 6 章■

債権の効力と履行の強制

[1] 債権の効力——第三者による債権侵害

(a) 債権侵害の不法行為

CASE6-1 貸金業を営むＡは，Ｂに対して10万円の売掛代金債権を有している。Ａの従業員Ｃは，代金取立ての代理権がないにもかかわらず，Ａの従業員を名乗ってＢに代金の取立てに行き，Ｃに受領権があると信じたＢがこれに応じて支払をした。Ｂは善意無過失である。

【Q】 ＡはＣに対して，債権を侵害する不法行為を理由に損害賠償を請求できるか。

【A】 ○（709条の「権利」には債権も含まれる）

【解説】 第三者による債権侵害が不法行為になることを確認してもらう問題である。709条により故意または過失により他人の「権利」を侵害すれば不法行為になるが，古くは債権は債務者の履行により利益を受ける相対的な権利であるため，他人との関係では保護されず709条の「権利」には債権は含まれないと考えられていた。しかし，債権は，債務者にのみ履行請求ができるにすぎないという点で確かに相対的な効力しかないが，第三者も債権を侵害して損害を与えてはならないという不可侵義務を負う点は，他の権利と変わりがないと考えられるようになり（権利不可侵性理論），現在では709条の「権利」には債権も含まれると考えられている。本問では，Ｃは478条の適用のある弁済をさせており，Ａはこれにより債権を失うという財産権侵害を受けており，Ｃに対して709条により損害賠償を請求できることは疑いない[*1]。

　　*1 『民法Ⅳ』6-5以下

CASE6-2 A会社は，食品メーカーB会社に対してトウモロコシ1トンを販売した。引渡期日にAがBの工場に持参する約束になっていたが，BのライバルメーカーC会社が，従業員を使いAの倉庫に火をつけ，消火作業により，AがBへの引渡しのために保管していたトウモロコシが売り物にならなくなってしまった。そのため，Aは急きょ別のトウモロコシを調達してBに引き渡すことにしたが，約束の期日よりも4日遅れてしまった。

【Q】 BはCに対して損害賠償を請求できるか。

【A】 ○（ただし，債権侵害と構成する必要はない）

【解説】 債権侵害の外延を問う問題である。BはAに対してトウモロコシ1トンの引渡しを求める債権を有しており，Aに遅滞につき帰責事由があれば債務不履行として「債権の効力」により（412条の前の表題を見よ），415条に基づいて損害賠償を請求できる。では，CはこのBのAに対する債権を侵害したものとして，債権侵害を理由に損害賠償を請求できるのであろうか。Aがトラックで運送中に，Dが過失でこれに衝突させて問題と同様の結果を引き起こした場合，Dに債権侵害を理由として損害賠償を請求できるのであろうか。後者は債権侵害について認識はないが，商品を運送しているという予見可能性がないわけではない。

しかし，Aは債務不履行によるしかないが，CについてはBの「営業」を侵害したものと考えることができ，営業の権利ないし利益を709条の保護法益と考えて，その侵害による不法行為を考える可能性がある。間接被害者たる企業損害の議論についても，第三者の債権侵害ではなく営業侵害により損害賠償を根拠づける余地がある。いずれにせよ，Cの故意的な営業妨害に対して，BはCに対して不法行為を理由に損害賠償を請求できる。

CASE6-3 Aは，Bに対して甲地を5000万円で売却し，手付金を受け取り，後日，所有権移転登記と引換えに残額代金を支払い，引渡しを行うことを合意した。Bは甲地に支店を建設し，出店する予定である。これを知り，Bのライバル会社であるCは，DをそそのかしてAから甲地を購入するように勧め，DはCとの取引を止められることを危惧し，ちょうど新たな事務所の開設を考えていたため，既にAB間に売買契約が成立していることを知りつつもCの誘いに応じた。Aは，甲地をDに売却し，Dへの所有権移転登記を行った。

【Q】　BはC及びDに対して，債権侵害を理由とする不法行為を根拠に損害賠償を請求できるか。

【A】　×（違法性が否定される）

【解説】　二重譲渡における第二譲受人の買取が，第一買主に対して債権侵害になり不法行為となるのかを考えてもらう問題である。Cに教唆されたDは，Bが甲地を購入したことを知りつつ二重に甲地を購入し，先に所有権移転登記を受けて，Bの債権を履行不能にしている。Aが債務不履行による損害賠償義務を負うのは当然であるが，CDは債権を侵害しまた故意もあるが，不法行為にはならないと考えられている[1]。学説には異論はあるが，177条により許された行為であり，法の禁止には触れない，すなわち違法な行為ではないためである。Dの行為が違法な行為ではないので，これをそそのかすことも違法ではないことになる。×と考えざるをえない。
　　[1]『民法Ⅳ』6-5以下

(b)　債権侵害に対する妨害排除請求権——不動産賃借権に基づく妨害排除請求

CASE6-4　　　A所有の甲地を，B会社は資材置き場として使用するために，Aから賃借した。その後，Bは甲地の一部（以下，この部分を乙地という）を，Aの同意を得て，C会社に資材置き場として賃貸（転貸）した。その後，D会社が乙地に壊れた甲クレーンを投棄し，放置している。
【Q】　BまたCは債権（賃借権）の侵害を理由に甲クレーンの除去を求めることができるか。

【A】　×（対抗要件を具備していない不動産賃借権については妨害排除請求が認められない）

【解説】　不動産賃借権に基づく妨害排除請求の問題である。「第三者の不法行為により債権の侵害され得べきことは近時一般に認められるところであるが，それは損害賠償の請求を認める限度において肯定さるべきであり，これがために債権に排他性を認め第三者に対し直接妨害排除等の請求を為し得べきものとすることはできない」とされ（最判昭28・12・14民集7巻12号1401頁），不法行為が成立しても，妨害排除請求ができるかは別問題とされた。そして，「第三者に対抗できる賃借権を有する者は爾後その土地につき賃借権を取得しこれにより地上に

建物を建てて土地を使用する第三者に対し直接にその建物の収去，土地の明渡を請求することができる」と，対抗力を具備した不動産賃借権にのみ妨害排除請求権を認める（最判昭 28・12・18 民集 7 巻 12 号 1515 頁）。2017 年改正法は判例を採用し，「不動産の賃借人は，第 605 条の 2 第 1 項に規定する対抗要件を備えた場合」として，①「その不動産の占有を第三者が妨害しているとき　その第三者に対する妨害の停止の請求」，②「その不動産を第三者が占有しているとき　その第三者に対する返還の請求」ができるものと規定した（605 条の 4)[*1]。したがって，BC ともに対抗要件を具備していないので，債権（賃借権）に基づく妨害排除請求はできず，×が正解となる。A の有する物権的妨害排除請求権を代位行使するしかない（423 条 1 項——423 条の 7 は限定する趣旨はない）。

[2]　強制力のない債務——自然債務

CASE6-5　　A は，同業者である B に対して 100 万円を事業資金として貸し付け，1 年後を返済期日とした。ところが，B は子どもが難病になり，高額の治療が必要なことが判明し，手術をする資金に窮していた。また，手術後も治療を続けなければならず，そのために相当の費用がかかることが見込まれる。そのため，B は返済期日に返済ができなかった。A は，同じ年ごろの子がいるため，B を可哀そうに思い，余裕ができたら返済してくれればよく，それまでは無理して返済をする必要はないと述べた。

ところが，その後に A が無資力状態になり，A の債権者 C が上記 100 万円の貸金債権を代位行使してきた。B には，子の手術資金に未だ足りないが，手術資金として蓄えている 1000 万円の預金があり，C はこれを差し押さえようとしている。

【Q】　C は代位行使により，B に対して 100 万円の支払を求めることができるか。

【A】　×（自然債務であり訴求できない）

[解説]　自然債務の問題である。民法に規定はないが自然債務という概念が認められており[*1]，民法また各種の法律で，債権（債務）は否定されないが訴求や強制ができない債権の存在が予定されている。法律規定がある場合に限らず，契約

50　　第 6 章　債権の効力と履行の強制

自由の原則により，強制しえない債権を合意することも有効である。「債務者が無資力なるが故に，債権者も同情して資力回復したるときは誠意を以て弁済すべきことを契約したる場合に」は，「債務者の責任は之を消滅せしめて債務は自然債務とな」るものとされる（大判昭16・9・26新聞4743号15頁）。ただし，「後日資力あるに至りたるときは当然責任を生じて其の債務は復た普通の債務となる」ものと合意されていると認定する。

　本問も，債権者Aはこの手術資金として苦労して蓄えている預金から債権回収はしない考えであり，AB間の合意により事後的に自然債務とされたものと解することができる。そうすると，債権者代位権の行使に対しては，債権者に対する抗弁を代位債権者に対抗することができるので（423条の4），BはCの代位行使に対して，自然債務の合意を援用して拒絶できる。Aの好意は債権者の代位行使によりないがしろにされることはない。よって，×が正解である。

*1 『民法IV』6-10以下

CASE6-6　　Aは賭博の常習者であり，Bが主催するプロ野球賭博に何度も参加をしているが，ほとんど元がとれたことはない。Aにはみるべき財産はなく，賭博資金が足りなくなると，窃盗や恐喝により資金を調達していた。

　Aはあるとき車を運転していて割り込んだ際に，後続のCにクラクションを鳴らされたことに腹を立て，Cの車を何度も蹴飛ばして損傷させた。Aは，Cが警察に通報したため，現行犯逮捕された。Cは車の修理代として20万円がかかった。AはBの主催する上記プロ野球賭博に何度となく参加し，100万円以上を費やしている。

【Q】　Cは，AのBに対する不当利得返還請求権を代位行使して，20万円の支払を求めることができるか。

【A】　○（自然債務であるが，債務者保護のために抗弁を認めるものではない）

【解説】　自然債務にもバリエーションがあることを確認する問題である。賭博契約は無効であり，掛け金として支払われた金銭は法律上の原因がなく，弁済は無効であり，AはBに対して不当利得返還請求権を取得する。しかし，いわゆる不法原因給付に該当するため，Aは返還を請求できない（708条本文）。不当利得

返還請求権は成立しているが、請求できず訴権がなく、任意に弁済すればその受取りには法律上の原因があるが返還を強制しえないことになる。強制しえない点は［CASE6-5］と共通しているが、債務者保護ではなくクリーンハンズではない債権者に対して裁判制度による救済を否定することが根拠であり、債務者は反射的に強制されないという事実上の利益を受けているにすぎない。

そのため、Aの債権者による代位行使については、423条の4の保護される「抗弁」と考えるべきではない。Aへの制裁の反射としてBが返還しなくてよいという事実上の利益を受けるのは容認するとしても、Aの債権者が債権を回収しえない不利益を受け、その犠牲の下にBが事実上の利益を受けることはどう考えても容認しうるものではない。そのため、クリーンハンズであるCによる代位行使は認められるというべきであり、Bの708条の主張はAに対してのみ主張しうるものにすぎず、債権自体が強制できないものになるのではないと考えられる*1。そのため、○が正解と考えられる。ただ、破産管財人による権利行使を認めた下級審判決はあるが——詐欺商法の豊田商事事件で従業員に歩合給で支払われた高額な給与の返還請求——、最高裁判決はない。○を正解と考えたい。

*1 『民法IV』6-12

[3] 債権の強制的実現の方法（履行の強制ないし強制履行）

(a) 金銭債権の履行の強制

> **CASE6-7** AはBの詐欺により100万円を騙し取られた。Aの賠償請求に対して、Bは事業を経営していてそれなりの資産を有しているものの、賠償をしていない。そのため、AはBに対して損害賠償を求める訴訟を提起し、Bに100万円の賠償金の支払いを命じる勝訴判決を得た。それにもかかわらず、Bが賠償金を支払わない。
>
> 【Q】 Aは、Bが所有する高級車を差し押さえて、これを競売し、100万円の賠償金を獲得しようと考えているが、これは可能か。

【A】 ○（債務名義があれば債務者の財産を差し押さえて競売に付することができる）

[解説] 金銭債権の履行の強制方法の問題である。債権には強制力があり、債務者が任意に履行をしないと、裁判所により強制的に履行をさせることができる

（履行の強制）。では，債権があればいきなり強制執行ができるかというと，そうはいかない。債権があることを執行裁判所は確認する必要があり，Aの主張だけでは足りず，いわゆる**債務名義**（民事執行法22条）が必要である。原則として判決により債権の存在が確定されることが必要であり，その場合，確定判決が債務名義になる。本問では，AはBに対して100万円の支払を命じる勝訴判決を得て，それが確定しているため，債務名義を得ていることになり，Aは強制執行ができる*1。

　強制執行の方法として，本問では直接強制のみが可能である。代替執行は金銭債権については意味がなく，間接強制は遅延損害金にプラスして二重に負担をかけるため，原則として認められない（民事執行法172条1項）――例外的に養育費や婚姻費用の分担金など，夫婦・親子その他の親族関係から生ずる扶養に関する権利については，間接強制が可能（同167条の15）――。遅延損害金自体が間接強制としての機能を果たしていることになる。直接強制としては，金庫に現金があることがわかればそれを執行官が持ち出すこと，銀行預金等金銭債権があれば債権執行，すなわち債権を差し押さえて差押債権者自身が取り立てることができる。これらも期待できない場合には，面倒であるが債務者の財産を差し押さえ，執行裁判所に競売してもらい，その代金から配当を受けるしかない。差押禁止財産でなければ可能であり，Bの所有する高級車は自動車については中古市場が確立しているために競売しやすい物件であり，差押えをして競売に付することが可能である。よって，もちろん○である。

*1 『民法Ⅳ』6-15以下

(b)　種類債権の履行の強制

CASE6-8　食品メーカーA会社は，B会社から食品の材料として使用するためにトウモロコシ1トンを購入した。しかし，期日にBが引渡しをしなかったため，とりあえず他の業者から当面必要な分の量のトウモロコシを購入し，それで商品の生産をしている。その後もBがトウモロコシの引渡しをしないため，Aは今後はこのようなことがないように威嚇的な意味を込めて，間接強制により履行の強制を求めようとしている。

【Q】　Aは，Bに対するトウモロコシ1トンの引渡しを，間接強制により強制することは可能か。

【A】　○（種類債務も，間接強制による履行の強制の対象から除外されるこ

とはない）

[解説]　種類債務の履行の強制の可否についての問題である。自然債務でない限り，履行の強制が可能であり，種類債務も例外ではない。英米法では，他からいくらでも取得できる種類債務については，履行の強制はできず，ただちに損害軽減義務として代替取引をして他から仕入れるべきであると考えられている。そのため，その後，商品が値上がりをして高い商品を購入しても，それは自分が代替取引を怠ったためであり，その後の値上がりは考慮されない。ところが，日本では，契約拘束力の原則が貫徹され，権利濫用となるような特段の不合理な事情がない限り，種類債権でも履行の強制が可能である。既に仕入れて倉庫にあれば直接強制が可能であり，また，間接強制によることも可能である。その結果，期日を過ぎても債務者からの引渡しを受ける権利が保障されているので，値上がりしても当初の契約の代金で値上がりした商品の引渡しを求める権利が認められ，結局解除してこの権利を失った場合には，その権利の填補として解除時の目的物の価格での賠償請求が可能である[1]。以上のように，〇が正解である。

　　[1] 『民法Ⅳ』6-18以下

■第 7 章■

債権者代位権

[1] 債権者代位権の意義と制度趣旨

> **CASE7-1**　　食品メーカーA会社は，B会社から食材の供給を受けているが，経営不振に陥り，営業を縮小しつつ行っている。Aの販売先の1つが倒産したため代金が回収できず，Aも連鎖倒産の危険が出てきた。そのため，Bへのそれまでの取引による債務200万円が支払期日を過ぎても支払われないでいる。Aは，甲地を所有しているが当面は利用予定がないため，Cに資材置き場として賃貸している。Cは甲地を建設機械の保管場所としてフェンスを設置して利用しているが，Aが倒産しそうなことを聞き，賃料を支払うのを止め，3カ月滞納を続けている。しかし，Aは無資力状態であり経営のために奔走しており，また，倒産したら財産は全部処分されるので甲地の管理に関心を示さず，Cに対して滞納賃料の回収について何も手を尽くさないでいる。
>
> 【Q】　Bは，Aに代位して，Cに対して，①賃貸借契約を解除し，②滞納している賃料の支払を求め，また，③甲地に置いてある建設機材をどけるよう請求することができるか。

【A】　①～③いずれも○（債権者代位権によりいずれも可能）

[解説]　債権者代位権の要件を確認してもらう問題である*1。債務者の無資力，債権の存在及びその保全の必要性（代位行使により責任財産が保全されること），被代位権利の存在（ここまでは請求原因），債務者の権利不行使，一身専属権ではないこと，債権の弁済期にあること（これらは被告側の抗弁事由）といった債権者代位権行使の要件を，本問のBは充足している。契約解除権といった形成権も代位行使の対象になる——債権者取消権や債権者代位権なども——。

　　賃料債権については，BはCに対して，Aへの支払ではなく，自分への支払を

請求できるというのが判例である（423条の３に明記される）。この結果，Bは受け取った賃料をAに渡さなければならないが，BはAに対して200万円の債権を有するためこれと相殺ができ，相殺の優先回収機能（担保的機能）により受け取った賃料分は，責任財産を総債権者のために保全するのではなく，自分の債権回収に使えることになり，代位権は相殺制度と手を携えて債権回収制度として機能することになる。③については代位行使ができるのは当然である。Bが自ら除去すれば，事務管理費用として——債務者の所有物の損傷を治す等，事実行為は代位権によることはできず，価格が暴落する前の賞品の販売なども同様である——AまたCに費用償還請求も可能である。よって，①〜③すべて◯が正解である。

CASE7-2　食品メーカーA会社は，B会社から食材の供給を受けているが，経営不振に陥り，営業を縮小しつつ行っている。Aの販売先の１つが倒産し，Aはその代金が回収できていない。そのため，AはBとの取引による代金の支払が滞っている。しかし，Aは多数の不動産を保有しているため，無資力ではない。Aは，その所有の甲地について当面は利用予定がないため，Cに資材置き場として賃貸している。Cは毎月の賃料をAの指定した口座への振込みにより支払っている。

【Q】　Bは，Aに代位して，Cに対して賃料を自分に支払うよう請求することができるか。

【A】　×（権利不行使もなくまた債務者は無資力でもない）

[解説]　債権者代位権を金銭債権につき債権回収方法として転用することの可否を問う問題である。本問では，Aは振込先の口座を開設し，そこへの振込みをCに指示しており，権利行使を怠っているわけではない。また，Aは無資力ではない。私的自治の原則からは，他人の財産関係に干渉することは許されず，その例外である債権者代位権は債務者の無資力ということが要件になる。ただ，債務を履行しない場合には，強制執行により自分の財産を競売されまた債権を取り立てられ，このためには債務者の無資力は不要であり，債務不履行があればよい。私的自治はその限度で無視される。ただし，債務名義が必要である。

　ところが，債権者代位権をこの強制履行としての債権執行の代用として活用す

る提案があり（無資力要件不要説），この考えでは本問でも，Ａの代位行使は認められる。しかし，判例は，債務者への支払請求では債務者が受領しないと困るという理由で，金銭債権の代位行使を認め，しかも代位債権者の自己への支払請求を認めつつ，無資力要件を堅持している*1。したがって，×が正解となる。

　　*1 『民法Ⅳ』7-4 以下

[2]　債権者代位権の成立要件

(a)　債権保全の必要性があること1──本来の場合

CASE7-3　　　Ａ会社は，事業用地としてＢ会社から甲地を購入したが，仮登記はしてあるものの，未だ所有権移転登記も引渡しも受けていない。その後，Ｂは経営難に陥っており，無資力状態にあることがわかった。Ａは，Ｂが所有する甲地の隣地である乙地の獲得を考えているが，乙地は債権者であるＣ会社が不法占有をしている。

【Q】　Ａは，債権者代位権に基づいて，ＢのＣに対する明渡請求を代位行使できるか。

【A】　×（債権保全の必要性が認められない）

【解説】　423条1項本文の「債権を保全するため必要があるとき」という要件の解釈にかかわる問題である。私的自治の原則に対する例外として，他人の財産関係に干渉を可能とする制度であるため，債権者代位権が認められるためには債権保全の必要性が要求される。そうすると，責任財産保全の必要性が認められるのは，金銭債権に限られることになる*1。「債権」に何ら限定はないが，「保全」の必要性ということで金銭債権に制限がされることになる。Ａは仮登記もあり，所有権移転登記と引渡しを受ければ債権の満足が得られるので，必要もないのに債務者の財産に干渉することを認めるべきではない。したがって，×が正解となる。

　　*1 『民法Ⅳ』7-13

⒝ 債権保全の必要性があること 2 ── 転用の場合

> **CASE7-4** AはBから，甲地を資材置き場として使用するために賃借した。甲地には，Bに融資をしている貸金業者Cが勝手にバラックを建てて倉庫として使用をしている。Bは，Cの背後に暴力団関係者がいることから怖くて文句が言えない状態にある。Bは特に無資力状態にあるわけではない。
> **【Q】** Aは，債権者代位権に基づいて，BのCに対する明渡請求を代位行使できるか。

【A】 ○（債権保全の必要性が認められる）

[解説] 423条1項本文の「債権を保全するため必要があるとき」という要件の解釈にかかわる問題である。[CASE7-3]で説明したように，責任財産保全の必要性が認められるのは金銭債権に限られることになる。ところが，Aの債権は賃借権であり，また，Bは無資力ではない。しかし，判例・通説はこの場合にも債権者代位権を認めている。いわゆる債権者代位権の「特定債権保全」への転用である[*1]。責任財産保全の場合には，その責任財産に依存している総債権者の債権が保全されるが，この場合には，代位行使をしてCを追い出して利用できるようになって債権が保全されるのはAの賃借権だけである。代位行使が認められる特定の債権（いわゆる特定債権）のみが保全されるのである。

特定債権保全としては未登記のまま買主が不動産を転売した場合の転得者の，売主のその売主に対する所有権移転登記請求権の代位権については，2017年改正により明文化されたが（423条の7），それ以外を否定する趣旨ではなく，解釈に任せたのである。抵当権者の担保不動産適切管理保存請求権を保全するための設定者の，第三者に対する妨害排除請求権の代位行使など，規定はなくても改正後も判例が維持されることになる。条文根拠は，423条の7の類推適用ではなく，同規定は確認規定にすぎないとして423条1項によるか，それとも，423条に対する特例であるとして423条の7の類推適用によるか，難しい問題が残される。

本問も，判例によれば対抗要件を具備していないため賃借権に基づく妨害排除請求権は認められず（改正605条の4），代位行使を認める判例が維持され，これによることが可能である。よって，○が正解となる。

[*1] 『民法Ⅳ』7-14

(c) 被保全債権が弁済期にあること

CASE7-5 A会社は，タイルの製造業を営むB会社に商品を販売した代金債権200万円を有しており，支払期日は4期ごとに締めて，最終月の月末とされている。Bは無資力状態にあるが，親会社の支援もあり，営業は徐々に不採算部門を削減しつつ継続をしている。

【Q】 Aは，債権者代位権に基づいて，Bが有する製品を販売した売掛代金債権について，その支払期日前に，裁判上の代位により代位行使をすることができるか。

【A】 ×（2017年改正後は，弁済期前は保存行為しかなしえなくなった）

［解説］ 弁済期前の代位行使についての423条2項の改正を確認する問題である。
　2017年改正前は，「裁判上の代位」は弁済期前でも行使可能とされており，非訟事件手続法85条以下に詳しい規定が置かれていた。しかし，ほとんど用いられることはなく，また，同法88条3項は「前項の規定による告知を受けた債務者は，その代位に係る権利の処分をすることができない」と規定していたが，改正法はこのような効果を否定することもあり（423条の5），非訟事件手続法の裁判上の代位についての規定はすべて削除された。改正423条2項は，保存行為以外は弁済期前に代位行使を認めないことを明記した[*1]。よって，×が正解である。
　　[*1] 『民法Ⅳ』7-15

(d) 代位行使される権利が一身専属権ではないこと

CASE7-6 Aは，Bに2000万円の借入金債務を負担しており，無資力状態にある。①Aは，Cに対して100万円の代金債務を負っているが，既に消滅時効が完成しているものの，時効の援用はしていない。②Aは未婚の母がおり，母から，Aの父親は会社を経営している資産家であり，つい最近亡くなったDであると聞いているが，認知請求はしていない。③Aの名誉を毀損する記事を，E会社はその発刊する週刊誌に掲載しているが，Aは慰謝料請求をしていない。④Aの母親が財産をFに贈与した後に死亡し，Aは遺留分侵害額の請求権が認められるにもかかわらずこれを行使していない。

【Q】 Aの債権者Bは，債権者代位権に基づいて，①から④の権利を代位

使することができるか。

【A】 ①○, ②〜④×（①以外は一身専属権である）

[解説] 債権者代位権は一身専属権については認められないが，一身専属権かどうかの判断をしてもらう問題である[*1]。①の時効援用権については，一身専属性が否定され代位行使が認められている（最判昭43・9・26民集22巻9号2002頁）。②の認知請求権はもちろん一身専属権である。相続財産が入ることにより責任財産が増える可能性があろうと，債権者が代位して認知請求ができるものではない。不法行為により死亡した場合に，死亡による慰謝料請求権については当然相続が認められているが[*2]，③の名誉毀損による慰謝料請求権については被害者本人が生存していてその行使をするかどうかは本人に任されるべきであり，代位行使は原則として否定される[*3]。ただし，示談や判決等により確定した後は，代位行使が可能になる[*3]。④の2017年改正前の遺留分減殺請求権（遺留分侵害額の請求権）は，権利行使の確定的意思を有することを外部に表明したと認められる特段の事情がある場合を除いて，一身専属権として代位行使の目的とはならないとされている（最判平13・11・22民集55巻6号1033頁）。

    [*1] 『民法Ⅳ』*7-16*   [*2] 『民法Ⅵ』*13-4*   [*3] 『民法Ⅳ』**注7-14**

[3] 代位権の行使をめぐる問題点

(a) 代位債権者の自己への支払請求（引渡請求）の可否

CASE7-7   A会社は，メーカーB会社に原材料を販売した500万円の売掛代金債権を有しているが，弁済期を経過してもBから支払を受けていない。Bは無資力状態にある。そのため，Aは，Bから債権の回収ができないと自社まで連鎖倒産の危険性があるため，BがCに対して商品の販売代金債権1000万円（債権α）を有することに目をつけ，これを代位行使して債権の回収を図ろうと考えた。

【Q】 Aは，BのCに対する債権αを代位行使して，自分に500万円を支払うよう請求することができるか。

【A】 ○（事実上，債権回収のために代位権を使うことができる）

[解説] 債権者代位権を，責任財産を保全して強制執行を準備するという強制執行（債権回収）の前段階の制度としてではなく，債権回収制度そのものとして用いることを容認するかという問題である。

　判例は，債務者が受領しないと困る——夜逃げしていて所在不明の場合など——という理由で，本来の姿ではないがやむを得ず認めるというスタンスでもって，これを肯定している[*1]。2017 年改正に際しては，これを批判する学者側委員とこれを容認する実務家委員との間に激論が交わされ，結局判例を容認することにした（423 条の 3 前段）。A は，C から支払を受けた金銭を B に引き渡す義務を負い，これと自己の B に対する 500 万円の債権とを相殺することになり——改正論議では相殺を禁止すべきであるという意見もあった——，結局は債権回収ができることになる[*2]。そのため，債権回収のために代位権を行使するので，1000 万円全額の代位行使はできず，自己の債権 500 万円を限度として代位行使ができるだけである（423 条の 2）[*3]。よって，A は 500 万円の限度で，B の C に対する債権 α を代位行使して自己への支払を求めることができ，○が正解である。

　[*1]『民法IV』7-8　　[*2]『民法IV』7-17　　[*3]『民法IV』7-18

(b)　相手方の法的地位

CASE7-8　　A 会社は，メーカー B 会社に原材料を販売した 500 万円の売掛代金債権を有しているが，弁済期を経過しても支払を受けていない。B は無資力状態にある。そのため，A は，B から債権の回収ができないと自社まで連鎖倒産の危険性があるため，B が C に対して商品の販売代金債権 100 万円（債権 α）を有することに目をつけ，これを代位行使して債権の回収を図ろうと考えた。A が代位行使により C に代金の支払を請求した。

【Q】　C は，B から未だ商品の引渡しを受けていないため，A の支払請求に対して代金の支払を拒みたいが，これは可能か。

【A】　○（第三債務者は債務者に主張できる事由を代位債権者に対抗しうる）

[解説]　債権者代位権は，債権者に第三債務者に対して独立した債権——本問では A→C の 100 万円の債権——を認めるものではなく，あくまでも B→C 債権を A が自己の名で——代理人としてではなく——行使するにすぎないことを確認してもらう問題である。

AはあくまでもBの権利を行使するのであり，また，債権者が自己の都合で権利行使をしたら，Bが権利行使をする場合に比して第三債務者Cが不利益を被るというのは適切ではない。そのため，民法は「相手方は，債務者に対して主張することができる抗弁をもって，債権者に対抗することができる」ことを確認している（423条の4）[*1]。この結果，CはBに対する同時履行の抗弁権を，Aに対しても対抗できることになり，○が正解である。

　[*1] 『民法IV』7-19

CASE7-9　　Aはその所有の甲地につき，Bと通謀して売買契約を仮装し，虚偽の売買契約書を作成した上で，Bのために仮登記を行った。Bは，売買契約書と仮登記の謄本を見せて，Cに所有者であると信じ込ませ，Cに甲地を売却し，代金の支払を受けた。CはBに対して，Aから所有権移転登記を受けた上で，自分に所有権移転登記を行うよう求めたが，Bはのらりくらりと言い訳をつけて実行しない。そのため，CがAに確認をしたところ，AB間の売買契約が仮装売買であることを知らされた。

【Q】　Cは，BのAに対する所有権移転登記請求権を代位行使する訴訟を提起し，これに対して，AがAB間の契約は虚偽表示であり無効であると主張して，これを拒絶している。Aの主張は認められるか。

【A】　×（第三債務者は債務者に主張できる事由を代位債権者に対抗しうるが，94条2項によりそもそもCとの関係では，AB間での無効を主張しえない）

[解説]　債権者代位権の行使に対して，第三債務者Aは債務者Bに主張しうる事由を代位債権者Cに対抗しうるとなると，Cは94条2項で保護されたものの，AはBには無効を主張しうるので，それをCに対抗できることになり，所有権移転登記がされていないと結局はCの94条2項の保護が否定されるのではないかという疑問を考えてもらう問題である[*1]。
　一見するとこの疑問はなるほどと思われる。しかし，よく考えると誤解であることに気がつくはずである。94条2項の対抗不能という法律関係は，相対的に法律関係を考えるものである。94条2項により，Cとの関係ではAB間の売買契約は有効と扱われ，したがって，Cとの関係ではAB間でも無効を対抗することができないことになるはずであり，Cにそれを対抗するということが考えられ

ないのである。よって，AはCの代位行使によるBへの所有権移転登記請求に対
して，AB間の無効を対抗することはできず，×が正解である。

[関連して考えてみよう] ちなみに，判例は中間省略登記請求権を認めないが，
本問では94条2項の法律構成によっては，CのAに対する直接自己への所有権
移転登記請求権を認めることができる。対抗不能でAB間がCとの関係では有効
になるため，AからB，BからC，という所有権の移転を認めるのが通説的理解
といってよいが，有力説としてAからCへの所有権移転を認める主張があるので
ある[*2]。これならば，代位権によるまでもなく，Cは所有権に基づいてAに対し
て自己への所有権移転登記を求めることができる。
　　[*1]『民法Ⅳ』7-19-1　　[*2]『民法Ⅰ』4-13

(c) 代位権行使の効果

CASE7-10　　A会社は，食品メーカーB会社に原材料を販売した500万
円の売掛代金債権を有しているが，弁済期を経過しても支払を受けていない。
Bは無資力状態にある。そのため，Aは，BがC会社に対して商品の販売代
金債権1000万円を有することに目をつけ，これを代位行使してCに支払を
求めた。しかし，Cが支払に応じないため，Cに対して自分への500万円の
支払を求める代位訴訟を提起し，Bに訴訟告知をした。それにもかかわらず，
CはBに1000万円を支払い，Bはこれを事業資金にあてた。
　【Q】　Aは，Bへの支払を自分には対抗できないとして，Cに対する代位
　訴訟を続けているが，Aは勝訴判決を受けられるか。

【A】　×（代位訴訟の提起・債務者への訴訟告知には，差押え同様の支払禁
　　　　止の効力は認められない）

【解説】　債権者代位権に基づき代位訴訟を提起し債務者に訴訟告知することによ
り，差押え同様に支払禁止の効力が認められるのかという問題である[*1]。
　2017年改正前は，非訟事件訴訟法76条2項の弁済期前の裁判上の代位につき，
債務者の処分制限の効力を認めていたこともあり，反対説もあったが，弁済期後
の裁判上の代位も同様に考えられ，債務者への処分制限の効力が認められていた。
しかし，代位権制度を債権回収制度に利用することへの批判は強く，自己への支
払請求や相殺を禁止することは実現されず債権回収としての利用が容認されたが，
債権回収という架けたはしごを外すがごとき規定を置いたのである。それが，上

記判例を変更し，「債務者は，被代位権利について，自ら取立てその他の処分をすることを妨げられない」，「相手方も，被代位権利について，債務者に対して履行をすることを妨げられない」という改正民法の規定である（423条の5）。

　この結果，Aが代位訴訟を提起しようと，CのBへの支払は有効であり，×が正解になる。代位訴訟では債権回収として安泰ではなく，訴訟が無になるリスクを甘受して代位訴訟を行うしかないことになる。

*1 『民法Ⅳ』7-21

■第 8 章■
詐害行為取消権
──債権者取消権──

[1] 詐害行為取消権の意義及び妥当範囲

CASE8-1 　　　A会社は，土木工事を業とするB会社が工事に際して起こした事故により損害を受けた。示談により，BがAに対して1000万円の損害賠償金を支払うことを約束したにもかかわらず，Bから支払を受けていない。Bは無資力状態にあり，このまま業績が悪化していけば早晩倒産が避けられない状態にある。

　Bはその関連会社であるCに，その所有する工作機械数台を，中古価格としては合計5000万円相当であるにもかかわらず1000万円で売却し，引き渡した。その後も，Bは残された工作機械数台で細々と工事を続けているが，Aに対する賠償金支払の目途は立っていない。

　【Q】　Aは，BがCになした上記工作機械の売却を裁判外で取り消して，CにBの下に返還させてこれを差し押さえて競売することができるか。

【A】　×（取消訴訟を提起し裁判所に取消しと返還を命じてもらう必要がある）

　【解説】　詐害行為取消権の行使方法を確認する問題である。責任財産保全制度としての詐害行為取消権は，破産管財人の否認権とは異なり，すべての債権者に認められる権利であり，各債権者がばらばらに行使することを認めるのは，相手方の法的安定からしても適切ではないので，民法は必ず訴訟によることを求め，裁判所が取消しを認めて初めて取消しの効力が生じることにしている[1]。したがって，Aが裁判外で取消しの意思表示をしても取消の効力は認められず，×が正解である。

　　　[1]『民法Ⅳ』8-3

[2]　詐害行為取消権における「取消し」の内容
──相対的無効だが債務者に効力が及ぶ

> **CASE8-2**　　A会社は，土木工事を業とするB会社が工事に際して起こ
> した事故により損害を受けた。示談により，BがAに対して1000万円の損
> 害賠償金を支払うことが約束されたにもかかわらず，AはBから支払を受け
> ていない。Bは無資力状態にあり，このまま業績が悪化していけば早晩倒産
> が避けられない状態にある。
> 　Bはその関連会社であるCに，その所有する工作機械数台（本件機械とい
> う）を，中古価格としては合計5000万円相当であるにもかかわらず1000万
> 円で売却し，引き渡してしまった。その後も，Bは残された工作機械数台で
> 細々と工事を続けているが，Aに対する代金支払いの目途は立っていない。
> 　【Q】　Aは，BがCになした本件機械の売却の取り消しを求める訴訟を提
> 　　起して，併せて，CにBの下に本件機械の返還を求め，これを認容する判
> 　　決が出された。判決の効力はBにも及び，BがCに対して工作機械の返還
> 　　を求めることができるか。

【A】　○（取消判決の効力は債務者にも及ぶ）

【解説】　詐害行為の取消判決の人的効力の問題である[1]。2017年改正前の判例に
よれば，取消判決の効力は債務者には及ばず，債権者と被告とされた受益者また
は転得者との相対的な関係でおいてのみ効力が否定されるにすぎなかった（相対
的取消し）。したがって，B自身がCに返還請求をすることはできなかった。
　ところが，2017年改正法は，複雑な妥協的解決をした。絶対的取消しが簡単
でよいが，それでは債務者に判決効を及ぼすために債務者まで共同被告にしなけ
ればならなくなり，債務者が夜逃げしてしまっているなど不都合な場合も考えら
れる。そのため，債務者を被告にしなくてよいことにしながら（424条の7第1
項），債務者にも取消しの効力を拡大し（425条），そのために必ず債務者への訴
訟告知を必要としたのである（424条の7第2項）。この結果，BC間でも売買契
約は取消しの効力が認められ──121条の2が適用になるかは不明──，BはC
に工作機械の返還を請求できる。よって，正解は○ということになる。
[関連して考えてみよう]　CもBに支払った1000万円の返還を請求でき（425
条の2），Bの返還──さらにはAの返還──請求に対して同時履行の抗弁権を

主張できる（533条類推適用）——ただし，この点は議論がある——。
*1 『民法Ⅳ』8-13

CASE8-3

　A会社は，土木工事を業とするB会社が工事に際して起こした事故により損害を受けた。示談により，BがAに対して1000万円の損害賠償金を支払うことが約束されたにもかかわらず，AはBから支払を受けていない。Bは無資力状態にあり，このまま業績が悪化していけば早晩倒産が避けられない状態にある。

　Bはその関連会社であるC会社に，その所有する工作機械数台（本件機械という）を，中古価格としては5000万円相当であるにもかかわらず1000万円で売却し，引き渡した。Cは，本件機械を関連会社Dに5000万円で販売し，引渡しを済ませた。Dは，Bが無資力状態にあること，また，本件機械を1000万円の破格でCに販売したことを知っている。

【Q】　Aは，Dに対して，BがCになした本件機械の売却の取消し，またBの下に本件機械の返還を求める訴訟を提起し，これを認容する判決が出された。判決の効力はBにも及び，BがDに対して本件機械の返還を求めることができるか。

【A】　○（取消判決の効力は債務者にも及ぶ）

【解説】　詐害行為の取消判決の人的効力の問題である。[CASE8-2]に説明したように，明記していないが取消しは相対的取消しを出発点とし，ただ債務者には取消しの効力を及ぼしているにすぎない。そのため本問でも，BC間の本件機械の売買契約の取消しの効力は債務者Bに及び，また，被告とされたDにも及ぶが——Dとの関係でも取消しの対象は詐害行為であるBC間の売買契約——，Cには及ばないことになる。BCまたCD間ではBC間の売買契約は有効なままである。BD間では取消しの効力が認められるので，Bも所有権に基づいてDに本件機械の返還を請求できることになる*1。したがって，○が正解になる。

【関連して考えてみよう】　DはCに5000万円を支払っている。取消判決の効力が及ばないBにこの返還を請求はできないが，BがCから受け取った1000万円については返還を請求することができる（425条の4第1号）。この場合に，533条を類推適用して，Dには1000万円の返還と本件機械の返還との同時履行の抗弁権を認めるべきかは，[CASE8-2]同様に問題になる。

[2]　詐害行為取消権における「取消し」の内容——相対的無効だが債務者に効力が及ぶ　　67

*1 『民法IV』 8-13

[3] 詐害行為取消権の成立要件1-1（権利根拠事実）
——詐害行為及び債務者の悪意

(a) 相当価格での財産の処分

> **CASE8-4** A会社は，不動産を多数所有しているものの，現在は業績が悪化しており無資力状態にある。Aは再建資金獲得のため，関連会社であるB会社に対して，甲土地を時価相当額の5億円で売却した。AはBから代金全額を受け取り，引渡しまた所有権移転登記を行った。Aは代金を利用して工場の設備投資を行ったが，それでも再建は成功せず，結局，事実上倒産し，営業活動を停止している。
>
> 【Q】 Aの債権者Cは，Bに対して訴訟を提起して，AB間の本件売買契約の取消し，そして，甲地の所有権移転登記の抹消登記手続きを求めることができるか。

【A】 ×（債務者が隠匿等の意思で処分していないので，詐害行為にならない）

[解説] 不動産を時価相当額で売却したことが詐害行為になるかどうかを問う問題である。2017年改正前の判例の理解には，①固定資産である不動産を消費・隠匿しやすい金銭に変えること自体がそれだけで詐害行為になり，ただ代金を有用の資に充てることを免責事由とするか，②それとも，時価相当額での不動産の売却自体は詐害行為にはならず，代金を浪費・隠匿するために売却し，そして浪費・隠匿することが詐害行為になるというのか疑問が残されていた。前者では有用の資に充てようとしたが，結局有用にならなかった場合でも取消し可能なのか問題が残されていた。

　2017年改正法は，①財産を金銭といった隠匿等をしやすい状態に変更すること，②債務者が行為の当時において隠匿等の意思を有していたことを要求し，さらに，受益者に対する成立した取消権の行使要件ではなく，そもそも取消権の成立要件として，③受益者の②についての悪意を要求した（424条の2）*1。②③が要件とされ，これを取消債権者が証明しなければならないこことになったため，ほとんど適用の余地はなくなった。本問でも，隠匿等の意図はないため取消権は成立し

ないことになる。よって，×が正解である。

*1 『民法Ⅳ』 8-17

CASE8-5 　A会社は，美術品を多数所有しているものの，現在は業績が悪化しており無資力状態にある。Aは，関連会社であるB会社に対して，甲画を時価相当の1億円で販売したが，その代金を隠匿する目的でなされたものであり，その後，その代金の使途は不明である。Aの再建は成功せず，結局，事実上倒産し，営業活動を停止している。Bは甲画をその経営する美術館に飾っている。

【Q】　CはAに対して，1000万円の売掛代金債権を有しており，甲画の売買契約を取り消して，①甲画の自己への引渡し，または，②甲画の返還に代えて1000万円の償金を自分に支払うよう請求することができるか。

【A】　①○，②×（隠匿等の目的で時価相当額で販売することが詐害行為になるのは不動産に限られない，目的物が取り戻せる場合に償金請求はできない）

【解説】　絵画を時価相当額で売却したことが詐害行為になるかどうか，また，目的物を取り戻さずにその価格の償金請求をすることができるかを問う問題である。

①2017年改正前は，不動産が問題になっていたが，改正424条の2は，「その有する財産を処分する行為」を問題とし，不動産に限定していない。そのため，Aが甲画を代金隠匿目的で売却し，Bがそのことを知っていれば，Cは甲画の売買契約の詐害行為取消請求ができることになる。この場合，甲画の返還またCへの引渡しを請求できる（424条の6第1項）。取消債権者は甲画の自己への返還請求を求めることができる（424条の9第1項）。したがって，①は○である。

しかし，②については，償還請求ができるのは返還不能の場合に限定されているため（424条の6第2項第2文），×が正解となる。

*1 『民法Ⅳ』 8-17

CASE8-6　A会社は，美術品を多数所有しているものの，現在は業績が悪化しており無資力状態にある。Aは，B会社に対して負担する1億円の債務の弁済のために，Bが関連会社であり，他の債権者への弁済ができなくなるのを認識しつつ，Bと協議して，Bがなんとか債権回収ができるように，甲画を販売し，その代金をBに対する債務への弁済に充てることにした。そのため，Aは，甲画をBへの弁済資金獲得のためであることを説明して，関連会社であるC会社に1億円で販売し，代金をCからBの口座に入金してもらった。

【Q】　Aに対して弁済期の到来した1000万円の債権を有するDは，Cに対して，AC間の売買契約を詐害行為として取り消し，また甲画の返還を求める訴訟を提起した。Dの請求は認められるか。

【A】　○（通謀して特定の債権者に弁済することも隠匿等に含まれる）

[解説]　絵画を時価相当額で売却したことが詐害行為になるかどうかの問題であるが，債務者が浪費や隠匿ではなく，特定の債権者に弁済するために売却をした場合について考えてもらう問題である[*1]。

　一部の債権者と通謀して一部の債権者にのみ弁済をすることは，[CASE8-7]にみるように，それ自体，詐害行為となる可能性のある行為である。424条の3第1項の要件を満たすならば，すなわち，支払不能性かつ<u>AB間に通謀害意があれば弁済資金のための売却であれば，有用の資のためではなく424条の2が適用</u>になると考える余地がある。当然，CはAB間の通謀害意の存在まで知っていることが必要になる。本問ではこの要件を満たしているため，○が正解になる。

[関連して考えてみよう]　ところで本問では，DはAB間の甲画の売買契約を取り消さずに，AのCへの弁済を取り消すことが考えられる。これによれば，甲画を取り戻して競売にかける必要はなく，Cから自己の債権回収に必要な1000万円の償還を請求できることになる。ただBに対する甲画の返還と，Cへの償金請求とは二重には請求できない。それは過ぎた保護を債権者に認めることになる。そうすると，債権者Dは売買契約の取消し，債権者Eは弁済の取消しを求めて別々に訴訟を提起した場合にはどうなるのか，という疑問が生ずる。問題提起に止めておく。

*1 『民法Ⅳ』8-18

⒝ 一部の債権者への弁済，代物弁済，担保供与

❶ 一部の債権者への弁済

> **CASE8-7** A会社は業績が悪化しており無資力状態にある。二度の不渡りを出して，銀行取引停止処分を受けているが，事業を再建しようとなんとか現金取引により事業を続けている。しかし，それでも債権者への債務を完済する目途は立たず，取引も次第に少なくなり，倒産もやむを得ない状況になってきた。
>
> そのため，Aに対して 100 万円の貸金債権を有するB会社は，Aに強硬に支払を迫り，Aが事業資金として望みをかけていた取引先に対する 50 万円の債権につき，Aとともに取立てに行き，50 万円の支払を受けた。
>
> **【Q】** Aに対して弁済期の到来した 100 万円の債権を有するC会社は，Bに対して，Aの弁済を詐害行為として取り消して，50 万円の自己への返還を請求できるか。

【A】 ×（通謀害意がないと弁済の詐害行為取消しは認められない）

[解説] 一部の債権者への弁済を詐害行為として取消しが可能かという問題である[*1]。2017 年改正により，支払不能時という要件が加重され破産法の否認権との調整が図られたが，それ以外の要件は基本的に従前の判例を承継している（424 条の3第1項）。すなわち，否認権にはない要件として，「債務者と受益者とが通謀して他の債権者を害する意図をもって行われた」という要件が設定されている（424 条の3第1項2号）。

本問では，AB 間に通謀害意はなく，Bが一方的に強行的取立をしただけなので，あくまでも債権者の行為ではなく債務者の行為を詐害行為として取り消す民法の詐害行為取消権では，取消しは認められないことになる（改正前の判例として，最判昭 52・7・12 判時 867 号 58 頁）。よって，×が正解となる。ただし，場合によっては，Bの行為は他の債権者に対する債権侵害の不法行為となる可能性がある。

　[*1] 『民法Ⅳ』*8-19* 以下

> **CASE8-8** A会社は業績が悪化しており無資力状態にある。二度の不渡りを出して，銀行取引停止処分を受けているが，事業を再建をしようとな

んとか現金取引により事業を続けている。しかし，それでも債権者への債務を完済する目途は立たず，取引も次第に少なくなり，倒産もやむを得ない状況になってきた。

そのため，Aの関連会社でAに対して100万円の貸金債権を有するB会社は，Aと通謀して，他の債権者への弁済資金がなくなることを承知で，Aに取引先から100万円の債権を取り立てさせ，これから支払を受けた。その後，Aは事業を停止し，みるべき資産は残っていない。

【Q】　Aに対して弁済期の到来した100万円の債権を有するC会社は，Bに対して訴訟を提起し，AのBへの弁済を詐害行為として取り消して，返還金100万円の自己への引渡しを請求できるか。

【A】　○（通謀害意があるため弁済の詐害行為取消しが可能である。Bには按分比例の抗弁権は認めらない）

[解説]　一部の債権者への弁済も通謀害意があれば詐害行為として取消しが可能なことを確認した上で，取消後の法律関係を考えてもらう問題である[*1]。

　無資力状態の債務者が一部の債権者に弁済をした場合，①支払不能時になしたこと，及び，②債権者と通謀害意をもってなしたことの2つの要件を満たせば，他の債権者は，弁済を詐害行為として取り消すことができる（424条の3第1項）。

　そこで，次の問題は，取消債権者Cが自己への返還の請求ができるかである。改正論議では，自己への支払を請求できない，これを認めるが相殺を認めないといった改正案も検討されたが，結局は解釈に任せることにして，特に規定を置かなかった。そのため，424条の6第1項により受領した弁済金の返還を求めることができ，また，取消債権者は自己の債権の限度で自分への支払を請求できることになる（424条の9第1項）。ただし，弁済については，制限解釈の余地が残される。

　さらに問題になるのは，受益者Bは自分も債権者であることを主張して按分比例で分けて，本問でいうと50万円は手元に置き残額50万円のみを返還するという按分比例の抗弁を認めるかである。改正前の判例はこれを否定していた（最判昭46・11・19民集25巻8号1321頁）。ところが，この点は債務者に取消しの効力が及ぶことになったため（425条），疑問が生じた。取消しによりBのAに対する債権が復活すれば，債務者Aにも取消しの効力が及ぶとなるとAのBへの返還請求権が成立し，結局はBが相殺ができてしまうからである。改正法はこの疑問を解消するために，受けた給付を返還して初めて債権が復活するという制限を

して（425条の3），相殺の前提を否定したのである。こうして，BはCに返還
して初めてAに対する債権が復活するので，債権者として按分比例の抗弁を主張
することはできないことが，条文上も明確化された。よって，○が正解となる。
*1 『民法Ⅳ』8-23

❷ 一部の債権者への代物弁済

> **CASE8-9**　A会社は業績が悪化しており無資力状態にある。二度の不
> 渡りを出して，銀行取引停止処分を受けているが，事業を再建しようとなん
> とか現金取引により事業を続けている。しかし，それでも債権者への債務を
> 完済する目途は立たず，取引も次第に少なくなり，倒産もやむを得ない状況
> になってきた。
>
> 　そのため，Aの関連会社でAに対して100万円の貸金債権を有するB会社
> は，Aと通謀して，他の債権者への弁済資金がなくなることを承知で，代物
> 弁済として，A所有の100万円相当の中古価格の甲フォークリフトの引渡し
> を受けた。その後，Aは事業を停止し，みるべき資産は残っていない。
>
> 【Q】　Aに対して弁済期の到来した100万円の債権を有するC会社は，B
> に対して訴訟を提起し，Aの代物弁済を詐害行為として取り消して，甲フ
> ォークリフトの返還を請求できるか。

【A】　○（通謀害意があるため，支払不能になる30日前までの代物弁済で
　　　　ある限り詐害行為取消しが可能である）

【解説】　一部の債権者への代物弁済が詐害行為となるための要件を考えてもらう
問題である。2017年改正前には，代物弁済は義務ではないので適正価格であろ
うと同然に詐害行為になることを認める判例があったが，適正価格の場合に債権
者との通謀害意を要求する判例もあった。改正法は，この点規定を置いて明確に
解決した*1。
　①まず時期的な制限として，弁済よりも少し緩めて，支払不能時だけでなくそ
の30日前のものも対象とした。②他方で，当然に詐害行為とするのではなく，
通謀害意を要求して弁済とパラレルな要件を設定した（424条の3第2項）。し
たがって，本問では支払不能時またはその30日前になされたのであれば，AB
間に通謀があるので，Cは取消しを求めることができる。
　請求内容については過大な代物弁済の場合には，無資力であればよく，返還請

求は過大な部分の償金請求になるが（424条の4），適正価格の場合には，償金請求によることはできず（424条の6第1項），目的財産の返還を請求できる。したがって，甲フォークリフトの返還を請求でき，○が正解になる。

*1 『民法IV』 *8-22*

［4］ 詐害行為取消権の成立要件 1-2（権利障害事実）
── 財産を目的としない法律行為ではないこと

(a) 身分行為

CASE8-10　　Aは，息子にα会社の経営を引き継がせ，既に経営から引退しているが，相当の資産を有している。息子がα会社の経営に失敗し，α会社が倒産し，その債務についてAが連帯保証人になっていたため，Aの所有の財産が差し押さえられる可能性が出てきた。保証債務を計算に入れるとAは無資力である。Aは妻に先立たれて独り身であったが，児童養護施設の13歳のBと養子縁組をした。Aは，Bを高校そして大学に進学させ，家業を再建してもらうことを望んでいる。

【Q】　α会社に対して1000万円の債権を有するCは，そのα会社に対する債権につきAが連帯保証をしているため，AがBを養子にとったことにより，その養育費にAの財産が費やされることを危惧し，Bとの養子縁組を詐害行為として取消しを求めたいと考えている。これは可能であろうか。

【A】　×（財産を直接目的としない行為は財産減少に影響しても取消しできない）

【解説】　「財産を目的としない法律行為」については詐害行為取消請求が認められないことを確認する問題である*1。未成年の養子をとることにより養育費を支出することになり，間接的には財産が減少することになる。しかし，それ自体は「財産を目的としない法律行為」なので，①そもそも詐害行為ではないという理由か，それとも，②詐害行為だが取消しを否定するのか──例外とする理由は本人の私的自治の尊重（ただし，身分行為という限定はない）──はさておき，本問のような養子縁組は詐害行為取消しの対象にはならない。したがって，×が正解である。

*1 『民法IV』 *8-24*

⒝ 相続放棄，遺産分割

CASE8-11　　Aは，息子Bにα会社の経営を引き継がせ，既に経営から引退しているが，相当の資産を有している。Bがα会社の経営に失敗し，α会社が倒産し，その債務についてBが連帯保証人になっており，Bは無資力である。その後，Aが死亡し，AをBと弟CDが共同相続した。Bは会社を倒産させた責任を感じており，CDに相続財産により会社を再興してもらうことを考え，以下の行為を行った。

①家庭裁判所において相続放棄の手続きをとった，または，

②甲地（1億円）をB，乙銀行預金（3億円）をC，丙銀行預金（2億円）をDに帰属させる遺産分割をした。

【Q】　α会社に対して5000万円の債権を有するEは，その債権につきBが連帯保証をしているため，Bの行った①または②の行為を詐害行為として取消しを求めたい。これは可能であろうか。

【A】　①×（財産を目的とせず，また，財産を減少させる行為でもない），
②○（財産を目的とする行為である）

[解説]　「財産を目的としない法律行為」についての問題である。②については取消しの仕方が問題になるが，その検討までは求めていない。ただし，最後に言及しておくことにする。

まず，相続放棄については，詐害行為取消しを認める学説も有力であるが，判例はこれを認めない。①「既得財産を積極的に減少させる行為というよりはむしろ消極的にその増加を妨げる行為にすぎない」こと，また，②取消しを認めると相続を強制することができてしまい，「相続の放棄のような身分行為については，他人の意思によってこれを強制すべきでない」ことが理由である（最判昭49・9・20民集28巻6号1202頁）。したがって，①は×が正解である。

次に，放棄でゼロにすることも可能ならば，遺産分割の詐害行為性については，結果のバランス論からは疑問が生じる。ところが，判例・学説は，相続をする限りは――相続放棄ではそもそも相続自体がなくなるという大きな差がある――，法定相続分での財産取得を責任財産につき期待できることから，相続分と異なる遺産分割を詐害行為と認める。すなわち，「遺産分割協議は，相続の開始によって共同相続人の共有となった相続財産について，その全部又は一部を，各相続人の単独所有とし，又は新たな共有関係に移行させることによって，相続財産の帰

属を確定させるものであり，その性質上，財産権を目的とする法律行為である」
と説明されている（最判平 11・6・11 民集 53 巻 5 号 898 頁）。したがって，②
は○が正解である。

[関連して考えてみよう]　問題は②の取消しの方法である。ⓐそれぞれ BC，BD
の間の持分の交換を問題にすると，BC 間は，C は甲地の 3 分の 1 の持分（約
3333 万円）を B に譲渡，B は乙預金 1 億円の持分を C に譲渡しており，約 6666
万円を C が過剰に取得している。BD 間は，D は甲地の 3 分の 1 の持分（約 3333
万円）を B に譲渡，B は丙預金約 6666 万円の持分を譲渡しており，約 3333 万円
を D が過剰に取得している。そうすると B は，C には約 6666 万円，D には 3333
万円を取消し，減少した 1 億円をそれぞれ CD から取り戻すことになる。ⓑしか
し，D は 3 分の 1 に相当する 2 億円の預金を取得しているにすぎず，相続分以上
の財産を取得したのは C である。そのため総合計算をした，C を 1 億円の詐害行
為の受益者として，C に対してのみ 1 億円の詐害行為取消請求が認められるとい
う解決方法も考えられ，これが適切である[*1]。

[*1] 『民法Ⅳ』8-25

⒞　離婚に際する財産分与

> **CASE8-12**　A は，α 会社を経営しており，相当の資産を有している。
> しかし，α 会社が倒産し，A はその債務について連帯保証人になっていたた
> め，連帯保証債務を含めると無資力状態にある。
> 　A は愛人を作っていたことが発覚し，妻 B から離婚を求められ，財産分与
> として，B が居住している土地建物（甲不動産）と預金 2000 万円を与えた。
> A は甲不動産から出ていき，また，AB 間の子は既に独立して生活している。
> B は，A の収入に基づき子育てを行い，子が独立後は趣味の洋裁を行い，ネ
> ットで販売してわずかな収入はあるものの，パートなどの収入はない。
> 　**【Q】**　α 会社に対して 5000 万円の債権を有する C は，その債権につき A
> が連帯保証をしているため，A が B に対してなした財産分与を詐害行為と
> して取消しを求めたい。これは可能であろうか。

【A】　△（過大な財産分与の場合に限り，過大な部分のみ取消可能）

[解説]　離婚に際する財産分与の詐害行為取消しの可否を考えてもらう問題であ
る。財産分与は，正に財産を直接与える行為であり，「財産を目的としない法律

行為」として適用除外とされることはない。しかし，財産分与の内容について検討すると，①実質共有財産の清算は，財産を清算するだけであり減少させるものではない，②離婚原因につき有責な場合の慰謝料の支払は債務の履行であり，また，③離婚後の生活補助も債務の履行である。②③は通謀害意があれば債務の履行（弁済）でも詐害行為が問題になるが（☞ [CASE8-8]），実際に問題になるのは，財産分与に仮託してなされた過剰な財産分与——形だけ離婚をする仮装離婚さえ資産隠しとして行われる——である。

　そのため，判例は，財産分与が「768条3項の規定の趣旨に反して不相当に過大であり，財産分与に仮託してされた財産処分であると認めるに足りるような特段の事情のないかぎり，詐害行為として取消の対象となるものではない」という（最判昭58・12・19民集37巻10号1532頁）。なお，「離婚に伴う慰謝料を支払う旨の合意」は，「新たに創設的に債務を負担するものとはいえないから，詐害行為とはならない」が，「当該配偶者が負担すべき損害賠償債務の額を超えた金額の慰謝料を支払う旨の合意がされたときは，その合意のうち右損害賠償債務の額を超えた部分については，慰謝料支払の名を借りた金銭の贈与契約ないし対価を欠いた新たな債務負担行為というべきであるから，詐害行為取消権行使の対象となり得る」（最判平12・3・9民集54巻3号1013頁〔「仮託」という要件はなくなった〕）。

　こうして，財産分与が過大であれば，その超過部分について取消しが可能になる。取消しの仕方が問題になるが，超過金額の償金請求が認められるというべきである。いずれにせよ，過大な財産分与であるならば，超過部分については取消しができ，△が正解である。

　　*1 『民法Ⅳ』*8-26*

[5]　詐害行為取消権の成立要件2
——債権者側の要件＝害されたこと（債務者の無資力要件）

(a)　債務者の無資力要件

CASE8-13　　A会社は，不動産を多数所有しているものの，現在は業績が悪化しており無資力状態にある。Aは，関連会社であるB会社に対して，Bの再建を支援するために，その有するBに対する1000万円の債権を放棄した。その後，ABとも順調に事業を再建し，無資力状態ではなくなっている。この段階で，Aが，取引先のC会社に対して5000万円の損害を与え，Cが

Aに対して5000万円の損害賠償請求権を取得した。

【Q】 Cは，Bに対して，AがBになした債権放棄を詐害行為として取消請求をして，併せてBに対して1000万円の支払を求める代位行使をすることができるか。

【A】 × （債務者の無資力は取消権の成立要件かつ存続要件と考えられる）

【解説】 詐害行為取消権が成立後に，債務者が資力を回復した場合に，一度成立した取消権がどうなるのかを考えてもらう問題である[*1]。条文では明記されていないが，学説により，私的自治の原則に対する例外制度であるため，債務者が資力を回復したらもはや取消しはできないと考えられている——その後に，再び無資力になったら復活するかは問題になるが，復活しないと考えられている——。よって，×が正解になる。

[*1] 『民法Ⅳ』 8-15

(b) 被保全債権についての要件

CASE8-14 A会社は業績が悪化し，無資力状態にあるが，その経営者αは資産を関連会社に移すため，A同様その持ち株を100％保有するB会社に，A所有の甲地（1億円相当）を6000万円で売却し，引渡し及び所有権移転登記を行った。

【Q】 以下の債権者は，本件甲地の売買契約を詐害行為として取り消すことができるか。

①A所有の乙地（1億円）に5000万円の債権のために抵当権の設定を受けその登記を受けている債権者C，②Bへの売却また所有権移転登記後に，Aの工事の際に起きた事故により自宅を損傷して100万円の損害賠償請求権を有する債権者D，③Aに建物の建築を注文し，Bへの売買契約また所有権移転登記後に（請負契約締結はそれ以前），建物が完成し引渡しを受けたが，不適合があり，その修補に200万円がかかり，200万円の損害賠償請求権を有する債権者E。

【A】 ①×（害されていない），②×（害されていない），③△（424条3項の「原因」の解釈による）

[解説] 詐害行為取消権が認められる「債権者」についての問題である。424条1項は，単に「債権者は……」と規定するだけであり，債権者に限定をしていない。しかし，私的自治の原則の例外であり，必要もないまた害されてもいない債権者に取消権を認める必要はない。債権者であれば取消権が認められるものではないことは，424条3項が当然の前提としている。その行為により「害された」債権者でなければならない。

　まず，①の十分な担保ある債権者Cは，一般担保による債権の必要はなく（394条1項），害されていないので取消権を認める必要はない[*1]。②の詐害行為後に債権を取得したDは，その債権の責任財産が減少せられたものではない（424条3項）。甲地がDの債権の責任財産にはなっていて，それが逸失して債権が害されたという関係にはない[*2]。以上より，①と②は×が正解になる。

　問題は③の詐害行為後の債権である。2017年改正法は424条3項により，詐害行為後の債権でもその「原因」が詐害行為前にあれば取消権を認めることを規定した。契約取消しによる原状回復請求権（代金返還請求権）であれば，取消権が詐害行為時に成立していればよい。解除による原状回復請求権の場合に，解除権の成立時を基準にするのか，それとも不履行があれば解除される双務契約が成立していればよく，契約時を基準にするのか，問題になる（後者によるべき）。本問では「原因」を何に求めるかによる。AE間の請負契約を原因と考えれば，契約は詐害行為前なので詐害行為取消権が認められるが，完成引渡時に不適合があったことを問題にすれば引渡時になり，取消権は認められない。前者と考えて肯定すべきであると考えるが，後者の解釈の可能性もあるので△としておいた。
　　[*1]『民法Ⅳ』8-28　　[*2]『民法Ⅳ』8-29

(c) 特定債権（特定物債権）の債権者

> **CASE8-15**　A会社は，B会社から中古の甲クレーン車を購入し，代金1000万円を支払った。甲クレーン車は，Bが整備した上で1週間後に引き渡すことになっている。契約当時，Bは無資力状態ではなかった。ところが，その後に，Bの建設現場で従業員の過失による事故が発生し，莫大な賠償金を支払わなければならなくなり，経営資金に窮する状態になった（無資力状態）。資金に窮したBは，2000万円の債権を有するC会社に対して，中古価格5000万円相当の乙建設機械を代物弁済に供して引き渡しをした。甲クレーン車は売却済みとして表示され，厳重に保管されている。
>
> **【Q】**　Aは，BのCに対する乙建設機械の代物弁済を取り消して，差額

3000万円のBへの支払を求めることができるか。

【A】 ×（未だ害されていない）

[解説] 詐害行為取消権が認められる424条1項の「債権者」の解釈をめぐる問題である。AのBに対する債権は，甲クレーン車という特定物の引渡しを求める債権（特定物債権）にすぎず，Aは甲クレーン車の引渡しを受ければその債権の満足を受けられるのであり，債務者の一般財産にはかかわらない。そのため，今のままではAにはBC間の代物弁済につき詐害行為取消権は認められない[*1]。Bから建設機械をレンタルしている賃借人等も同様である。もちろん，BC間の代物弁済は詐害行為に該当するため，Bの金銭債権者はこの詐害行為取消請求が可能である（424条の4）。

    [*1] 『民法IV』8-30

CASE8-16 　A会社は，B会社から中古の甲クレーン車を購入し，代金1000万円を支払った。甲クレーン車は，Bが整備した上で1週間後に引き渡すことになっている。契約当時，Bは無資力状態ではなかった。ところが，その後に，Bの建設現場で従業員の過失による事故が発生し，莫大な賠償金を支払わなければならなくなり，経営資金に窮する状態になった（無資力状態）。資金に窮したBは，2000万円の債権を有するC会社に対して，中古価格5000万円相当の乙建設機械を代物弁済に供して引き渡してしまった。その後，甲クレーン車はBの債権者が無断で持ち出して売却してしまい，善意無過失の第三者が購入し，引渡しを受けている。
　【Q】 Aは，BのCに対する乙建設機械の代物弁済を取り消して，差額3000万円の中から1000万円の自分への支払を求めることができるか。

【A】 ○（同一性理論によりまたは原因が詐害行為前にあるため，取消権が認められる）

[解説] 特定物債権者も，履行不能により填補賠償を求める損害賠償請求権（金銭債権）になれば，詐害行為取消権が認められることを確認してもらう問題である[*1]。
　AのBに対する特定物債権は，本問では履行不能により填補賠償請求権になっ

ている（415 条 2 項 1 号）。そのため債務者 B の責任財産保全の必要性が生じる。ただ問題になるのは，詐害行為後に填補賠償請求権になっており，詐害行為後の債権ではないかということである。この点，判例は元の特定物債権が損害賠償請求権に変わったのであり債権の同一性を認めるため*2，詐害行為前の債権と考えることができる。また，詐害行為前に「原因」があることによってもよい（424 条 3 項）。この「原因」が詐害行為前にあればよいということからは，契約解除をして代金返還請求権（545 条 1 項）を被保全債権として問題にしても，やはり詐害行為取消権が認められることになる。

　　*1 『民法Ⅳ』8-31　*2 『民法Ⅳ』注 10-7

CASE8-17　　A 会社は，B 会社から中古の甲クレーン車を購入し，代金 1000 万円を支払った。甲クレーン車は，B が整備した上で 1 週間後に引き渡すことになっている。契約当時，B は無資力状態ではなかった。ところが，その後に，B の建設現場で従業員の過失による事故が発生し，莫大な賠償金を支払わなければならなくなり，経営資金に窮する状態になった（無資力状態）。資金に窮した B が以下の行為をした。甲クレーン車は中古価格 1000 万円相当であるとする。

　① 500 万円の債権を有する C に対して，甲クレーン車を代物弁済に供して引き渡した。

　② 500 万円の債権を有する C に対して，甲クレーン車を 500 万円で売却し，代金と相殺して引き渡した。

【Q】　A は，B の C に対する①②の行為を詐害行為として取消しを求めることができるか。

【A】　①②とも○（同一性理論によりまたは原因が詐害行為前にあるため，取消権が認められる）

［解説］　［CASE8-16］にみたように，特定物債権も履行不能により填補賠償請求権に変われば詐害行為取消権が認められるが，その詐害行為が特定物の二重譲渡である場合の問題である*1。

　判例・学説は，二重譲渡により第三者の所有権取得が認められても（177 条，178 条），それが詐害行為の要件を満たす限り，他の債権者とともに劣後した第 1 譲受人にも取消権を認めている（不動産の事例）。A は，甲クレーン車は自己

所有物であるが，対抗できなくなれば，債務者の財産として填補賠償請求権のための責任財産たることを主張することは妨げられないのである。よって，①②とも○が正解である。

[関連して考えてみよう]　問題にはしなかったが，取消請求の内容が問題になる。不動産の場合，移転登記の抹消登記を求めて債務者（売主）に登記名義を戻した上で，さらに自分への所有権移転登記を求めることはできない。金銭債権者として保全行為を主張できるにすぎないからである。①では，424条の4により過大部分の500万円の償金請求権を行使して，AはCにこれを自己に支払うよう請求しうる*2。②は問題である。現物返還が可能な限り償金請求を認められないが（424条の6第1項但書）*3，売買契約なので甲クレーン車を自己に引き渡すよう請求できる（424条の9第1項）。そうすると，AはCに甲クレーン車の引渡しを求めることができるが，責任財産として引渡しを受けるにすぎず，これを買主として自己の物にすることはできない。ただ実質は代物弁済なので424条の4の類推適用により差額の償金請求を認める可能性はある。

*1『民法Ⅳ』8-32　　*2『民法Ⅳ』8-41　　*3『民法Ⅳ』8-38

[6]　詐害行為取消権の受益者ら第三者への対抗要件
──受益者・転得者の悪意

(a)　取引安全保護との調整──悪意が必要

CASE8-18　A会社は建築業を営んでいるが，事業資金に窮するようになり無資力状態になっている。B会社は，Aが事業に窮しており無資力状態にあることを知らずに，事業を縮小するので不要になる甲クレーン車を買わないかと誘われた。Aは急ぎで資金が必要なので，現金払いであれば中古価格500万円相当の甲クレーン車を200万円で売ってよいと告げた。Bはあまりにも安いが何か事情があるのであろうというくらいに思い，甲クレーン車を見せてもらって動かしてみたところ，状態もよいので，これに応じて200万円を支払って，甲クレーン車の引渡しを受けた。

【Q】　Aに対して弁済期の到来した500万円の債権を有するCは，AのBに対する甲クレーン車の売買契約を取り消して，Bに対して甲クレーン車の返還を求めることができるか。

【A】 ×（受益者が詐害行為について善意である）

【解説】 Aは500万円相当の財産を200万円で販売しており，責任財産を減らす詐害行為に該当するが，取り消すためには受益者の悪意が必要なことを確認してもらう問題である。

　424条1項本文だけだと，債務者の詐害行為があれば債権者は取消請求ができるかのようであるが，取引の安全保護のため，同規定には但書があり，受益者その行為の当時に詐害行為であることを知らなかった──債務者の無資力を知らない，正当な価格を知らない──ならば，「この限りではない」ものとされている*1。取消権の成立を妨げる抗弁事由とされているので，受益者側で自分の善意を証明しなければならない。

　この結果，CはBの詐害行為を証明すればよく，Bが善意を証明できなければ取消請求が認められることになる。BはAが無資力であることを知らず，それまでAの経営は順調であったとすれば，善意の証明が認められる可能性が高い。×を正解とした。

　　*1 『民法Ⅳ』8-33

(b) 転得者への請求

❶ 転得者が善意の場合

CASE8-19　　A会社は建築業を営んでいるが，事業資金に窮するようになり無資力状態になっている。B会社は，Aが事業に窮しており無資力状態にあることを知らずに，事業を縮小するので不要になる甲クレーン車を買わないかと誘われた。Aは，中古価格500万円相当の甲クレーン車を200万円で売ってよいと告げた。Bはあまりにも安いため，Aに事情を訊いたところ，無資力状態であることを知ったが，これに応じて200万円を支払って甲クレーン車の引渡しを受けた。その後，Bは甲クレーン車を，そのような取得の事情を知らないC会社に転売し，代金の支払を受けて，これを引き渡した。
【Q】　Aに対して弁済期の到来した500万円の債権を有するDは，AのBに対する甲クレーン車の売買契約を取り消して，Cに対して甲クレーン車のAへの返還を求めることができるか。

【A】 ×（転得者が詐害行為について善意である）

[解説] 受益者が悪意でも，転得者に目的物が転売されている場合には，転得の当時に詐害行為を知っていなければ，転得者に対して詐害行為取消請求ができないことを確認してもらう問題である。

　債権者が転得者に対して詐害行為取消請求をするには，受益者と転得者の両者の悪意が必要である（424条の5第1号）*¹。したがって，本問では，Bは悪意であるが，Cは善意なので，DはCに対して詐害行為取消請求をして甲クレーン車の返還を求めることはできず，×が正解になる。

[関連して考えてみよう]　なお，Cが悪意でも，あくまでも取消しがされるのは債務者Aの行為であり，AB間の売買契約を取り消すのであり，BC間の転売を詐害行為として取り消すわけではない。BC間の売買が適正価格であっても，CがAB間の詐害行為を知っていれば，AB間の売買契約が取り消され，Bが無権利者となりCの所有権取得が否定されるだけである。

　また，本問では，Dは，Bに対しては取消請求できるので，Bは200万円しか支払っていなくても，目的物の価格500万円の償還請求ができる（424条の6第1項第2文）。BはAに対して代金200万円の返還請求ができる（425条の2）。債務者Aにも取消判決の効力が及ぶ結果（425条），AB間では500万円の価額償還請求権と200万円の代金返還請求権とが対立することになり，Bは相殺をして差額300万円のみを返還することができる。Aは代金200万円を受け取っているので，300万円のみの価額償還になっても不都合はない。

*¹　『民法Ⅳ』*8-34*

❷　転得者のみが悪意の場合

> **CASE8-20**　A会社は建築業を営んでいるが，事業資金に窮するようになり無資力状態になっている。B会社は，Aが事業に窮しており無資力状態にあることを知らずに，事業を縮小するので不要になる甲クレーン車を買わないかと誘われた。Aは，中古価格500万円相当の甲クレーン車を200万円で売ってよいと告げた。Bは，Aが無資力状態であることを知らず，何か事情があるのだろうと思い，これに応じて200万円を支払って，甲クレーン車の引渡しを受けた。その後，Bは，甲クレーン車をC会社に300万円で転売し，代金の支払を受けてこれを引き渡した。Cは，BがAから取得したことAB間の売買契約の際にAが無資力状態にあったこと，また，甲クレーン車の適正価格が500万円程度なのに200万円でBが購入したことを知っていた。
>
> 　**【Q】**　Aに対して弁済期の到来した500万円の債権を有するDは，AのB

に対する甲クレーン車の売買契約を取り消して，Ｃに対して甲クレーン車の返還を求めることができるか。

【Ａ】 ×（転得者が悪意でも，受益者が善意ならば転得者に対しても詐害行為取消請求は認められない）

【解説】 受益者が善意でも，転得者が悪意であれば，債権者は転得者に対して詐害行為取消請求ができるのかという問題である。2017 年改正前は，取消しの効果は相対効であるため，受益者が悪意でも転得者との相対的関係で債務者の行為を取り消すことが可能であった。ところが，改正法は，債務者にも取消しの効力を及ぼし，転得者に対して詐害行為取消請求をするためにも，受益者・転得者両者の悪意を必要とした（424 条の 5 第 1 号）。したがって，改正法では，×が正解となる。

❸ 受益者・転得者の両者が悪意の場合

CASE8-21 　　　Ａ会社は建築業を営んでいるが，事業資金に窮するようになり無資力状態になっている。Ｂ会社は，Ａから，事業を縮小するので不要になる甲クレーン車を買わないかと誘われた。Ａは，中古価格 500 万円相当の甲クレーン車を 200 万円で売ってよいと告げた。Ｂは，Ａが無資力状態であることを知りつつ，これに応じて 200 万円を支払って，甲クレーン車の引渡しを受けた。
　その後，Ｂは，甲クレーン車をＣ会社に 300 万円で転売し，代金の支払を受けて，これを引き渡した。Ｃは，ＢがＡから 200 万円で取得したこと，ＡＢ間の売買契約の際にＡが無資力状態にあったこと，また，甲クレーン車の適正価格が 500 万円程度であることを知っていた。
　【Ｑ】 Ａに対して弁済期の到来した 500 万円の債権を有するＤは，ＡのＢに対する甲クレーン車の売買契約を取り消して，Ｂに対して甲クレーン車の価額 500 万円の償還を求めることができるか。

【Ａ】 ○（転得者から目的物を取り戻すか，受益者から価額償還を受けるか，債権者は選択ができる）

【解説】 受益者と転得者がいずれも悪意であれば，債権者は転得者に対して詐害

行為取消請求ができるが，この場合に，あえて受益者に対して価額償還を請求できるのかという問題である。

　この点，改正法は，「その転得者に対しても」と規定することにより（424条の5柱書），受益者に対する請求ができなくなるものではないことを確認した。従前の判例・学説を確認するものである。したがって，○が正解である。

　[関連して考えてみよう]　問題にはしなかったが，本問では事後処理等問題が目白押しである。まず，選択といっても，ある債権者はB，ある債権者はCと財産の返還と価額の償金との二重に責任財産の回復はできず，訴訟の併合，判決はどうすべきかは執行を含めて問題になる（問題提起に止める）。そして，事後処理であるが，Bが価額償還をした場合には，[CASE8-18]に述べたようになる。他方，Cから甲クレーンの返還を受けた場合には，CはBに対して支払った300万円の返還を請求できない。あくまでも相対効を原則としているため，BC間ではAB間の売買契約は有効なままであり，CはBに対して責任追及をなしえない。そのため，民法は，債務者Aは代金200万円を受け取って現物も戻ってくるのは二重取りになるので，転得者は受益者が債務者に対して取得すべき200万円の返還請求権を取得することを認めている（425条の4第1号）[*1]。Cに同時履行の抗弁権を認めるかは議論があり解釈に委ねられた。Aの返還請求だけでなく，債権者による自己への引渡請求についても，Aに対する同時履行の抗弁権の対抗を認めるべきである。

　　*1 『民法Ⅳ』8-35

[7]　詐害行為取消権の行使——自分への支払請求及び取消しの範囲

(a)　訴訟の提起——被告及び訴訟告知

CASE8-22　　A会社は建築業を営んでいるが，事業資金に窮するようになり無資力状態になっている。Aは，B会社に中古価格500万円相当の甲クレーン車を200万円で販売し，これを引き渡した。Bは，Aが無資力状態であることを知りつつ，これに応じて200万円を支払って，甲クレーン車の引渡しを受けた。その後，Bは，甲クレーン車をC会社に300万円で転売し，代金の支払を受けて，これを引き渡した。Cは，BがAから安価で取得したこと，売買契約の際にAが無資力状態にあったことを知っていた。

　【Q】　Aに対して弁済期の到来した500万円の債権を有するDは，AのBに対する甲クレーン車の売買契約を取り消して，Cから甲クレーン車を取

り戻すことを考え，Cを被告として訴訟を提起した。この場合に，取消しの対象である契約当事者ABを被告とする必要はないが，ABに訴訟告知をしなければならないか。

【A】　×（いずれも被告にする必要はないが，取消しの効力が及ぶ債務者Aにだけは訴訟告知をしなければならない。Bへの訴訟告知は不要）

【解説】　転得者を相手とする場合でも，取り消すのは債務者と受益者間の行為であるため，取り消される行為の当事者を必ず被告にしなければならないのか，不要だとしても訴訟告知さえなくてよいのかを考えてもらう問題である。

　まず，絶対的取消しは採用しない趣旨で，被告は受益者や転得者だけでよく，債務者また転得者を被告とする場合に受益者を被告にする必要はないことになっている（424条の7第1項）。これは2017年改正前の相対効による判例を確認したものであるにすぎない[*1]。

　改正で変わった点は，取消判決の効力を債務者には及ぼすため（425条）——差押え類似の効力を認めるためではない——，必ず債務者に訴訟告知をしなければならなくなった点である（424条の7第2項）[*2]。転得者を被告とする訴訟で，受益者に訴訟告知をしても取消判決の効力を及ぼすことはできない。したがって，ABとも被告にしなくてよいという点は正解であり，債務者Aへの訴訟告知をしなければならないというのも正解であるが，受益者Bまで訴訟告知をすることを必要とするのは誤りである。よって，×が正解となる。

　ちなみに，詐害行為取消請求には，詐害行為の取消しだけでなく目的物の返還や償金請求を併せて求めることができることは（折衷説），従前の判例により認められていたが，2017年改正法はこれを明記した（424条の6）。

[*1]『民法IV』8-36　　[*2]『民法IV』8-36

(b)　取消債権者の自己への支払・引渡請求

CASE8-23　　A会社は建築業を営んでいるが，事業資金に窮するようになり無資力状態になっている。Aは，B会社に中古価格500万円相当の甲クレーン車を200万円で販売し，これを引き渡した。Bは，Aが無資力状態であることを知りつつ，これに応じて200万円を支払って，甲クレーン車の引渡しを受けた。その後，Bは甲クレーン車を，事情を知らないC会社に500万円で転売し，代金の支払を受けて，これを引き渡した。

【Q】　Aに対して弁済期の到来した200万円の債権を有するDは，AのBに対する甲クレーン車の売買契約を取り消して，Bから甲クレーン車の価格500万円の償金請求権を行使して，500万円全額の自分への引渡しを請求することができるか。

【A】　×（取消債権者は自分への支払を請求できるが，自己の被保全債権額に限られる）

【解説】　取消債権者が，取消しの効力が債務者に及び，債務者が返還ないし償金請求権を有していても，代位行使ではなく取消権の内容として自己への引渡しを求めることができるか，できるとして被保全債権額による制限があるのかという問題である。

　この点，2017年改正法は従前の判例に従い，取消債権者の自己への引渡請求を認めた（424条の9第1項）[*1]。債権者代位権同様に，債権回収制度としての運用を容認するか議論があったが，これを認めたのである。そのため，取消しの範囲は「自己の債権の額」に限界づけられる（424条の8）[*2]。Bは返還できないので償金請求になるが（424条の6第1項第二文），目的物の価格500万円の償金請求が認められる。Bは200万円を支払っているので，差額の300万円の償金請求ができるだけではない――ただし，Aに200万円の返還請求ができるので，相殺して300万円の償金支払義務にすることができる――。いずれにせよ，DはBに償金の自己への支払を請求できるが，その有する債権額200万円に限られるため，×が正解である。

【関連して考えてみよう】　債務者Aにも取消判決の効力が及び，AもBに対して500万円の償金請求権を取得するとなると，Dの200万円の償金請求権はどう理解すべきであろうか。改正前は債務者には取消判決の効力は及ばなかったため，D自身の債権として理解されていたようであるが，改正後は連帯債権になるのか，それとも代位権同様に自己の名で債務者の取消後の権利を行使することまで取消権の内容に含まれているのであろうか。424条の9第1項第2文は，取消債権者に支払または引渡しをすれば，債務者へ支払または引渡しを「要しない」としか規定していない。代位権の423条の5のような規定はないが，受益者，転得者が債務者に支払や引渡しをしても当然有効である。また，受益者らが債務者に対して主張しうる事由は，取消債権者にも対抗しうる。

[*1] 『民法Ⅳ』 8-37　　[*2] 『民法Ⅳ』 8-39

⒞ 取消しの範囲

CASE8-24　A会社は建築業を営んでいるが，事業資金に窮するように
なり無資力状態になっている。Aは，B会社に500万円の商品購入代金債務
を負担しており，倒産が避けられない状態になったため，Bと通謀して，他
の債権者が債権回収なしえなくなるのもやむを得ないと考え，取引先に対す
る代金債権400万円を取り立て，これを全部Bの支払に充てた。その後，A
の経営者は夜逃げしてしまい，Aは事実上事業活動を停止している。

【Q】　Aに対して弁済期の到来した200万円の債権を有するCは，Bに対
して訴訟を提起し，AのBに対してなした400万円の弁済を取り消して，
400万円のAへの返還を求めることができるか。

【A】　△（取消債権者が債務者への返還を請求できるか，できるとして債権
　　　　による制限はないのかは不明）

【解説】　取消債権者が自己への支払を求め，債権回収そのもののために取消請求
をする場合には，相殺により債権回収を行うため，自己の債権額に制限されるが
（424条の8第1項），それができるにもかかわらず債務者への支払や返還を請求
することができるのか，できるとした場合には自己の債権額という制限はなくな
るのかという問題である。

　424条の8第1項は，詐害行為が「可分」であれば，取消債権者は「自己の債
権の限度においてのみ」取消しができるにすぎないことを規定し，自己への支払
や引渡請求をする場合に限定していない。そもそもこの場合に，債務者への返還
を請求できるのかは明確ではない。424条の9第1項第1文をみると，支払また
は引渡しを「自己に対してすることを求めることができる」と規定しており，「自
己に対してすることを求めること<u>も</u>できる」とはなっていない――代位権の423
条の3にも同様の問題がある――。しかし，これを否定する理由はない。債務者
が受領しないと困るという点であるが，確かに債務者が事業を停止しているとそ
のような問題があるものの，金銭の支払については供託ができ，また，銀行口座
がわかればそこへの振込みも可能である。もしこれを認めるならば，423条の2
も424条の8の制限も不要であると考えられる。債務者への返還請求については，
取消債権者の債権額への制限を受けないのかは明らかではないので，△とした。

[8] 詐害行為取消請求権の提訴期間

> **CASE8-25** 　A会社は建築業を営んでいるが，事業資金に窮するように
> なり無資力状態になっている。Aは，B会社に1000万円の商品購入代金債
> 務を負担しており，倒産が避けられない状態になったため，Bと通謀して，
> 他の債権者が債権回収なしえなくなるのもやむを得ないと考え，A所有の建
> 設機械を第三者αに売却し，その代金1000万円をBに支払った。その後，
> Aの経営者は夜逃げしてしまい，Aは事実上事業活動を停止している。
> 【Q】　CはAに対して弁済期の到来した400万円の甲債権を有しており，
> 甲債権に基づいて，AのBに対してなした弁済を取り消して，400万円の
> 自己への支払を求める訴訟を提起し，訴訟継続中に，200万円のAに対す
> る乙債権をDから譲り受け，これを追加して合計600万円の支払を求めた。
> 乙債権は，AのBへの弁済前に成立していた債権であり，Cがこれを譲り
> 受け，訴訟において追加請求した時点では，Cが，AのBへの通謀害意に
> よる弁済を知ってから2年が経過していた。また，DがCに乙債権を譲渡
> したときには，Dは，AのBへの通謀しての弁済を知ってから2年が経過
> していた。CはBに対して600万円の支払を求めることができるか。

【A】　△（債権ごとに取消権が成立するのではなく，債権者毎に1つの取消
　　　権が成立する）

【解説】　詐害行為取消権の時効についての問題である。詐害行為取消権の「期間
の制限」として，426条は，①債権者が詐害行為を知った時から2年経過した場
合には，取消訴訟は「提起することができない」，行為の時から20年を経過した
場合も同じとされている。
　2017年改正前は消滅時効と規定されていたが，改正法は訴訟による権利行使
が必要なため提訴期間になっている。債権者が債権を複数有している場合には，
債権ごとに取消権が成立し，取消権が行使（訴訟提起）された債権だけが提訴期
間の制限を免れ，それ以外の債権の取消権は期間制限にかかるのであろうか。改
正前の消滅時効規定についての判例であるが，債権者が甲債権に基づいて債権者
取消訴訟を提起後，被保全債権を乙債権に変更したが，その時点では426条前段
の2年が経過していた事例で，「詐害行為取消訴訟の訴訟物である詐害行為取消
権は，取消債権者が有する個々の被保全債権に対応して複数発生するものではな

い」,「攻撃防御方法が変更されたにすぎ」ない, 甲債権に基づく取消訴訟の提起によって生じた詐害行為取消権の消滅時効 (改正前は時効と規定) の中断の効力に影響がないとされている (最判平 22・10・19 金商 1355 号 16 頁)*1。

　Cにつき1つの詐害行為取消権が成立し, その提訴期間内の訴え提起により, Cの有する債権はすべて保全されることになる。訴訟提起があればよく, 被保全債権がすべて示されている必要はないことになる。訴訟提起中に債権を変更ではなく追加しても同様であると思われる。また, 詐害行為を知ってから1年後に新たな債権を取得——譲渡だけでなく詐害行為前の「原因」たる不適合が発見された等により——しても, その債権も含めてその債権者の取消権はあと1年で提訴期間にかかることになる。その債権について, その取得から2年ではない。しかし, 本問では, Dが債権者の間にDにつき詐害行為取消権の提訴期間が経過している。債権ごとではなく債権者ごとに提訴期間の満了を考えるとすると, Cの債権としてリセットされるのであろうか。不明であり, △とした。

[関連して考えてみよう]　債権者Dが詐害行為を知ってから1年後に債権を譲渡し, 譲受人Cは詐害行為を知らない場合, 時効はどうなるのであろうか。Dを基準に時効が起算されCが知らなくてもあと1年で時効が完成するのであろうか。それとも, 相続は別として, 譲渡により主体が変わるごとに新たな時効が問題とされるのであろうか。しかし, それでは法律関係が不安定になり, また, 166 条1項1号でも考えられるため——出世払の特約付き債権の譲渡等——, 譲受人が知らなくても進行した時効は完成猶予, 更新がない限りはそのまま進行し完成すると考えるべきである。提訴期間についても, 提訴がない限り同様である。

　　*1 『民法Ⅳ』8-43

■第 9 章■
債務不履行に対する債権者の法的保護と提供・供託

[1] 弁済の提供（弁済提供ないし提供）

(a) 弁済提供の要件

❶ 弁済提供についての原則――現実の提供

> **CASE9-1**　美術商Aは，店を訪れたBに菊花石の置物（以下，「甲」という）を販売した。Bはその場で代金を支払い，自宅への配達をAに依頼した。Aはこれに応じ，2～3日以内には到達するよう発送手続をとること，送料はAが負担することが合意された。Aは，甲をα運送の宅配便を利用してBへの発送手続をとった。αは，甲の引渡しのためにB宅を訪れたが，Bが不在であったため不在配達通知書を郵便受けに入れて，甲を持ち帰った。その後もαはB宅を二回ほど配達に訪れたが不在であり，αはAに，Bが不在であり，再配達の依頼もないということを連絡した。Aはとりあえず様子をみて配達をするようαにお願いし，返送手続はとらなかった。結局，αが甲をBに配達できたのは契約から10日が経過してからであった。
>
> 【Q】　この場合，2～3日以内の配達を約束したのに，結局は10日も配達にかかったため，Aは履行遅滞の責任を負わなければならないか。

【A】　×（弁済提供が認められるため，Aは履行遅滞にはならない）

【解説】　弁済提供により履行遅滞を免れることを確認する問題である。本問では，Aは甲のBへの引渡しを，2～3日以内と約束しており，412条1項の確定期限の定めがある事例になり，この期間を過ぎれば履行遅滞になる。しかし，履行できなかったのは，債権者であるBが，再配達等の手続きをとらなかったためである。仮にそれがBに帰責事由がなかったとしても――たとえば，交通事故により入院したなど――，Aは自分としては履行のために必要なことは完了しており，それなのに責任を免れないというのは酷である。

そのため，民法は**弁済提供**という制度を用意して，弁済提供があれば，債務者が履行しないことによる責任を免れることを認めた（492条）[*1]。弁済提供の要件は，原則として「債務の本旨に従って現実にしなければならない」（493条本文）[*2]。本問では，現実に引渡し場所であるＢの自宅まで，Ａの引渡義務の履行補助者であるαが配達に行って提供しており，この要件を満たしている。そのため，Ａは履行遅滞の責任を負うことはなく，×が正解である。

    [*1]『民法Ⅳ』9-1以下   [*2]『民法Ⅳ』9-6以下

❷   一部提供・供託

㋐   提供を要件とする制度の効果が問題となる場合

> **CASE9-2**   Ａは，事業資金を獲得するために，その所有する甲地をＢに売却し，代金を受け取ったが，将来取り戻すことを考え，5年間の買戻し特約をして，仮登記をした。Ａは，事業資金に余裕が出てきたため，甲地を買い戻すことを考え，売買契約から4年10カ月後に，Ｂに対して代金と登記費用等を提供して，買戻しの意思表示をした。これに対して，Ｂは契約費用の返還金額が足りないと主張して，抹消登記請求に応じない。そのため，Ａは提供した金額を供託した。
>
>   その後，ＡＢ間で買戻しをめぐって争いが続いている間に，Ｂが提出した資料により，提供した金額が1万円ほど足りなかったことが判明し，Ａはその差額を供託した。しかし，この時点では売買契約から5年を経過していた。
>
> 【Q】 この場合，Ａのなした買戻しの意思表示は有効か。

【A】 ○（僅少の不足で，提供者側が悪意ではないので，提供としての効力が認められる）

【解説】   一部提供・一部供託の効力の問題である。買戻しが有効になるためには，代金と契約費用を「返還」しなければならない。「返還」は，2017年改正前557条の手付の「償還」同様に，相手方が受け取らない場合に，供託までしなくても提供（現実の提供）があればよいと考えられる（557条は改正で明記）。したがって，買戻しの意思表示があるだけでは足りず，上記金額を提供して買戻しの意思表示をしなければならないのである。ところが，本問では，当初は1万円が足りず，追加供託した時点では既に買戻期間が経過していたのである。提供また供託は，債務の本旨，要するに債務の内容に合致していなければならないために問題

になる。

　しかし，売主が計算ミスで提供した額に僅少の不足があったにすぎない場合には，全部提供があったと同様に買戻しの効果が認められている（大判大9・12・18民録26輯1947頁）。このように一部提供・供託であったとしても，償還などを要件とする制度，ここでは買戻しの効力が認められる*1。信義則が根拠とされるため，その要件は，①不足額が僅少であること，②提供者が不足を知らないことが必要とされている。買戻しの意思表示は有効であるが，全額を返還しているわけではないので，残額の返還義務は残る。

　こうして，不足額があり，一部提供また一部供託になっていたが，その金額を提供してなした買戻しの意思表示は有効であり——提供・供託は無効だが買戻しの意思表示は有効になるというのではない——，当初の買戻しの意思表示は有効となり，○が正解となる。

　　　*1　『民法Ⅳ』9-9 以下

⑷　一部提供，一部供託の効力そのものが問題となる場合

CASE9-3

　A出版社は，その発行している週刊誌αにおいて，病院経営者Bの名誉を毀損する記事を大きく掲載し，Bから名誉毀損を理由として損害賠償を求められた。Aは，その記事を取材した記者が誤った情報に基づいて記事を書いたことが明らかになったため，Bに謝罪し，慰謝料として100万円を支払うことを提案し，100万円を用意してBの病院に赴いた。ところが，Bは病院の経営にも大きく影響が出ており，そのことを考慮すると100万円では足りず，500万円程度の賠償が必要であるとして，100万円の受取りを拒絶し，その後，Aを相手として訴訟を提起した。

　第一審判決では，200万円の賠償及び不法行為時からの遅延損害金の支払が命ぜられ，判決後，AはBに200万円と遅延損害金を提供したが，Bがその受取りを拒絶して控訴をしたため，200万円と遅延損害金を供託した。その後，控訴審では，担当した裁判官はBの経営する病院の収入減を示す新たな証拠が提出されたため，400万円の賠償を認めることを考えている。

　【Q】　この場合，控訴審裁判所は，400万円全額について不法行為当時からの遅延損害金とともに支払をAに命じるべきか。

　【A】　×（僅少の不足ではないが，提供者側が悪意でなく第一審判決もある

ので，一部提供，一部供託としてその金額を限度として提供，供託の効力は認められ，差額の 200 万円の賠償を命じる判決となる）

[解説]　債権額が不明な場合についての，一部提供・一部供託の効力を考えてもらう問題である。判例は，一部提供，一部供託は，債務の本旨に従っていないので一切無効であるのを原則としつつ，[CASE9-2] のように，信義則を理由に，①僅少の不足かつ②不足を提供者が知らないことを要件として，提供また供託された金額での提供また供託を要件とするそれぞれの制度の効力を認めている。ところが，本問は不足額が 200 万円であり僅少ではない。

　しかし，損害賠償においては賠償金額がどの程度になるかは，訴訟をしてみなければわからないのであり，代金や借入金のように金額が明らかな債権とは異なるという特殊性がある。賃料の増減の請求がされて金額に争いがある場合につき，借地借家法 11 条 2 項，32 条 2 項により，判決が確定するまでは相当と考える金額を賃借人は支払えばよいものとして，立法により問題を解決している例がみられる[*1]。しかし，損害賠償については規定がなく，2017 年改正法でも規定は置かれていない。とはいえ，判例は，不法行為に基づく損害賠償請求について——遅延損害金が不法行為時から発生するために問題になる——，第一審判決後にその命じられた賠償金額を提供・供託したのを，控訴審でより多くの金額が認容されその差が僅少ではないとしても，一部提供，供託をその金額（本問では 200 万円）につき有効としている（最判平 6・7・18 民集 48 巻 5 号 1165 頁）[*2]。

　こうして，Aのなした 200 万円の提供，供託は有効であり，400 万円につき提供・供託までの遅延損害金，及び，残額 200 万円と供託後の遅延損害金を支払えば足りる。よって，400 万円の支払とその不法行為時からの遅延損害金の支払は必要ではなく，×が正解となる。
　　[*1] 『民法Ⅳ』9-10　　[*2] 『民法Ⅳ』9-11

❸　弁済の準備＋催告（口頭の提供）でよいとされる場合
㋐　「債務の履行について債権者の行為を要するとき」

CASE9-4　　A楽器店は，客Bの注文によりαバイオリンを販売し，入手できたら電話にて連絡することを約束した。Aは，αバイオリンはなかなか入手が困難であったが，なんとかメーカーから手に入れ，Bにメールを送って，入手ができたので店舗に取りに来るよう求め，入手したαバイオリンを店に保管していた。しかし，Bは多忙であったことからなかなか店に取りに行くこともできず，また，一人住まいであるため家族に代わりに取りに行

ってもらうこともできず，１週間が過ぎた。そのため，Ａが再度Ｂに引取り
を求めた。ところが，Ｂは風邪で体調を崩してしまい取りに行けないままで
あった。

　その後，Ｂが取りに行く前に，Ａの店に深夜泥棒が入り，警報器が鳴って，
すぐに泥棒は逃げ出したが，店の奥にしまってあった楽器を何点か盗んでい
った。その中には，Ｂが注文したαバイオリンも含まれていた。

【Ｑ】　ＡはＢに対して，αバイオリンを引き渡すことなく，その代金を支
払ってもらうことができるか。

【Ａ】　○（特定があり危険が移転している。また，提供により注意義務が軽
　　　　減されているので，履行不能になりかつ損害賠償義務を負うこともな
　　　　い）

【解説】　弁済提供として要求される行為の問題である。弁済提供は，原則はいわ
ゆる現実の提供，物の引渡しであれば債権者の元に目的物を提供してその受取り
を求めることが必要である。しかし，本問のように，いわゆる取立債務，すなわ
ち，債権者が債務者の店に商品を取りに行って引渡しを受ける場合，約束通り取
りに来てもらえばよいので，わざわざ持っていく必要は毛頭ない。そのため，民
法は，債権者が取りに来なければ引渡しができないといった，履行につき債権者
の行為（協力）が必要な場合につき，いわゆる口頭の提供でよいものとした（493
条但書）。弁済の準備，すなわち本問ではαバイオリンを入手した上で──入手
もしていないのに催告しても勿論だめ──，受取りを催促するだけでよいことに
なる*1。

　また，提供により目的物が特定し（401 条 2 項），履行不能がありうることに
なり，また，受領遅滞により債務者の注意義務が軽減されるので（413 条 1 項），
Ａは履行不能につき損害賠償義務を負うことはない。また，567 条 2 項が適用さ
れ，引渡しがなくても買主に危険が移転し，Ｂは代金を無条件で知わなければ
ならないことになる。以上より，○が正解となる。

*1 『民法Ⅳ』9-12 以下

(イ)　「債権者があらかじめその受領を拒」んでいるとき

CASE9-5　　　Ａ楽器店は，客Ｂの注文によりαバイオリンを販売し，入
手できたら自宅まで宅配便で配達することを約束した。ところが，翌日にな

って，Ｂがやはり他のバイオリンを買いたいので，αバイオリンの注文はなかったことにしてほしいと言ってきた。Ａは，αバイオリンはなかなか入手が困難であるが，既にメーカーに無理を言って１つ販売してもらうよう注文してしまっているので，今更キャンセルはできないと説明した。しかし，Ｂはあくまでもキャンセルを主張し，配達されても受け取らないと説明した。

その後，Ａはメーカーよりαバイオリンが送られてきたが，Ｂが受け取らないというので，発送手続をとっても無駄だと思い，電話にて，Ｂにαバイオリンが入手できたので，発送手続をとるかどうか確認をした。しかし，Ｂはキャンセル済みと主張して，受け取らないと述べている。

【Q】　この場合，ＡはＢに対して，αバイオリンの売買契約を代金債務の不履行を理由に解除をして，損害賠償を求めることができるか。

【A】　○（特定があり，また，提供によりＢは代金支払請求に対して同時履行の抗弁権を主張できず履行遅滞になっている）

【解説】　提供として要求される行為の問題である。本問では，持参債務との合意がされているが，しかし，債権者が引取りを拒絶しているので，入手して発送手続をとっても無駄になってしまう。そのため，無駄なことをさせる必要がないので，民法は，口頭の提供でよく，αバイオリンの入手と，受け取る気があれば発送手続をとる旨を催告すれば，現実の提供をしなくても提供の効果が認められるものとしている（493条但書）[1]。したがって，提供の効果が認められ，Ｂは同時履行の抗弁を援用できず，代金債務につき履行遅滞となるため，Ａによる契約解除は有効であり，また，債務不履行による損害賠償請求ができることになる。

【関連して考えてみよう】　もし本問において，未だＡがメーカーに発注手続をとっておらず，Ｂに対してキャンセルはできないことを伝えるとともに，無駄になると困るので受け取ってくれるのであれば発注手続をとるという催告をしたのであったらどうであろうか。「準備」をしているということが前提になって，口頭の提供をしなくてよいというだけなので，入手し，引渡しの準備もできていない限り提供とは認められない。Ａにとって入手しても無駄になるので，Ａの保護が必要であるが，履行拒絶（512条１項２号）による解除または受領遅滞による解除を問題にすることができる。

　　[1]『民法Ⅳ』9-14

CASE9-6 Aは，甲建物をBに賃貸し，期間の満了前に更新拒絶の意思表示をして，期間が満了したら出ていってくれるよう求めた。しかし，Bは，甲建物での商売が順調にいっており，場所が変わると常連客が離れる可能性があるため，Aの更新拒絶の正当事由を争い，更新を主張し，期間が満了しても立ち退かなかった。Aは，振込先であった銀行口座を閉鎖し，Bは賃料の振込みができなくなったため，賃料専用の口座を開設して，それ以降の毎月の賃料を預金している。期間満了から1年経過後に，AがBに対して，賃料が1年間支払われていないことを理由に，契約解除をする旨また即時に甲建物を明け渡すべき旨の内容証明郵便を送付した。

【Q】 AはBに対して，甲建物の明渡しを求めることができるか。

【A】 ×（提供をしなくても履行遅滞になっていない）

[解説] 提供として要求される行為の問題である。民法はあらかじめ債権者が受領拒絶をしていても，口頭の催告をすること，すなわち履行の準備をして受領を促すことを要求している。ところが，本問では，準備はしているが，毎月受領を催告するということはしていない。では，口頭の提供の要件を満たしていないので履行遅滞になり，Bは供託ができるのにそれをしていない以上は信頼関係も破壊されているとして，Aの解除は有効になるのであろうか——正当事由はなく更新されているものとして考える——。

この点，判例は，債権者が「意思を翻して弁済を受領するに至る可能性があるから，債権者にかかる機会を与えるために債務者をして言語上の提供をなさしめることを要するものとしている」ことを理由に，「債務者が言語上の提供をしても，債権者が契約そのものの存在を否定する等弁済を受領しない意思が明確と認められる場合においては」，無意味な口頭の提供をすることは要求されず，「かかる場合には，債務者は言語上の提供をしないからといつて，債務不履行の責に任ずるものということはできない」と，提供さえも不要としている（最大判昭32・6・5民集11巻6号915頁）[1]。よって，Bは，賃料を準備しているものの口頭の提供をしていないが，履行遅滞にはならず，×が正解である。

[関連して考えてみよう] ただし，「準備」は必要なので，賃借人が事業がうまくいっておらず賃料を用意できず準備をしていない場合には，免責は否定されている（最判昭44・5・1民集23巻6号935頁）。本問でも，Bが賃料を準備していなければ，履行遅滞の責任を免れない。

⒝ 弁済提供の効果

> ### CASE9-7
> 　Aは，Bに年利20％で3000万円を貸し付け，その担保として，BはAに対して甲画を譲渡担保に供し，占有改定を行った。返済期日に，Bが3000万円と利息制限法の15％の年利計算をし直した利息の合計額を用意し，利息については約束の20％ではなく15％の利息による旨を説明し，元利合計額を入金するので振込先口座を教えるようメールで求めた。ところが，Aは約束通り20％の利息でなければ受け取れないと主張し，20％での利息で元利用意できたら改めてメールするようにと，メールにて返事をし，口座を教えることはしなかった。
>
> 　これに対してBは，15％での利息の受取りを求めるメールを返信し，Aの事務所に元利を持参することはしなかった。そのため，AがBに対して譲渡担保権実行の意思表示を内容証明により行い，Bに甲画の引渡しを求めた。
>
> 【Q】　AはBに対して，甲画の引渡しを求めることができるか。

【A】　×（口頭の提供があり，Bは履行遅滞に伴う一切の不利益を免れるため，譲渡担保の実行通知は無効である）

【解説】　提供の要件とその効果の問題である。弁済の提供が有効な場合には，債務者は「弁済の提供の時から，**債務を履行しないことによって生ずべき責任を免れる**」（492条）[*1]。Bは利息制限法の範囲内の利息を提供すればよく，それは債務の本旨に従った提供になる。そして，Aがあらかじめ受領を拒絶しているため——確かに20％の利息の受領をすることを伝えているがそれは無効——，Bは現実の提供，すなわちAの事務所に現金を提供する必要はなく，用意をしたことを通知しすればよい。Bは元利金を用意して受領を求めており，これは口頭の提供に該当する。

　このため，提供の効果が認められ，Bは返済期日を経過しても履行遅滞にはならず，遅延利息を支払う必要はなく，また，担保権の実行もされることはない。したがって，Aのなした譲渡担保権の意思表示は無効であり，Bは甲画を引き渡す必要はない。よって，×が正解である。

[2]　供託制度（弁済供託）

CASE9-8　Aは，甲建物をBに賃貸し，期間の満了の7カ月前に更新拒絶の意思表示をして，期間が満了したら出ていってくれるよう求めた。しかし，Bは甲建物での商売が順調にいっており，場所が変わると常連客が離れる可能性があるため，Aの正当事由を争って更新を主張し，期間が満了しても立ち退かなかった。Aは振込先であった銀行口座を閉鎖し，Bは賃料の振込みができなくなったため，毎月の賃料をAに提供をすることなく供託所に供託している。その後，Aが賃貸借契約の更新を認めて，それまでの賃料を支払うようBに求めてきた。

【Q】　①Bは供託を理由にそれ以前の賃料の支払を拒絶できるか，また，②それ以降の賃料も供託をすることができるか。

【A】　①は○（拒絶の意思が明らかなので提供なしに供託ができる），②は×（受領拒絶の撤回は有効であり，もはや供託はできない）

[解説]　供託の要件また受領遅滞解消の要件の問題である。まず，供託の要件として，債権者が確知できない場合と受領が不能な場合を除き，提供が必須とされている（494条1項1号）。提供をしたのに受領を拒絶されたことが必要である。改正前は事前に受領拒絶の意思表示をしていれば提供なしに供託ができるのかは議論があり，判例は提供を必要としており，2017年改正法はこれを明記したことになる。しかし，受領拒絶の意思が明確な場合には，提供さえ不要なので，解釈上，提供なしに供託ができるものと考えられる*1。よって，①については供託は有効であり，○と考えるべきである。

　次に②であるが，これは受領遅滞を解消するための要件の問題である。判例は，「賃貸借の終了を理由とする賃料の受領拒絶の態度を改め，以後Yより賃料を提供されれば確実にこれを受領すべき旨を表示する等，自己の受領遅滞を解消させるための措置を講じたうえでなければ，Yの債務不履行責任を問いえない」とする（最判昭45・8・20民集24巻9号1243頁）。受領をする意思を表明したのでは足りず，その原因関係で争っていた主張を撤回することが必要になり，本問では，Aが更新拒絶の意思を撤回することが必要である*2。そうすると，Aは更新を認めた上で賃料の支払を求めており，有効な撤回であり，これにより受領拒絶は解消されたことになる。したがって，もはや供託原因はなくなり，Bは供託を

続けることはできず，×が正解である。

*1 『民法Ⅳ』9-17 以下　　*2 『民法Ⅳ』9-20-2

[3]　受領遅滞ないし債権者遅滞

(a)　受領遅滞の意義と民法の規定

CASE9-9　　A会社は，中古の甲ブルドーザーをB会社に売却し，引渡期日を合意し，引渡しを受けた後に代金を振り込むことを約束した。ところが，BはAに対して，引渡期日前に，やはりブルドーザーは不要になったので契約はなかったことにしてもらいたいと言ってきた。しかし，Aは既に費用をかけて引渡しのための整備も済んでおり，約束の期日に甲ブルドーザーを受け取るように求めた。これに対して，Bはあくまでも受領を拒絶するため，Aは引渡期日に，甲ブルドーザーを用意して，Bに引取りを催促した。しかし，Bが依然として受領を拒絶するため，引渡しができなかった。

その翌日，爆弾低気圧が通過して，その際に気圧の影響により竜巻が発生し，甲ブルドーザーが転倒したクレーン車にぶつかり損傷した。倒れたクレーン車はしっかりと固定されていたが，より厳重な固定方法をとることも可能であった。

【Q】　その後，Bが売買契約を認め，甲ブルドーザーを引き取ったものの，甲ブルドーザーが損傷していることから，その修補がされない限り代金を支払わないと主張し，修補には別料金がかかるとして拒絶をしたAに対して，契約解除の意思表示をした。Bの契約解除の意思表示は有効か。

【A】　×（受領遅滞によりAの保管義務は自己の財産におけると同様の注意義務に軽減され，Aは損傷につき責任はなく，Bは損傷の修繕を求めることができず，Aが修繕をしなくてもBは契約解除をすることはできない）

【解説】　受領遅滞をめぐる問題である。契約を一方的に破棄することはできず，Bは売買契約を否定できない。そのため，Bは債権者のままであり受領拒絶をしていることになる。Aが履行の準備をして口頭の提供をしているため，Bは受領遅滞となり，Aの保管義務は自己の財産に対するのと同様の注意義務に軽減され

る（413条1項）*1。そのため，より厳重な固定方法によれば倒壊しなかったとしても，しっかりと固定されていたのであり注意義務違反はないことになる。したがって，Aには債務不履行責任は成立しない（415条1項）。

　他方で，引渡し前の目的物の損傷は，たとえ不可抗力であったとしても562条，563条の追完請求権，代金減額請求権が認められる（567条1項反対解釈）。ところが，提供後の場合には，引渡前の当事者の帰責事由によらない損傷については，562条，563条の保護は認められないことになっている（567条2項）。Aの注意義務が軽減されているので，両当事者の帰責事由によらない事例となる——さらにいえば，413条の2第1項で，受領遅滞後の履行不能は債権者の帰責事由による履行不能とみなされる——。この結果，Aは修補義務を負わず，Bが修補義務の不履行を理由になした解除は無効である。よって，×が正解になる。

*1 『民法Ⅳ』9-20-1

(b) 受領義務の認否——法定責任説 vs 債務不履行責任説

CASE9-10　　A会社は，石灰岩の採掘・販売を業としており，セメントメーカーB会社と2年間の石灰岩の供給契約を締結した。その内容は，毎週月曜日に1トンの石灰岩をBに引き渡すというものであり，代金は月払いで月末に支払う約束になっている。契約から1年間は，約束通りの石灰岩の供給また代金の支払がなされていた。

　ところが，1年を過ぎたところで，Bが一方的に契約の解除を通告してきて，以後の受取りを拒絶する旨を主張してきた。これに対して，Aは，2年間の契約であり一方的に破棄はできないと主張して，契約通り毎週の受取りを求め，2週にわたって供給すべき石灰岩を用意し，受取りを催告した。しかし，2週間分の石灰岩の保管により倉庫のかなりのスペースがとられ，このまま毎週石灰岩が受け取られずに保管を続けることを避けるため，3週目に3週間分の石灰岩を用意し，3日以内にその引取りを求め，引取りをしなければ契約を解除する旨をBに通知した。

【Q】　①AのBに対する契約解除は有効か，また，②AはBに対して，Bの受領拒絶により被った損害の賠償請求ができるか。

【A】　①②○（契約解釈により受領義務が認められ，Bには債務不履行が認められるため，契約解除及び損害賠償請求は可能）

[解説] 債権者の受領義務の認否をめぐる問題である。判例は，債権者には受領の権利のみを認め，受領義務を認めない，いわゆる法定責任説を採用し（大判大4・5・29民録21輯858頁など）[*1]，契約解釈により例外的に受領義務を認めていた（最判昭46・12・16民集25巻9号1472頁）[*2]。2017年改正前413条は，債権者に受領遅滞の責任を認める規定があったため，この責任の性質また内容が議論されていた。改正法は，この旧413条を削除し，解釈上異論なく認められていた効果のみを規定し（413条，413条の2第2項），解除や損害賠償またその前提である受領義務の認否については解釈に任せることにした。

　しかし，従前の判例の先例価値は失われることはなく，本問の事例は，最判昭46・12・16の事例に匹敵するほどの事例ということができ，Bの受領義務を認めることができる。そうすると，受領を相当期間を設定して催告しても受領をしなければ，契約を解除すること（541条），また，損害賠償の請求（415条1項）が可能になる。よって，①②とも○が正解である。

[関連して考えてみよう]　細かな点についていうと，催告された3日が受領の相当期間かは問題になるが，受領の準備ができていることを前提とした相当期間なので，3日でも不相当とはいえないと思われる。また，解除の効果が生じる範囲であるが，継続的供給契約であり，賃貸借同様に将来効のみであり，受領遅滞にある3週間分は解除の効力が及ばず，その受領また代金の支払は問題として残されるのかも問題になる。本問では，受領遅滞にある部分も含めて解除の効力を認めてよい。さらに，損害の内容も問題になる。保管費用の賠償は請求できることは疑いない。もし石灰岩が売り物にならず廃棄したのであれば，その価格の賠償を請求できるが，石灰岩は食品とは違うのでそのようなことは考えらず，他の業者に販売することが考えらる。もし投資をして増産しており，産出する石灰岩がすべて捌けず産出を縮小するのであれば，その無駄になった設備投資を損害と認めることができる。しかし増産分が販売により捌ければ無駄な費用にはなっておらず損害にはならない。

[*1] 『民法Ⅳ』9-21以下　　　[*2] 『民法Ⅳ』注9-21

■第 10 章■

債務不履行責任の要件としての債務不履行

[1] 履行不能——給付義務の不履行1

(a) 履行不能の要件

CASE10-1　　A会社は，カタログからBより甲画の注文を受け，これを100万円で販売することを約束した。ところが，発送手続をしようとして倉庫を確認したところ，泥棒が入って商品が盗まれていることに気がつき，盗難にあった商品の中に甲画も含まれていた。そのため，Aは警察に盗難届けを出すとともに，Bに，窃盗にあい引渡しができない旨を伝えて陳謝した。しかし，Bはこれを信じることはなく，甲画の引渡しを求めて訴訟を提起し，引渡しまでの間接強制を命じる判決を求めた。

【Q】　①BのAに対する甲画の引渡請求またその間接強制の申立は認められるか。また，②Bは甲画の引渡し不履行につき予備的に履行利益の損害賠償を求めたのであればこれは認められるか。

【A】　①×（履行不能の抗弁が認められる），②○（原始的不能な給付を目的とする契約も有効であり，売主に過失があれば履行利益の賠償を求めることができる）

【解説】　履行不能の効果また原始的不能の処遇についての問題である。履行が可能であれば，売主は目的物たる甲画の引渡しを義務づけられ，買主Bはその引渡しを命じる判決を求め，併せて間接強制を命じてもらうことができる。Aは窃盗犯を探し出し，または窃盗犯が警察に捕まって甲画が発見されるまで，永久に間接強制により命じられた金額を払い続けなければならないことになる。しかし，物理的にはどこかに存在していて，また，法律的にも取引が禁止されているわけでもないが，それは不合理である。そのため，412条の2第1項の不能に社会通念上の不能概念を含め，本問は不能と考えるべきである*1。そうすると，412条

の2第1項により，履行不能の場合には債務者は履行を拒絶できる（不能の抗弁）ことが明記されたので，引渡しを命じることはできず，間接強制もできないことになる。よって，①は×が正解になる。

次に，そうすると本件契約は原始的に不能な給付を目的としていたことになる。この場合に，契約は有効なのか，無効であり信頼利益の賠償しか請求できないのかは，2017年改正前は議論があったところである。ところが，改正法は，先に指摘した412条の2第1項で不能を履行の拒絶権成立にとどめることをも含意しているのであり，原始的不能な債務も抗弁権つきで成立するので，<u>契約の成立を認めることが可能になった</u>。そのため，412条の2には，第1項に引き続き第2項が置かれ，このことがそこでは明記されているのである。そのため，帰責事由が不能を確認せずに契約を締結したことに求められるが，帰責事由がある限り履行利益の賠償が可能になる。よって，②は○が正解である。

　*1 『民法Ⅳ』10-5

(b) 履行不能の法的効果

CASE10-2　　Aは，甲画をオークションに出し，Bが最高値で入札したため，AB間で甲画の売買契約が成立した。AB間で，Aが甲画をBの自宅まで運送して引き渡すことが合意された。ところが，Aが引渡しをする前に，何者かにより甲画が盗まれてしまった。甲画にはC保険会社との間で盗難保険がかけてあり，保険金が支払われることになった。Aには，甲画の保管について過失があったものとする。

【Q】　BはAに対して，Cに対する保険金請求権を自分に移転するよう求めることができるか。

【A】　○（代償請求権の行使として，保険金請求権を取得することができる）

【解説】　履行が債務者の帰責事由により不能な場合における**代償請求権**についての問題である。Aは甲画の引渡しをその過失により履行不能としている。そのため，BはAに対して填補賠償を請求することができる（415条2項）。この場合に，AはCに対して保険金請求権を取得しているが，Bがこれをいわゆる代償請求権を行使して自分へ移転させるようAに対して求めることができるのかは改正前から議論があった。不可抗力による履行不能の場合のみに，代償請求権の適用を限定し，債務者たる売主に過失がある場合には売主に対する填補賠償請求権のみを認める制限的理解もあったのである。

2017 年改正法は，代償請求権を 422 条の 2 に明記をしたが，債務者に帰責事由がある場合にも認めるかどうかは明記せず，解釈に任せた[*1]。その結果，改正前後で結論は変わらず，ただこれからは 422 条の 2 の条文引用が必要になった点が変わったにすぎない。判例はその一般論においては，債務者に帰責事由がない場合に限定することはしていないため，○としておいた。

[*1] 『民法Ⅳ』10-7

[2] 履行遅滞──給付義務の不履行 2

(a) 確定期限付き債務

CASE10-3　　A 会社は，中古の甲ブルドーザーを B 会社に販売し，A が点検整備をして，1 週間後（4 月 10 日）に B の事務所まで運送し，引き渡すことが約束された。そのため，B は，甲ブルドーザーの引渡し予定日の翌日（4 月 11 日）から甲ブルドーザーを使用した工事の予定を組んでいた。

ところが，引渡し予定日の 2 日前になって，A が，甲ブルドーザーに不具合が発見されて，その修理に相当期間が必要であるため，もう 1 週間引渡しを先にしてくれるよう求めてきた。これに対して B は，既に甲ブルドーザーを用いた工事の予定を入れているため，何としても期日までに修理して引渡しをするように求めた。A は甲ブルドーザーの修理を最優先で行ったが，部品を取り寄せる等のため時間を取られ，引渡期日（4 月 10 日）に引渡しができなかった。当日，A から甲ブルドーザーの引渡しは明日以降になる旨のメールが B に届いた。そのため，B は A に引渡しを催告せず，翌日（4 月 11 日）から同業者よりブルドーザーを急きょ賃借して工事に使用した。A が修理を終えて甲ブルドーザーを B に引き渡したのは，約束の期日から 3 日後（4 月 13 日）であった。

【Q】　B は，A に対して甲ブルドーザーの引渡しが遅れたことによる 2 日間（4 月 11 日，12 日）のブルドーザーのレンタル料金を賠償請求できるか。

【A】　○（履行遅滞のためには履行期に催告をする必要はなく，また，A には不可抗力免責は認められない）

【解説】　履行遅滞の要件の問題である。まず，履行に確定期日が合意されていれ

ば，その期日を過ぎれば当然に履行遅滞になり，債権者による催告は必要ではない（412条1項）。そして，債務不履行に対して損害賠償責任を負うためには，債務者に帰責事由が必要である[*1]。不具合が予見できないものであった場合に，それを契約時に発見できなかったのは過失ではないとしても，そのような可能性もあるのにあえて4月10日に引き渡すという結果債務を引き受けたのであり，不可抗力以外は免責事由にならない。○が正解と考えられる。

   [*1] 『民法Ⅳ』10-7

(b) 不確定期限付き債務

> **CASE10-4**　　Aの家は地方の旧家であるが，子どもが大人になり使用しなくなったため，庭にポールを建てて設置する本格的な鯉のぼり（以下，甲鯉のぼりという）を，親せきBから「孫が生まれたので貸してほしい」と言われて，これをBに貸して引き渡した。AはBに，甲鯉のぼりをいつまでも使用してよいが，自分の同居の息子乙に男の子（Aの孫）が生まれたら，生まれてから1カ月以内に返してもらうことを合意した。
>
> その5年後に，乙に男の子が生まれた。そのことを，Bの家族は知ったが，Bが，乙に男の子が生まれたら甲鯉のぼりを返還するという約束を家族に話しておらず，Bは海外に長期出張中であったため，Bに連絡をしなかった。Bが乙に男の子が生まれた事実を知ったのは帰国後であり，生まれてから既に1カ月以上が経過していた。
>
> **【Q】**　Bは，乙の子が生まれてから1カ月以上経過しても甲鯉のぼりを返還しなかったため，Aに対して履行遅滞の責任を負うか。

【A】　×（不確定期限の場合には，期限到来の他に，債務者が期限到来を知って初めて履行遅滞になる）

【解説】　不確定期限つき債務の履行遅滞の要件の問題である。不確定期限も——本問では乙の男の子誕生から1カ月の経過——，確定期限同様に期限の定めがあるので期限の到来だけでよく，催告不要であるとすると，債務者が期限到来を知らなくても当然に履行遅滞になってしまい不合理である。そのため，民法は，不確定期限つき債務については，債権者に請求されて知ったかどうかを問わず，債務者が期限の到来——本問では乙の男の子の誕生——を知った時以降に履行遅滞になることにした（412条2項）[*1]。期限の定めのない債務とは異なり，債務者が

期限の到来を知ればよく，催告は遅滞のための要件ではない。よって，×が正解である。

　　*1 『民法Ⅳ』10-9

(c)　期限の定めのない債務

CASE10-5　　AはBに，その所有の甲画を売却し，これを引き渡したが，代金についていつ支払うかは合意をしていない。Bがいつまで経っても代金を支払わないので，AがBに代金の支払を催告した。

【Q】　Bは，代金に売買契約後の利息をつけて支払うことが必要か。

【A】　×（期限の定めがないので遅滞には催告が必要）

【解説】　期限の定めのない債務の履行遅滞の要件の問題である。AB間では代金の支払期日が定まっていない。既に売主Aは目的物の引渡しは済んでおり，Bに同時履行の抗弁権はない。しかも，期限の利益をいつまでと積極的に与えてはおらず，Aはいつでも代金の支払を請求できる。民法は期限の定めのない債務については，「履行の請求」を履行遅滞の要件としている（412条3項）。そのため，Aが代金の支払請求をして初めてBは履行遅滞になる[1]。したがって，催告なしに当然に履行遅滞にはならないため，×が正解である。

　　*1 『民法Ⅳ』10-10

(d)　履行遅滞の効果

CASE10-6　　A会社は，中古の甲ブルドーザーをB会社に販売し，Aが点検整備をして1週間後（4月10日）にBの駐車場まで運送し，引き渡すことが約束された。そのため，Bは，甲ブルドーザーの引渡し予定日の翌日（4月11日）から甲ブルドーザーを使用した工事の予定を組んでいた。

　ところが，引渡し予定日の2日前になって，Aが，甲ブルドーザーに不具合が発見されて，その修理に相当期間が必要であるため，もう1週間引渡しを先にしてくれるよう求めてきた。これに対してBは，既に甲ブルドーザーを用いた工事の予定を入れているため，何としても期日までに修理して引渡しをするように求めた。Aは甲ブルドーザーの修理を最優先で行ったが，部品を取り寄せる等で時間を取られ，引渡期日（4月10日）に引渡しができ

なかった。その翌日（4月11日），Ａが甲ブルドーザーの整備をしているところに，飛行中に不具合を生じた米軍ヘリコプターがＡの会社敷地に墜落炎上し，甲ブルドーザーはこの直撃を受けて焼失した。

【Q】　ＢはＡに対して，甲ブルドーザーの履行不能について債務不履行を理由に損害賠償請求をすることができるか。

【Ａ】　○（履行遅滞中の不可抗力による履行不能は債務者の帰責事由によるものとみなされる）

［解説］　履行遅滞中の不可抗力による履行不能の事例についての問題である。この点につき，既に改正前から解釈により認められていた結論を，改正法は明文化した。すなわち，413条の2第1項により，履行遅滞中——債務者に帰責事由必要——の当事者双方の帰責事由によらない履行不能——修補可能な損傷は567条2項——につき，債権者の帰責事由によるものとみなすことになっている[1]。よって，Ａは甲ブルドーザーの滅失には帰責事由はないが，履行遅滞中であったためＡの帰責事由による履行不能とみなされ，損害賠償責任を負うことになる。よって，○が正解となる。
　　[1] 『民法Ⅳ』10-10-1

[3]　債務の本旨に従った履行があるか否かの判断を要する場合
——不完全履行

CASE10-7　　Ａは，その所有の住宅のリフォーム工事をＢ会社に依頼し，2階各部屋の天井の張替え，及び，1階リビングの床フローリングの張替えを委託した。Ａは，リフォーム工事終了後，使用したところ，床が歩くたびに床鳴りがして気になったので，Ｂに連絡したところ，Ｂからはそのうち音はしなくなると言われた。しかし，気になったＡは他の業者αに調査してもらったところ，床フローリング工事が，接着剤によらずにフィニッシュ釘を使用して固定されていたため，釘の拘束が弱く，床材と下地材に隙間が生じて床鳴りが発生していることが明らかになった。このような床リフォームの施工方法は，通常の施工方法として許容することができないものであった。
　　上記不具合の補修方法としては，αの報告書によれば，床フローリング材

の張替えを全面的に再施工せざるを得ず，接着剤注入の方法では床材全体に接着剤が行き渡らない可能があり，床鳴りは完全には解消されないものとされている。

【Q】 AはBに対して，床の張替えを求めることができるか。

【A】 ○（請負契約の仕事完成義務の不完全履行の追完請求として工事の全面的やり直しを求めることができる）

【解説】 請負契約の仕事完成義務の不完全履行について，注文者にどのような権利が認められるのかを考えてもらう問題である。

2017 年改正法は，売買契約の不完全履行について，債務不履行の一般規定に対して 562 条以下に特則規定（デフォルトルール）を置き，その適用のある債務不履行を**担保責任**と称している——一部他人物売買は担保責任になるが（565 条括弧書き），全部他人物売買は特則の適用がなく担保責任ではない——。そして，その特則を 559 条により有償契約に準用している。このため，559 条，562 条により，注文者Aは請負人Bに対して，仕事が不完全であり契約通りではなかったため，「履行の追完」を請求できる。追完は修補に限られるものではなく，仕事のやり直し——売買では代替物の引渡し——を求めることも可能である。物の製作請負で作られた物が不完全で意味のないものであれば，新たな物の作り直しを求めることができる（建物でも同様）[*1]。

本問では，床のリフォームで床を接着剤で固定しなければならなかったのに，釘留めで固定したのでは床鳴りが生じ適切ではなく，そのまま接着剤の注入では完全に接着剤が行き渡るか確かではないため，床を撤去して全面的な張替えを求めることができる（東京地判平 29・9・29 LEX/DB25539410 参照）。Bは 559 条，562 条 1 項但書により，注文者が求めるものと異なる方法による追完を主張することができるが，その方法は完全な履行となるものであることが必要であり，本問では接着剤の注入による固定方法の提案は認められない。よって，Aは全面的な張替えを求めることができ，○が正解である。

[*1] 『民法Ⅳ』10-11 以下

[4] 付随義務違反（信義則上の義務違反）
——拡大損害を生じる債務不履行類型

ⓐ 安全配慮義務の根拠——契約関係のない者への適用

> **CASE10-8** 　A会社はαビルの建築を請け負い，その一部の工事をB会社に下請けに出して行い，Aの管理する建築工事現場において，Bの従業員Cが作業を行っていた。Cが作業中に，Aによる作業現場の安全が十分に確保されていなかったため，火災が発生し，これによりCは火傷を負った。
>
> 【Q】　Cは，A及びBに対して，安全配慮義務違反を理由として，債務不履行責任に基づいて損害賠償を請求することができるか。

【A】　○（ABは連帯して債務不履行また不法行為を根拠に損害賠償義務を負う）

[解説]　安全配慮義務の負担者の問題である。雇用関係において，民間であろうと公務員であろうと，使用者が従業員に対して安全配慮義務を負い（労働契約法5条参照），その違反により債務不履行責任を負うことは，最判昭50・2・25民集29巻2号143頁以来確立した判例である[*1]。そして，安全配慮義務は，雇用契約上の債務ではなく信義則上の義務の一種であり——労働契約法5条は「労働契約に伴い」とのみ規定——，雇用契約が当事者間に存在することは必須ではない。本問では，Aが現場の安全を管理する責任を負っていて，Cがそれを期待して就労しているのであり，雇用関係はないがAC間に信義則により支配される特別の信頼関係が認められ，AのCに対する安全配慮義務そしてその違反が認められる[*2]。よって，AがCに対して安全配慮義務違反により債務不履行——また不法行為——を理由に損害賠償義務を負う。

　また，BはCの雇用主としてCに対して安全配慮義務を負担し，Aの作業場でCが作業しているからといってこれがなくなるものではない。そのため，BはAとの請負（下請）契約によりCをAの建築現場に派遣することにより，Cの安全配慮をAに任せたことになり，<u>AはBのCに対する安全配慮義務の履行補助者</u>になる。そのため，BはAの行為について責任を負い，Bもまた安全配慮義務違反による債務不履行に基づく損害賠償責任を負うことになる。よって，ABともに安全配慮義務違反による債務不履行責任を負い——不法行為責任も免れない——，○が正解となる。

(b) 安全配慮義務の内容

> **CASE10-9**　　A会社はプロ野球の球団を経営し，甲スタジアムを所有者から借りて，プロ野球の試合を主催している。あるとき，A主催のプロ野球の試合において，観客のBがガソリンの入ったポリタンクを袋に入れて持ち込み，観客席にガソリンをまいて火をつけ，火災により観客Cが大やけどを負い，また，観客Dは，出口に観客が殺到した際に係員による誘導が適切に行われず，転倒し，他の観客に踏みつけられ大けがを負った。
>
> **【Q】**　C及びDは，Aに対して，安全配慮義務違反を理由として債務不履行責任に基づいて損害賠償を請求することができるか。

【A】　○（Aは観客に対して安全配慮義務を負い，入場の際のBのチェックを怠った等の義務違反が認められる）

[解説]　プロ野球の試合の主催者の観客に対する安全配慮義務の問題である。最判昭50・2・25民集29巻2号143頁は，雇用関係に限らず，「安全配慮義務は，ある法律関係に基づいて特別な社会的接触の関係に入った当事者間において，当該法律関係の付随義務として当事者の一方または双方が相手方に対して信義則上負う義務として一般的に認められるべきものであ」ると安全配慮義務を広く認めており，下級審判決では幅広い契約関係において安全配慮義務が認められている*1。本問の事例でも，Aの観客らへの安全配慮義務が認められる。問題はその内容そしてその違反が認められるのかのあてはめである。
　プロ野球の試合において，ファールボールによる観客の怪我は，入場に際する警告，スクリーンでの警告やアナウンスでの警告，ファールボールが飛んできた際の，各場所に配置した係員による笛を吹いて注意を喚起していたことなどから，安全配慮義務違反は原則として否定されている（例外として責任が認められた事例として札幌地判平27・3・26裁判所web）。これに対して，雇用契約につき，暴漢による事故については，宿直の従業員が窃盗に入った同僚に殺害された事例についての判決が参考になる。「宿直勤務の場所である本件社屋内に，宿直勤務中に盗賊等が容易に侵入できないような物的設備を施し，かつ，万一盗賊が侵入した場合は盗賊から加えられるかも知れない危害を免れることができるような物的施設を設けるとともに，これら物的施設等を十分に整備することが困難である

ときは，宿直員を増員するとか宿直員に対する安全教育を十分に行うなどし，もって右物的施設等と相まつて労働者たる康裕の生命，身体等に危険が及ばないように配慮する義務があった」として，会社の責任が認められている（最判昭59・4・10民集38巻6号557頁)[*2]。

　これらの判決を参考とすれば，Aは入り口で不審物の持込がされないようチェックし，また，放火がされた際には警備員による適切な誘導，また，アナウンスによる誘導など，観客が負傷などの被害を受けないように努める義務を負うことになる。異常に大きな袋を持ち込もうとしている段階で中身をチェックすべきであり，また，放火後の誘導が十分であったかも疑問である。そのため，Aの安全配慮義務違反を認める可能性はあり，○を正解と考えてよい。

　　[*1]『民法Ⅳ』10-22　　　[*2]『民法Ⅳ』10-23

(C)　安全配慮義務と不法行為上の義務

CASE10-10　　A会社は引越し業を営む会社であるが，その従業員Bは，引越し荷物を積み，助手席に後輩の従業員Cを乗せて，引越し用トラックを運転していた。Bは，引越し元での荷物の積み込みに時間がかかり，作業が遅れていたために，引越し先に急いでいた。そのため，救急車が後ろからサイレンを鳴らして近づいていたが，前の乗用車が救急車を先に通過させるために停止したのに気がつくのが遅れ，急ブレーキをかけたがただちに停止できず，前の停止した車にトラックを衝突させてしまった。Bは車間距離も十分に保っていなかった。この事故により，助手席にいたCが負傷した。
【Q】　Cは，Aに対して，安全配慮義務違反を理由として債務不履行責任に基づいて損害賠償を請求することができるか。

【A】　×（不法行為のみが問題になり，Aは使用者責任を負うが，債務不履行責任は負わない）

[解説]　安全配慮義務の不法行為上の義務に対する限界づけの問題である。陸上自衛隊のトラックの運転者の不注意による事故で，同乗者が死亡した事例で，「国が公務遂行に当たつて支配管理する人的及び物的環境から生じうべき危険の防止について信義則上負担するものであるから，国は，自衛隊員を自衛隊車両に公務の遂行として乗車させる場合には，右自衛隊員に対する安全配慮義務として，車両の整備を十全ならしめて車両自体から生ずべき危険を防止し，車両の運転者と

してその任に適する技能を有する者を選任し，かつ，当該車両を運転する上で特に必要な安全上の注意を与えて車両の運行から生ずる危険を防止すべき義務を負うが，運転者において道路交通法その他の法令に基づいて当然に負うべきものとされる通常の注意義務は，右安全配慮義務の内容に含まれるものではな」い，とされている（最判昭58・5・27民集37巻4号477頁）[*1]。この判旨は民間での事例にもあてはまり，本問では，AはCに対して損害賠償義務を免れないが，それは使用者責任（715条1項）に基づく責任であり，安全配慮義務違反による債務不履行ではない。よって，正解は×になる。

[*1] 『民法IV』10-24

(d) 安全配慮義務違反の証明——不法行為における過失の証明と変わらない

CASE10-11　自衛隊員Aは，遭難した船舶の救助のために同僚の操縦するヘリコプターに同乗して，遭難現場に向かっていた。ところが，ヘリコプターが途中で海上において墜落し，Aは他の同乗者とともに死亡した。ヘリコプターが墜落した原因は不明である。Aの遺族である両親BCは，国に対して，安全配慮義務違反を理由として債務不履行責任に基づいて損害賠償の支払を求める訴訟を提起した。

【Q】　BCは，安全配慮義務違反を，債務不履行を理由に損害賠償請求しているので，国の過失を証明する必要はなく，BCは事故が起きたことを証明すればよく，国側でヘリコプターの整備に落ち度はなく，ヘリコプターの欠陥または不可抗力による気象現象（落雷）によることを証明しなければならないのか。

【A】　×（BCは国に安全配慮義務違反があったことを証明しなければならず，これは不法行為における過失の証明と内容的に異ならない）

[解説]　安全配慮義務違反の証明責任，特に過失の証明責任において債務不履行と構成する実益があるのかを問う問題である。判例は，自衛隊のヘリコプターの墜落事故につき，「国が国家公務員に対して負担する安全配慮義務に違反し，右公務員の生命，健康等を侵害し，同人に損害を与えたことを理由として損害賠償を請求する訴訟において，右義務の内容を特定し，かつ，義務違反に該当する事実を主張・立証する責任は，国の義務違反を主張する原告にある」として，請求を棄却した原審決を維持し，遺族の上告を棄却している（最判昭56・2・16

民集 35 巻 1 号 56 頁)*¹。

　債務不履行では，債権者は債務不履行だけ証明すればよく，債務者側の過失の証明は不要と考えられているため，安全配慮義務違反や医療過誤において，債務不履行と構成する大きな実益であると考えられていた。しかし，安全配慮義務は結果債務ではなく手段債務であり，事故が起きないよう最善を尽くすこと，注意義務を尽くすことが債務である。そのため，その債務不履行は過失における注意義務違反（予見可能性＋結果回避義務違反）と異ならないことになる。そのため，安全配慮義務違反（＝債務不履行）の証明は過失の証明に等しくなり，医療過誤事例と同様に，債務不履行と構成しても過失の証明責任については被害者（債権者）に何ら有利ではないことが明らかになっている。よって，×が正解である。ただし，学説には異論はある。

[関連して考えてみよう]　生命，身体侵害に関する限り，消滅時効は債務不履行でも，不法行為でも異ならない。166 条に 167 条により特則が設けられ，また，724 条に 724 条の 2 により特則が設けられ，いずれにおいても，生命，身体損害については，主観的起算点から 5 年，客観的起算点から 20 年となっているのである。また，債務不履行では，履行遅滞は 412 条 3 項の原則に従い請求があってから認められ，弁護士費用も認められないことになり，この点は，不法行為によるよりも被害者に不利である。しかし，後者については原則であり，債務不履行が成立するとしても事案が不法行為と共通であることに変わりなく，医療過誤の事例で債務不履行によっても弁護士費用が認められているのと同様に，安全配慮義務違反を債務不履行によったとしても認められている（最判平 24・2・24 集民 240 号 111 頁）*²。

　　*¹『民法Ⅳ』10-25　　*²『民法Ⅳ』10-25-1

■第 11 章■
債務不履行責任の要件としての
債務者の帰責事由

[1]　債務者の帰責事由（故意・過失）or 免責事由

CASE11-1　　Aは，名古屋市の中心部にあるマンションを賃借したが，マンションの駐車場は一杯であったために，近くの甲ビル地下1階にある乙駐車場の一画につき，ビル所有者たるB会社と月極駐車場利用契約を締結した。利用を始めた年の7月に，爆弾低気圧が名古屋地方を通過し，その際，局地的に超巨大積乱雲（スーパーセル）が発生し，その地域に集中的な豪雨がもたらされた。その際，雨水が雨水管を通って下水管に流れ込む量が限界を超え，道路が冠水し，あふれた雨水が甲ビルのAがその所有する丙自動車を駐めてある地下の乙駐車場にまで流れ込んだ。乙駐車場には雨水が流れ込んできた際に配水する設備が設置されていたが，あまりにも流れ込む雨水の量が多かったため，排水設備の排水能力が追いつかず，乙駐車場は1メートル近く浸水してしまった。この浸水被害により，丙自動車は電気系統が機能しなくなり，Aはこれを廃車せざるを得なかった。

【Q】　AはBに対して，丙自動車の廃車による損害を賠償請求できるか。

【A】　△（どの程度の自然災害に対する安全性まで約束（保障）していたかによる）

[解説]　債務不履行が認められるか，また，債務不履行につき責任を負うかどうかという問題である。法定の責任である不法行為責任とは異なり，契約責任（契約上の債務についての債務不履行責任）については，どこまで責任を負うか，どのような前提的注意義務ないし行為義務を負うかは，契約当事者が自由に決めることが可能である[*1]。不可抗力による被害であっても，そのような不可抗力にも耐える設備を売り物にして高めの料金が設定されている契約では，約束されていた設備が機能しなければ，特約がなければ不可抗力により免責される事例であっ

ても，そのような事態に対応する設備の具備を債務内容として合意しているので免責されず，契約で引き受けた義務を尽くしていないため債務不履行となる。

　本問でも，地下駐車場であり雨水が流れ込む可能性がある。そのため，Bとしては，自然災害による被害に対する措置として要求される設備を整える義務がある。特約がなくても想定しうる自然災害に対する設備を備えることは要求されるが，特約により，通常想定しえない自然災害に対しても対応できる設備まで整える義務を引き受けることは可能である。この点の合意が明確でなければ，客観的ないし規範的解釈としては，過失責任と同じ程度の義務しか引き受けていないと推定すべきである――債務不履行責任を原則として過失責任と推定することは誤りではない――。しかし，上述のように契約自由の原則があるため，本問のような災害にも対処できる設備を約束し，ただそのための設備の設置・維持費用がかかるので他よりも料金を割高にすることも可能である。利用者は，料金を安くして本問のような自然災害のリスクを引き受けるか，料金は少し高くても本問のような自然災害に対する安全まで取得しようとするか，自己責任で選択することになる。そうすると，AB間の契約でどの程度の設備が約束されていたかにより，特約がなければ責任なし，特約があれば責任ありということになる。そのため，△とした。

［関連して考えてみよう］　本問は名古屋地判平28・1・21判時2304号83頁をモデルとしたものであり，同判決では，免責条項があったため，約5年前に豪雨で当該地下駐車場に浸水被害があり，Yが契約締結の際にXにその事実を告知しなかったことを，「信義則上の説明義務に違反し，Xに対する<u>不法行為を構成する</u>」として，廃車処分となった車両の損害賠償が不法行為を理由に認められている。

　なお，医療過誤において，同一事例でも債務不履行と不法行為とで過失の内容が異なるのかが問題とされ，最判平7・6・9民集49巻6号1499頁（姫路日赤病院事件判決）は，全国一律の基準ではなく地域性また患者の期待を考慮して医療水準が決められるべきであるとして，不法行為ではなく債務不履行に基づいて医療機関の責任が認められている。不法行為では一般的な抽象的過失，債務不履行では個々の契約で個別具体的に債務ないし行為義務の内容を合意でき，過失の認定が異なるのではないかということが，この判決を契機に議論されるようになっている。

*1 『民法IV』 *11-8* 以下

[2] 履行補助者の故意・過失

(a) 給付義務の履行補助者

> **CASE11-2**　A会社は，その工場で使用している甲機械が損傷したため，メーカーであるB会社にその修理を依頼した。Aは，運送業を営むC会社に，甲機械のBの修理工場までの運送を依頼して，甲機械を引き渡した。Cは，D会社に運送を下請けに出し，甲機械を引き渡した。ところが，Dの集配所の責任者である従業員Eのミスにより，甲機械の配達の期日が誤って入力され，Bへの甲機械の配達が予定より1日遅れてしまった。そのため，Bが修理してAに発送したが，Aに甲機械が到達して使用できるようになったのは，予定よりも1日遅れてであった。この間，Aは工場の甲機械を使用した製品の生産ができず，営業上の損害が発生している。
>
> 【Q】　AはCに対して，甲機械の運送が遅れたことによる損害を，債務不履行を理由として賠償請求できるか。

【A】　○（履行補助者Dの行為に履行遅滞の原因があっても，債務者Cは免責されない）

[解説]　履行補助者の行為についての責任の問題である。Cは期日そして場所を決めて，目的物の運送そして引渡しを約束しており，期日に遅れれば履行遅滞の責任を負う。ただし，期日を遅れたとしても，それが天災等の不可抗力によるものである場合には，そのような原因による遅滞についてまで責任を引き受けてはおらず，遅滞があっても，損害賠償責任は負わない。これは，自然災害だけでなく，第三者が原因──たとえば第三者による自動車事故──で遅れた場合にも，事故につき債務者に過失がなければ遅滞について責任を負うことはない。

　本問では，債務者Cではなく，その下請人D，より詳しくはその従業員Eの過失で引渡しが遅れている。しかし，Cがそのリスクを引き受けていない第三者の行為に原因があるわけではなく，Cが使用した下請運送業者のミスにすぎない。CはDを使用することのリスク，Dの従業員の過失により債務不履行が生じるリスクを引き受けているといってよい[*1]。そのため，CはDの過失により履行遅滞を415条1項但書の免責事由として主張することは許されない。よって，AはCに対して債務不履行による損害賠償を請求できる。よって，○が正解である。

[関連して考えてみよう]　本問では，Aが甲機械の引渡しが遅れることにより工

場での操業ができないという特別損害を被るため，そのことをCが予見できたことが必要になる（416条2項）。この点，AがCに運送を依頼する際に，事情を告げていれば，工場の機械であるから，当然予見すべきであるということもできる。なお，Cは不法行為責任を負い，請求権競合になるかは問題である。不法行為上他人のために荷物を運送する義務はなく，機械を損傷すれば不法行為上の保護法益である所有権侵害が認められるが，本問では約束の期日までに運送してもらうという履行利益が問題になっているにすぎない。債権侵害や営業妨害という不法行為の余地もないわけではないが，DはCに対して債務不履行責任を負い，AはCのDに対する損害賠償請求権を代位行使——優先的・排他的行使権限としての直接訴権——することができる。

*1 『民法Ⅳ』11-11 以下

(b)　安全配慮義務の履行補助者

CASE11-3　　A会社は甲プロサッカークラブを経営しており，そのジュニアチームに中学生Bが所属している。Aは，甲クラブのジュニアチームのコーチにCを選任し，ジュニアチームの選手の育成また試合の実施などを行わせている。あるとき，甲ジュニアチームの練習試合中に，天気が急変し雨が降り出し，時折落雷もあったが，Cは雨の中での実戦経験も必要であり，また，雷もまだ遠いと過信して，そのまま試合を続けさせた。ところが，練習試合が行われている甲ジュニアチームの練習場に突然落雷があり，Bがこの直撃を受け，治療後も重篤な後遺障害が残った。

【Q】　BはAに対して，後遺障害による損害について賠償請求することができるか。

【A】　○（落雷の危険性が予見できる以上，AまたCは練習試合を中止すべきであった）

[解説]　安全配慮義務について，Aの責任の法的構成を考えてもらう問題である。
　落雷に対する予見可能性，また，予見可能な場合に要求される注意義務，行為義務を考えてもらう問題でもある。
　屋外でのサッカーの試合や練習が行われている場合に，雷が近づいてきたならば落雷の危険性があるので，落雷被害の危険のない場所に避難すべきであり，コーチとしては選手を避難させるべきである。本問では，すぐに雷が落ちるほど雷

雲が近づいていたのであり，予見可能性が認められ，上記結果回避義務違反が認められる。問題はAの責任をどう構成するかである。

　①まず，不法行為責任としては，Cが個人として，BC間に契約関係はないにしろ，コーチという法的地位からして，選手の安全に配慮すべき作為義務があり，その違反による709条の責任を認めることができる。AはBの使用者として，Bに対して使用者責任（715条1項）を負う。②AはBと契約関係（チームとの所属契約）にあり，契約上，安全な環境での練習等を提供する義務があり，信義則上の義務としての安全配慮義務といってもよい。この安全配慮義務は，CではなくAに帰属することになり，CはAの安全配慮義務の履行補助者ということになる──Cには安全配慮義務違反による債務不履行は成立しない（ただし，安全配慮義務を広く理解すれば認める余地はある）──。AがCを用いてその安全配慮義務を十分に履行していなかったことになり，Aに安全配慮義務違反という債務不履行が認められることになる[*1]。

　この結果，Aは不法行為，債務不履行のいずれにせよ損害賠償義務を負うことになり，正解は○ということになる。

[*1] 『民法Ⅳ』11-11 以下

■第 12 章■

債務不履行責任の効果

[1] 金銭賠償の原則と損害の種類

(a) 金銭賠償の原則

> **CASE12-1**　Aは，賃貸用マンションを所有しており，その1室をBに
> 賃貸している。Bは，料理に使用した後の食用油を，少量ならば大丈夫だと
> 思い，料理をするごとに流しに捨てていた。数カ月後，少しずつ排水管にこ
> びりついた油が固まり，水の流れが悪くなり，ついには排水がほとんどでき
> なくなってしまった。Bは，Aに上記事実を伝えて陳謝して，Aに排水管の
> 修理を頼んだところ，Aから逆に自分で修理業者を呼んで修理をしてもらう
> ように求められた。
>
> **【Q】**　AはBに対して，排水管の修理をするよう求めることができるか。

【A】　△（賃借人の帰責事由による損傷につき賃貸人は修繕義務は負わない
　　　　　が，金銭賠償主義，原状回復義務は終了時の義務であることなどの点
　　　　　から，賃借人が修繕義務を負うかは微妙である）

[解説]　善管注意義務違反により賃借人が賃借物を損傷した場合，債務不履行責
任が問題になるが，損傷による損害填補の方法として，賃借人が修繕義務を負う
かという問題である。

　債務不履行による債務者は「損害の賠償」を義務づけられるが（415 条 1 項），
その方法は，特約がない限り「金銭」賠償によることになっている（417 条）*1
——金銭賠償主義は不法行為にも準用される（722 条 1 項）——。賃貸借の賃借
人は善管注意義務を負い（616 条，594 条 1 項），これに違反し賃借物を損傷すれ
ば，415 条 1 項，417 条により賃貸人に対して金銭賠償義務を負うことになる。

　賃貸借契約に特則は規定されていない。原状回復義務は，「賃貸借が終了した
とき」に初めて適用されるものであり（621 条），契約中には認められない。と
ころが，改正法により気になる規定が導入された。2017 年改正前は，賃借人は

121

金銭賠償義務を負うだけで，また，賃貸人の修繕義務は原因を問わないので，特約がない限りは賃借人の帰責事由による損傷に対しても賃貸人は修繕義務を負い，そのかかった費用を賠償請求できるだけであると考えられた。しかし，改正法では，606条1項但書を追加し，賃借人の帰責事由による場合には，賃貸人の修繕義務を否定したのである。

その場合でも賃貸人の修繕権は残るので，賃借人の賃貸人に対する通知義務は否定されず（615条），また，607条の2の修繕は賃借人の権利にすぎないことは賃借人の帰責事由による場合に例外を認めていないのである。金銭賠償主義の例外として，賃借人に修繕義務を認める規定は置かれていない。では，賃借人による修繕は権利のままであり義務ではなく，事実上不便なので賃借人が修繕をすることを期待するのであろうか。それとも善管注意義務の履行として修繕義務まで導かれるのであろうか。

なお，契約終了後の賃借人の原状回復義務は，本来，適法な工事や経年劣化についての義務であり，金銭賠償主義に対する特則ではなかった。ところが，改正法では賃借人の帰責事由による損傷にその適用が限定され（621条），金銭賠償主義の特則規定となった。しかし，いずれにせよ契約終了後の義務であり，本問の契約存続中の事例には適用はない。

結局は，賃貸人の修繕義務は解釈に任せられており，△とせざるをえない。

*1 『民法IV』 *12-1*

(b) 填補賠償の請求

CASE12-2　A会社は，工場に設置する機械（以下，甲機械という）の製作をB会社に注文した。Bは，期日までに甲機械を製作・納品し，Aの工場に設置し，動かしてみたところ問題がなかった。ところが，Aが甲機械を使用してみて2日後に，甲機械には不具合があり，稼働中に停止することが度々生じた。AはBにこのことを告げて修理を求めたが，Bは検査にきて作動させたところ問題がないと主張し，修理を拒絶した。しかし，その後も，Aが使用していると甲機械は頻繁に停止することがあり，AはBに何度も修理を求めたが，その度に検査をして問題がなかったと主張し，修理を拒絶している。

やむを得ず，Aは他の業者αに検査を依頼してみてもらったところ，機械の設計に問題があることが判明し，機械の一部の構造を作り替えることが必要なことがわかった。再度，AはBに機械の一部の作り直し（修理）を求め

たが，Ｂはこれを拒絶した。そのため，Ａはαに修理を依頼し，見積もりを出してもらったところ100万円がかかることを知った。ＡはＢに対して，ただちに100万円の修理費用の賠償と，修理中の甲機械が使用できないことによる営業損害として100万円，合計200万円の賠償請求をした。

【Q】　ＡのＢに対する上記損害賠償請求は認められるか。

【Ａ】　○（追完請求にも415条2項2号を適用すれば，明確に履行拒絶をしているのでただちに填補賠償が請求できる）

[解説]　追完（修補）請求に対する明確な拒絶にも，415条2項2号の填補賠償請求権が認められるのかという問題である。2017年改正法は，填補賠償ができる場合として415条2項の1号から3号の3つの事例を列挙している*1。この規定が契約上の債権そのものではなく——数量的な一部は可——，不完全履行による追完請求権（562条）にも適用になるのかは解釈に任される。

　改正法は，請負人に追完をして全額の代金を受け取れるように，追完の機会を保障しているが（追完権と呼ばれる），代金減額請求権についてのみ規定されているにすぎない（563条1項，2項）。代金減額のためには，①追完不能，②明確な追完拒絶，③確定期日が定まっている場合，及び，④催告しても追完がされる見込みがない場合以外は（563条2項），債権者は債務者に追完を相当期間を定めて催告し，その期間内に追完がされなかったことが必要である（563条1項）。559条により，これらの規定は請負にも準用される。

　以上のように，請負人の追完を拒絶して代金減額をするには，催告と相当期間の経過が必要であるが，損害賠償請求（564条・559条，415条）については，そのような請負人の追完権の保障規定がない。では，追完請求か損害賠償請求かは選択関係であり，注文者はただちに損害賠償請求ができるのであろうか。これを肯定するのは，代金減額とのバランスを欠くことになる。この点，415条2項を追完請求権にも適用すれば，本問でいえば，Ｂが明確に追完拒絶をして初めて填補賠償請求が可能になり（第2号）——564条は損害賠償を限定していないが，填補賠償については415条2項の制限が適用される——，415条2項の要件を満たさない限り，Ａは代金減額によるしかないことになる。

　本問では，Ｂは明確に追完を拒絶しているので，415条2項2号により追完に代わる填補賠償を請求でき，追完にかかる費用の100万円の賠償を請求できる。また，工場用機械が作動せず営業損害が生じるのは通常損害である（416条1項）。よって，ＡはＢに200万円の賠償請求が可能であり，○が正解である。

[2] 損害賠償の範囲の確定

ⓐ 予見可能性の判断時期

> **CASE12-3**　　A会社は，離島αの特産品である海産物（以下，甲という）を輸送して，本土で販売している。Aは，B会社に甲10キログラムを10万円で販売し，10回に分けて毎週1キログラムずつ，空輸にて引き渡す契約を結んだ。ところが，Aが3回ほど引渡しをした時に，離島αの村議会が甲の保護を理由に島外へ持ち出しできる量を制限する決議を行った。そのため，甲のαでの価格が高騰し，甲10キログラムは20万円程度で取引されるようになった。Aはこのことを理由に，Bに代金の増額を求めたが，Bはこれを拒否し，当初の約束通りに引渡しをするよう求めた。しかし，Aはあくまでも代金増額を主張し，4回目以降の引渡しをしない。
>
> 　そのため，Bは4回目以降の給付につき売買契約を解除し，3回分の3万円をAの口座に振り込むとともに，残りの7回分につき，目的物の価格を14万円と評価し，代金支払いを免れた7万円を差し引いて差額7万円の賠償金の支払を求めた。
>
> 【Q】　BのAに対する7万円の賠償請求は認められるか。

【A】　○（特別事情による値上がりでも，履行遅滞時に予見できれば賠償範囲に含まれる）

【解説】　特別事情による損害の予見可能性の判断時期の問題である。本問では，村議会の議決により甲の島外へ持ち出すことのできる量が規制されるという特別事情があり，甲の価格が2倍に跳ね上がっている。416条2項の特別事情による損害であり，当事者がこれを予見できたのでなければ賠償請求をすることはできないことになる。予見時期については，416条2項の当初案では契約当時と明記されていたが，現行規定ではこれが削除され，2017年改正においても議論されたが依然として解釈に任せることにして明記はしなかった。

　判例は，基準時は契約時ではなく債務不履行時と考え，また，予見の当事者については債務者が予見できればよいと考えている（大判大7・8・27民録24輯

1658 頁)*1。事情変更の原則が適用にならない限りは，Aは当初の価格で，値上がりした甲を引き渡す義務を負うのであり，債務を履行せず損害賠償によったら値上がり分の損害賠償義務を負わず，現物履行をする場合の不利益を回避できるのは適切ではないからである。そのため，○が正解となる。

   *1 『民法Ⅳ』12-10

(b) 履行が遅滞したが履行はされた場合の損害内容

CASE12-4　A会社は，離島αの特産品である海産物（以下，甲という）を輸送して，本土で販売している。Aは，B会社に甲10キログラムを10万円（転売の基準となる市場価格は12万円）で販売し，引渡期日を定めた。Bは，甲を転売する目的で購入したものである。ところが，Aは，地元で甲が不作のため，必要量を集めることができず，Bへの引渡期日に甲を引き渡すこができなかった。しかし，甲が他の島では豊作であったため，甲の市場価格が暴落し，10キログラム8万円程度になってしまっている。引渡期日から2週間後に，ようやくAが甲を必要量集めて，Bに引渡しをした。引渡期日にBが甲の引渡しを受けていれば，12万円程度での転売が可能であったが，引渡しを受けて転売したが8万円でしか転売ができなかった。

【Q】　BのAに対する4万円の賠償請求は認められるか。

【A】　○（本問では，転売差益2万円ではなく，履行期の価格と遅滞した引
　　　　渡時の価格の差額4万円が履行遅滞による損害になる）

【解説】　履行遅滞による損害賠償の問題である。本問では，履行が遅滞した期日から2週間後に目的物が引き渡されている。そのため，填補賠償ではなく履行遅滞によるいわゆる遅延賠償が問題になる*1。まず，Aが不作で必要量集めるのが遅れたことが，帰責事由なく免責されるのかが問題になるが――α産の甲の契約なので，他の島から仕入れたのでは契約内容に適合しない――，免責は難しいように思われる。まったく予見不可能な事例ではないし，不作とはいえ入手は不可能ではないためである。次に，他の島で豊作であるため値崩れが起こるということは，予見不能とまでいうべきかは疑問である。

　　そうすると，Aは債務不履行につき責任があり，かつ，値下がりによる損害も賠償範囲に含まれることになる。では，値下がりによるBの損害はどう考えるべきであろうか。最判昭36・12・8民集15巻11号2706頁は，原審判決は買入価

格と引渡期日の価格との差額を損害（本問では，12万円 − 10万円 = 2万円）としたのを破棄し，「遅滞中に市価が低落し，買入価格との差額すなわち転売利益が減少した場合には，履行が遅れたために減少した転売利益額が遅滞による損害額となるべきものであり，特段の事情のない限り，結局履行期と引渡時との市価の差額に帰する」とする。本問でいうと，12万円 − 8万円 = 4万円ということになる。よって，○が正解である。

*1 『民法Ⅳ』12-11

[3] 填補賠償額の算定時期

(a) 履行不能の場合

CASE12-5　A会社は，その所有の甲地をB会社に1億円で売却する売買契約を締結し，契約締結と同時に500万円の手付の支払を受けた。契約に際して，1カ月後に残額の代金の支払と引換えに甲地の引渡し及び所有権移転登記手続きを行うことが合意された。ところが，その後に，甲地には土壌汚染の疑いがあることがわかり，Aが土壌の検査をして汚染がないことを確認した上で，または，土壌汚染が確認されたならば土壌を全面的に入れ替えて土壌改良工事をした上で引き渡すこととなり，引渡しはそれまで延期された。Aが検査したところ，軽度の土壌汚染が発見されたため，Aが土壌の入れ替え工事を施した。

この間，C会社がAに対して，甲地の買取を打診してきたため，Aが甲地をCに1億2000万円で販売し（時価相当額），Cへの引渡しまた所有権移転登記手続を行った。AB間の売買契約当時から，甲地の周辺には再開発の計画があり，その後に実際に再開発が開始され，甲地の周辺の地価が急騰しており，AB間の契約から3年を経過した現在，甲地の評価額は1億5000万円に高騰している。

【Q】　BがAに対して，目的物の価格を1億5000万円と評価して，未払い代金9500万円を差し引いて5500万円の賠償請求をしようと考えている。これは認められるか。

【A】　○（履行不能時にも地価の上昇が予見できたので，現在の1億5000万円を填補賠償額として差額5500万円の賠償請求ができる）

【解説】　Aは履行不能につき帰責事由があるので，Bに対する履行不能による損害賠償義務を免れない（415条1項）。そして，この場合には，損害賠償内容は填補賠償になる（415条2項1号）。そのためには目的物である甲地の価格を評価することが必要になるが，これが値上がりにより契約後に変動している場合に，どの時点を基準とするのかを問う問題である。

　判例は416条2項の特別損害の問題と考えた上で，予見可能性の基準時は債務不履行時（履行不能時）になるが，本問のように履行不能時に開発による値上がりが予見できたならば，値上がった現在（口頭弁論終結時で切られる）の価格1億5000万円を基準とすることが可能とされている（最判昭37・11・16民集16巻11号2280頁）*1。よって，5500万円の損害賠償請求が可能になり，○が正解である。もし他に，Bが既に建物の設計を依頼していてその費用が無駄になったなどの損害があれば，それも予見可能であれば賠償請求ができる。

【関連して考えてみよう】　逆に，履行不能時は1億円のまま，現在8000万円に値下がりしている場合はどうなるであろうか。判例は，履行不能時を基準とするというので，1億円の賠償請求ができそうであるが，原則はむしろ履行があったならば現在どのような財産状態になっていたかを考えそれを実現すべきであり，そうするとBは1億円で購入した土地が8000万円に値下がりして損をしていたはずである。それは買主として引き受けるべき契約リスクである。そうすると，8000万円しか賠償請求できず1億円の代金（差額9500万円）を支払わなければならないが，Bは履行不能を理由に契約解除ができるので（542条1項1号），Bは解除をして代金支払を免れることができる。

　*1　『民法Ⅳ』 *12-13*

(b)　契約解除の場合

CASE12-6　A会社は，海外から輸入して仕入れているトウモロコシ1トンを，製菓メーカーB会社に100万円で販売し，1カ月後を納品期日と合意した。ところが，その後，トウモロコシの産地であるアメリカ西部において干ばつ被害が発生し，トウモロコシの価格が急騰し，AはBに価格の110万円への値上げを打診した。しかし，Bはこれには応じず，約束通りの代金で期日に納品するよう求めた。

　そのため，Aは値上げに応じなければ供給はできないと主張し，1カ月後の引渡期日に引渡しをしなかった。Bは，引渡期日の1週間後にAに対して契約の解除を通知したが，この時のトウモロコシ1トンの相場価格は110万

円であった。その後，Bはトウモロコシ以外の原料による製品を生産していたが，引渡期日から1カ月後に，その時の相場相当額である130万円でC会社から同種のトウモロコシ1トンを購入した。

【Q】　BがAに対して，Cから購入した130万円から契約解除により支払を免れた代金100万円を差し引いた30万円を，損害として賠償請求したいと考えている。これは認められるか。

【A】　×（種類物売買において契約解除がされた場合には，解除時の価格が填補賠償の基準となる）

【解説】　Aには事情変更の原則が認められるほどの事情はないので，Aの履行拒絶は帰責事由に基づくものであり，Bは契約を解除でき（542条1項2号），また，目的物の填補賠償を請求できる（415条2項3号）。本問は，目的物のトウモロコシ1トンの値段を算定する基準時を考えてもらう問題である。

　特定物たる土地の場合には，転売目的等特段の事情がない限りその土地を保有するものであるため，現在の時点を基準としてよいが，種類物はそれを使用したり消費することが目的であることが普通であり，Bも取得したトウモロコシ1トンをそのまま財産として保持しておくものではない。それを材料に使用して製品を生産するのである。また，Bは100万円でもって合意したトウモロコシ1トンを取得する権利を持っており，Aにトウモロコシ1トンの引渡しを求める債権（種類債権）がある。これを解除により失うので，解除時に解除時の価格による填補賠償請求権を取得する。

　そうすると，Bは解除時に110万円の填補賠償請求権を取得している。履行不能の場合は，履行不能により填補賠償請求権が成立していても浮動的なものであり，その後の値上がりにより債権額が変動することになる。では，解除の場合も同様かというと，判例は解除で金額を固定し確定した金額の損害賠償請求権を認めている（最判昭28・12・18民集7巻12号1446頁）[*1]。履行不能との違いは，買主Bには損害軽減義務としての代替取引義務が認められる点である。さらに値上がりすることが見込まれているので，Bとしてはそれ以上値上がりする前に他から購入すべきであったのである（損害軽減義務という）。そのため，Cから購入した時の130万円を基準にすることはできず，×が正解になる。

　　[*1] 『民法Ⅳ』6-21, 12-14

[4] 損害賠償についての調整——過失相殺

CASE12-7　A会社は，海外から輸入して仕入れているトウモロコシ１トンを，製菓メーカーB会社に 100 万円で販売し，１カ月後を納品期日と合意した。ところが，その後，トウモロコシの産地であるアメリカ西部において干ばつ被害が発生し，トウモロコシの価格が急騰したため，AはBに価格の 110 万円への値上げを打診した。しかし，Bはこれには応じず，約束通りの代金で期日に納品するよう求めた。しかし，Aは値上げに応じなければ供給はできないと主張し，１カ月後の引渡期日に引渡しをしなかった。

　Bは，トウモロコシがアメリカの干ばつによりこのまま価格高騰が続くことが予測されるが，いずれ契約を解除して，解除後に他からトウモロコシを購入して，代金との差額をAに賠償請求すればよいと考え，履行期日を２週間過ぎても契約解除をせず，トウモロコシの在庫が切れたが，トウモロコシ以外の材料の菓子を生産していた。Bは問屋からトウモロコシを原料とする製品の納品を求められ，引渡期日から１カ月後に，Aに対して契約解除を通知して，ただちにCからその時の相場価格でトウモロコシ１トンを 130 万円で購入した。

【Q】　BがAに対して，Cから購入した 130 万円から契約解除により支払を免れた代金 100 万円を差し引いた 30 万円を，損害として賠償請求したいと考えている。これは認められるか。

【A】　×（過失相殺がされるべきである）

[解説]　価格の算定基準時を問う問題であり，また，過失相殺による調整の可否も検討してもらう問題である。

　[CASE12-6] で述べたように，契約解除時が填補賠償の基準時であるので，本問では解除時の期日から１カ月後の 130 万円で填補賠償が請求できそうである。しかし，解除するかどうかは自由であるとはいえ，取引通念に反して濫用的に解除時点を選択することができるというのは不合理である[*1]。買主は値上がりのピーク時を見はからって解除をするという投機的な損害賠償の運用ができてしまう。そのため，解除までは全く代替取引義務が生じないのではなく，不履行から取引通念上合理的な期間を経過したならば，解除をした上で代替取引をすべきである

と考えられ，過失相殺（418条）をすることが考えられる。他方，最高裁判決はないが，仙台高判昭55・8・18判時1001号59頁は「このように，物価急騰の時代に，理由なく遅れて解除がなされた場合に，解除時をもって損害額算定の基準日とするのは著しく衡平を失するものと言わねばならないので，おそくとも解除できたであろう時（他の業者と契約できたであろう時と同じと認める。）をもって損害額算定の基準日とするのが相当である」と，基準時を調整することで対処した。いずれにせよ，解除時の価格全額の賠償請求はできず，×と考えてよい。

*1 『民法Ⅳ』6-21，12-14

[5] 違約金・損害賠償額の予定及び免責条項

⒜ 損害賠償額の予定

CASE12-8　A会社は，海外から輸入して仕入れているトウモロコシ1トンを，製菓メーカーB会社に100万円で販売し，1カ月後を納品期日と合意した。契約書において，引渡しが遅れ，Bにより契約が解除された場合には，代金を清算の上で30万円の賠償金を支払うことが約束されていた。その後，トウモロコシの産地であるアメリカ西部において干ばつ被害が発生し，Aが予想していた以上にトウモロコシの価格が急騰し，AはBに価格の110万円への値上げを打診した。しかし，Bはこれには応じず約束通りの代金で期日に納品するよう求めた。

Aは1カ月後の引渡期日に引渡しをしなかった。Bは，トウモロコシがアメリカの干ばつによりこのまま価格高騰が続くことが予測されるが，いずれ契約を解除して，解除後に他からトウモロコシを購入して，約定の賠償金30万円を請求すればよいと考え，履行期日を過ぎても契約解除をせず，トウモロコシの在庫が切れたが，トウモロコシ以外の材料の菓子を生産していた。Bは問屋からトウモロコシを原料とする製品の生産を求められ，引渡期日から1カ月後に，Aに対して契約解除を通知して，ただちに他からその時の相場価格でトウモロコシ1トンを120万円で購入した。

【Q】　BがAに対して，約定に従い30万円の損害賠償を請求したのに対して，Aは過失相殺による減額を主張することができるか。

【A】　○（過失相殺の主張は排除されない）

[解説] 420 条の損害賠償額の予定についての問題である。将来の争いを未然に防止しようとした損害賠償額の予定の趣旨からして，合意した額を争うことは許されない。消費者契約ではないので，平均的損害を超える部分は無効ということはない。そして，「損害賠償額の予定」とは言われるが，債務不履行についての争いを未然に防止する趣旨からどのような事項について争いを禁止したのかは，合意の解釈に任される。原則として，債務不履行について過失の有無についても争えないことを合意しているものと考えられている。

　問題は過失相殺である。すぐに解除をして代替取引をしなかった点につき B 側に過失を認めれば，過失相殺は排除されていないのであれば，額は争えないので 30 万円を損害とした上でこれに過失相殺をすることが可能になる。債権者の過失の有無（すなわち過失相殺の可否）までは通常は含まれていないと考えられている（最判平 6・4・21 裁時 1121 号 1 項）[*1]。したがって，A は過失相殺の主張が可能になり，○が正解となる。ただ [CASE12-7] に掲げた下級審判決のように填補賠償額の算定基準時により処理すると，過失相殺ではないので争うことはできないことになる。

　[*1] 『民法Ⅳ』 12-19

(b) 免 責 条 項

> **CASE12-9**　　A 会社は宝石の販売を業としており，店を訪れた B にルビーの原石（以下，甲原石という）を 100 万円で販売し，あわせて，甲原石の加工及び指輪への装着を 5 万円で請け負った（指輪の台の価格込み）。B はただちに 105 万円を A に支払った。A は，原石の加工・指輪への装着については，隣県の C 会社に依頼しており，宅配便にて甲原石を指輪の台とともにC に送った。C は加工・装着作業を完了し，D 会社の宅配便にて，完成した指輪（以下，乙指輪という）を A に送り返した。いつも AC 間では発送には D を用いていた。ところが，乙指輪は D による運送中に紛失し，A に届かなかった。そのため，A は B に陳謝し，受け取った 105 万円を返還した。A はD に対して乙指輪の価格 105 万円の賠償を請求したが，D は C との物品運送契約において D に重過失がない限り賠償限度額が 50 万円と定められているので，50 万円以上の賠償には応じられないと主張する。
>
> **【Q】** A は D に対して 105 万円の損害賠償請求ができるか。

【A】　×（CD 間の賠償額の制限の効力を受ける）

[解説]　Aの不法行為に基づく損害賠償請求に対して，DがCとの契約における責任制限を対抗できるかという問題である。AもCも事業者であり，消費者契約法による効力制限を考える必要はない。また，CD 間の賠償額の制限（一部免除）は，債務不履行だけでなく不法行為についても合意されているものと考えられている——不法行為の慈善の合意も有効——。問題は，Dとの運送契約の当事者Cではなく，Aが不法行為に基づいて損害賠償を請求するという点である。この点，最判平 10・4・30 判時 1646 号 162 頁は，本問に置き換えると，Aは，CがDの宅配便を利用することを「容認していた」というのであり，このように低額な運賃により宝石類を送付し合うことによって利益を享受していたAが，「本件荷物の紛失を理由としてDに対し責任限度額を超える損害の賠償を請求することは，信義則に反し，許されない」とした[1]。その結果，日頃から AC 間の発送はDが利用されており，AはDの使用を「容認していた」ということができる。そうすると，本問でもDは賠償額の制限をAに対抗できることになり，×が正解となる。
　　[1]『民法Ⅳ』12-24

■第 13 章■

保 証 債 務

[1] 保証債務の意義及び種類

> **CASE13-1**　　貸金業を営むＡは，Ｂの経営する甲会社の事業資金 100 万円を融資するに際して，Ｂの父親で甲会社の創始者であるＣを連帯保証人とし，保証意思宣明証書作成手続を経て，借用証書の連帯保証人欄にＣに署名押印をしてもらった。その後，Ｂは甲会社の経営がうまくいかず，返済期日にＡへの支払ができなかった。ＡはＣに対して 100 万円の支払を求めたが，Ｃは，まずＡから取り立てて回収できなかった分だけ支払うと主張し，請求を拒絶した。
>
> 【Q】　Ｃの主張は認められるか。

【A】　×（保証債務は補充性があるが，連帯特約をすると連帯債務と同じ扱いになる）

[解説]　保証人の検索の抗弁権の認否を問う問題である。保証債務は，主債務者が「債務を履行しないときに，その履行をする責任を負う」ものであり（446 条 1 項），その本質上，まず債権者は主債務者から債権回収をし，それで回収をできなかった部分を保証人から回収するのが原則──補充性の原則──になる（452 条，453 条）。しかし，保証債務であるのに連帯債務とすることが可能とされており（454 条），その場合には，補充性に基づく抗弁は否定される[1]。本問では連帯特約がされており──実務上，債権者主導で契約書が作成されるため連帯特約がつけられるのが普通──，Ｃの主張は認められない。したがって，×が正解となる。

　[1]　『民法Ⅳ』13-1, 13-20 以下, 13-36

[2]　保証債務の成立

(a)　保証債務の成立

CASE13-2　Aの同居の成年の息子Bは、深夜泥酔して帰宅途中、歩道を歩いていて肩がぶつかったCに因縁をつけて、これに対して暴行を加えた。Cはこの暴行による怪我のため1週間入院し、また、退院後もしばらく会社を休み、その間の収入が得られなかった。Aは、BをCの自宅に陳謝のために連れて行き、示談交渉をし、BがCに100万円を支払うことで示談が成立した。その際、AがBの賠償義務について連帯保証人として責任をとることを約束した。Cはこのやり取りを録音していたが、いずれの合意も書面を作成していない。約束した振込期日が過ぎても、BからCの指定した銀行口座への示談金100万円の振込みはなされていない。

【Q】　CはAに対して、連帯保証人として100万円を支払うよう求めることができるか。

【A】　×（保証契約は書面によらなければ有効ではない）

[解説]　保証契約の成立要件についての問題である。契約についての原則は方式自由が原則であるが（522条2項）、保証契約については保証人に保証契約の締結を慎重ならしめるために書面を要求している（446条1項、2項）[*1]。そのため、たとえCが会話を録音していて、Cの保証契約の合意が証明できるとしても、書面がない以上、保証契約は成立しえない。したがって、CはAに連帯保証人としての責任を追及することはできず、×が正解になる。

[関連して考えてみよう]　ただし、Aが連帯保証とはいっていても、その趣旨は連帯して賠償する、すなわち併存的債務引受の意思表示であると解する余地もある。そうだとすると口頭の合意でも成立することになり、Aへの請求は可能である。ただし、実質的に保証債務と変わらないのに、連帯債務（併存的債務引受）と構成すると要式契約という要件を不要とできるのか、疑問は残る。

[*1]『民法Ⅳ』13-5

⒝ 保証契約締結前の個人保証人保護規定

❶ 主債務者の保証依頼に際する情報提供義務——事業上の債務の保証

> **CASE13-3** 甲は，弁当の製造販売を業とするＡ会社を経営し，その代表者をしている。Ａは，本店の他，支店２店舗からなるが，本店の近くに大手のチェーンの安売り弁当屋が支店を開業したため，売上が徐々に悪化していた。そのため，弁当の食材の仕入れ先であるＢ会社への月極の代金の支払がたびたび遅れるようになった。
>
> 　Ａは，Ｂから，食材の代金債務について甲が連帯保証人になるとともに，もう１人連帯保証人を出すことを求められた。甲は，中学以来の親友であり地元に住んでいるＣに連帯根保証人になってくれるよう頼み，Ａの経営は順調であり，Ｂへの代金支払いは一度も滞ったことはないと虚偽の事実を述べた。Ｃは，これを信頼して連帯根保証人になることに応じ，Ｂと極度額1000万円として連帯根保証契約を締結した。
>
> 　ところが，Ａはその半年後に経営が破綻し，廃業してしまった。Ｂは未払いの代金債権総額600万円につき，Ｃに対して支払を求めた。
>
> 【Q】　ＢのＣに対する600万円の支払請求に対して，Ｃは支払を拒絶できるか。

【A】　△（Ｃは，甲がＣに虚偽の情報を提供して保証人になることの勧誘をしたことを知っているまたは知り得たならば，465条の10第2項により根保証契約を取り消すことができる）

[解説]　保証人が主債務者から虚偽の説明を受けて保証契約に応じた場合における保証人の保護を考えてもらう問題である。

　従前は錯誤（95条）また第三者の詐欺（96条2項）による救済によらざるを得ず，錯誤は動機の錯誤であり，法律行為の内容化を要求すると保証人保護は困難であった。2017年改正法でも，錯誤取消しができるためには，95条2項により，保証契約において基礎事情とされることを表示されていたことが必要とされている。これをあてはめると，ＣはＡの経営が順調だから保証人になるということを「表示」していることが必要になる。ただし，「表示」が黙示にされていると擬制すると，甲の親族でもない限り，Ａの経営が危ういのに保証人になることは普通考えられず，Ａの経営が心配ないから保証人になるという黙示の表示があると扱うことは不可能ではない。

他方で，465 条の 10 では，保証人が債権者に保証契約の基礎事情としていることを表示することは要求されていない。ところが，債権者の保護との調整のため，主債務者による虚偽の説明がされていることを知っているかまた知り得たことが必要とされている[1]。そのため，保証人 C は虚偽の説明を受けたならば当然に保護されるのではなく，基礎事情としていることの「表示」をしているか（錯誤取消し），また，虚偽の説明がされたことを債権者が知っているまたは知り得た場合（465 条の 10 第 2 項）に限り，C は根保証契約を取り消すことができるにすぎない。この要件を満たすかどうか，問題文からは不明なので，△が正解である。

[1] 『民法 Ⅳ』13-6

❷ 保証意思宣明証書

CASE13-4

甲は，弁当の製造販売を業とする A 会社を経営し，その代表者をしている。A は，事業資金として B 銀行から 5000 万円の融資を受けることにしたが，甲が連帯保証人になるだけでなく，さらに 2 人の連帯保証人を出すことを求められた。甲は，兄 C に連帯保証人になってくれるよう頼み，また，妻 D に連帯保証人になることを依頼し，CD ともにこれに応じた。C は，465 条の 6 の手続きにより，保証意思宣明証書を公証人に作成してもらい，その足で同日 B の店舗に向かい，連帯保証契約を締結した。甲と D については，保証意思宣明証書は作成されることなく保証契約が締結されている。

【Q】 その後，A の経営が破綻したとして，B は CD に対して連帯保証人として 5000 万円の支払を求めることができるか。

【A】 C○（宣明証書作成後，熟慮期間を置く必要はない），D×（配偶者でも事業に現に従事していなければ宣明証書の作成が必要）

[解説] 2017 年改正により，保証人保護のために導入された保証意思宣明証書についての理解を確認する問題である[1]。

理想としては，保証意思宣明の際に，公証人から保証人としてのリスク等を聞かされ熟慮するよう促され，熟慮期間を与えるため，それから一定の期間経過するまでは保証契約を締結してはならないとすることが好ましい。しかし，改正規定はそのような制限をしていない。同日どころか同時に保証契約を締結し，債権

者が公証人に執行認容証書にしてもらうことも考えられる。宣明証書作成から1カ月以内に保証契約を締結することが要求されているだけであり（465条の6第1項），本問はこれを満たしている。よって，Cについては○が正解である。

Dは甲の妻であるが，保証意思宣明証書作成が不要とされる配偶者は，主債務者と共同事業をしているか，または，主債務者の事業に「現に従事している」ことが必要である。この点不明であるが，もしDがAの事業，たとえば弁当の製造に従事していたとしても，465条の9第5号は主債務者が個人の場合に限っており，主債務者が法人である場合には適用されない。したがって，Dは保証意思宣明証書作成が必要であり，これがないため，Dの保証は無効である。したがって，Dについては×が正解である。

[関連して考えてみよう]　甲については，主債務者はAであるが，その取締役なので465条の9第1号により適用除外である。もしDも，Aが甲による個人会社であり名前だけ取締役になっている場合でも，465条の9第1号により適用除外になる。また，債権が銀行の貸金債権ではなく，[CASE13-3]のように食材の卸問屋の代金債権が被担保債権になっている場合には，そもそも465条の6の保証意思宣明証書の適用はない。というのは，同規定は「事業のために負担した貸金等債務」という二重の要件が設定されているからである。「貸金等債務」の定義は465条の3第1項になされており，貸渡しまたは手形割引によって負担する債務に限られている。したがって，事業ビルの賃貸保証などについても適用がないことになる。また，貸金債務であっても，「事業のために負担した」のではなく，個人が例えば住宅購入のために借り入れた債務の保証についても適用除外となる。

　　*1　『民法Ⅳ』13-7

[3]　保証債務の性質及び範囲

(a)　保証債務の性質──主債務と同一内容

CASE13-5　　　Aは，その所有の甲地をBに売却し，Bからただちに代金全額を受け取った。ABの合意により，2カ月後に引渡しと所有権移転登記を行うこととし，AB間の売買契約に立ち会ったAの成年の息子Cが，AのBに対する売買契約上の債務について連帯保証人として責任を負う旨を約束し，売買契約書に以上の内容を特記し，Cが連帯保証人として署名押印した。その1カ月後，Aの債権者が甲地を差し押さえて競売手続をとってきた。競売手続が開始され，Cは何とか資金を集めて甲地を競落し，所有権移転登記

を受けた。

　【Q】　Bが，Cに対して，甲地の所有権移転登記手続を求めてきたとして，これは認められるか。

　【A】　○（判例は保証債務の履行として認めるが，177条の「第三者」の否定によることもできる）

　[解説]　保証債務の内容を問う問題である。保証債務は，主債務者の債務の「履行をする責任」を内容とするのであり（446条1項），保証人が代わりに履行できる債務でなければならない。本問では，Cは甲地の売主Aの債務につき保証したが，甲地の所有権移転登記また引渡義務を保証したのであろうか。大決大13・1・30民集3巻53頁は，他人物売主の債務を例に挙げて，他人の不動産の履行義務を引き受けることは可能であるとして，本問でいうとBのCに対する所有権移転登記手続請求を認容した[*1]。

　しかし，戦後の最大判昭40・6・30民集19巻4号1143頁は，「特定物の売買における売主のための保証においては，通常その契約から直接に生ずる売主の債務につき保証人が自ら履行の責に任ずるというよりも，むしろ，売主の債務不履行に基因して売主が買主に対し負担することあるべき債務につき，責に任ずる趣旨でなされる」と解して，債務不履行による損害賠償義務や契約解除による原状回復義務（代金返還義務）を保証しているものと解している。この新判例では，BはCに履行請求として所有権移転登記請求はできなくなるが，しかし，結論は○が正解でよい。というのは，Cは保証人として売主側において売買契約に関与しており，177条の「第三者」に該当しない——背信的悪意者——と考えることができるからである。そして，Bは，所有権に基づいてCに対して所有権移転登記の抹消登記手続に代えて，自己への所有権移転登記手続を請求することができると考えるべきである。そうすると，○という結論はいずれにしろ変わらないことになる。

　　[*1]　『民法Ⅳ』13-30

(b)　保証債務の内容

CASE13-6　　Aは，その所有の甲地をBに売却し，Bにただちに所有権移転登記をなしたが，代金2000万円については支払を6カ月後とし，Cが代金債務について連帯保証をした。6カ月後の代金支払期日に，Bが代金を支払わないので，AがBに対して契約解除の通知をしたが，Bは解除後に甲

地を事情を知らないDに売却し，所有権移転登記をした。そのため，AはBに対して，甲地の返還に代えて甲地の価額2000万円の償還を求めるとともに，Cに保証人として2000万円の支払を求めた。しかし，Cは，代金債務を保証したにすぎず，契約は解除されたので自分の責任はなくなったと主張して，2000万円の支払を拒絶している。

【Q】　AのCに対する2000万円の価額償還請求は認められるか。

【A】　○（保証契約の解釈として代金債務，損害賠償義務また契約解除による価額償還義務のすべてが引き受けられていると考えられる）

【解説】　保証契約における保証の対象となった債務についての解釈を問う問題である。保証契約は保証契約書を作成することなく，主債務を発生させる契約の契約書に保証人として署名押印し，また，契約書また定型約款の条項において保証契約の内容も規定されることになる。そこで，買主の売買契約上の債務と規定すると代金債務しか含まれないが，合理的意思表示解釈により解除による原状回復義務も含まれると考えられる。解除は債権者の権利行使であり債権者保護のための制度なのに，解除をしたら保証がなくなるのは不合理である，また，代金債務と価額償還義務とは金額がほぼ変わることはなく，保証人に予期しない債務を負担させ酷だという事情はない。そのため判例・通説は解除による価額償還義務も買主の保証人の責任内容になると考えている[*1]。よって，○が正解である。
[*1] 『民法Ⅳ』13-8, 13-15

[4]　保証人が債権者に対して主張しうる事由

⒜　付従性に基づく主張

❶　主債務の消滅時効

CASE13-7　　A会社は，建築用の甲工作機械をB会社に販売し，その代金2000万円につき，支払を6カ月後にする代わりに，保証人を立てることを求めた。Bの経営者の依頼に基づき，CがBの上記代金債務につき連帯保証をした。

　6カ月後の代金支払期日を過ぎたが，Bは代金を支払わず，結局その1年後には事業を廃業して活動を停止した。そのため，Aは，Cに代金の支払を求め，Cは毎年少しずつ債務を支払っているが，5年経過しても代金が800

万円残っている。Aは，Bに対して時効の完成猶予措置をとっていなかったため，Bの主債務については時効期間が満了した。

【Q】　AのCに対する保証人としての残代金800万円の支払請求に対して，Cは，主債務につき消滅時効が完成しているため，主債務の時効を援用して保証債務の付従性による消滅を主張することができるか。

【A】　○（消滅時効については抗弁権にせず，保証人に固有の援用権を認める従前の判例が維持される）

【解説】　保証人が債権者に対して主張できる事由を問う問題である。2017年改正法は，457条3項を新設し，保証人は，主債務者が相殺権，取消権，解除権を有する場合に，2項ではこれを債権者に「対抗することができる」にとどめ（抗弁権説を採用），相対的な相殺権等を認める学説を切り捨てた——相殺権自体を認める処分権説，保証人に固有の取消権を認める学説を抹殺——。

　他方で，主債務につき時効が完成した場合については，保証人に抗弁権を認めるにとどめることはせず，457条3項に時効を含めなかった[*1]。その結果，時効については従前の判例が妥当し，保証人Cには，主債務の消滅時効について固有の援用権（相対的援用権）が認められることになる。したがって，主債務者が時効完成後に援用権を放棄等により失っても，保証人は援用が可能になる。よって，○が正解になる。

　　[*1] 『民法IV』13-17

❷　主たる債務者の相殺権，取消権及び解除権

CASE13-8　　A会社は，建築用の甲工作機械をB会社に販売し，その代金2000万円につき，支払を2カ月後にする代わりに，保証人を立てることを求めた。Bの経営者の依頼に基づき，CがBの上記代金債務につき連帯保証をした。

　Bが甲機械の引渡しを受けて使用してみたところ，重大な不具合があり，BはAに修理を求めたが，Aは点検して引渡しをしているので不具合は引渡後に生じたものであると主張して，これに応じない。そのため，AB間で紛争になり，修理がされないまま2カ月後の代金支払期日になった。Bは代金を支払わないため，AはCに対して代金の支払を求めた。Bは未だ契約解除の意思表示はしていない。

【Q】 ＣはＡの代金支払請求につき，Ｂが契約解除をしない限りこれに応じなければならないか。

【Ａ】 ×（Ｂの同時履行の抗弁権，また，解除権を援用して請求を拒絶できる）

【解説】 保証人が債権者に対して主張できる事由を問う問題である。2017年改正法は，457条2項に，保証人は主債務者の主張しうる抗弁を債権者に対抗できるものと規定しており，Ｂは修補請求権を有し（562条），これと代金支払いとの同時履行の抗弁権が認められる（533条）。したがって，保証人Ｃはこの同時履行の抗弁権を援用できる。また，457条3項により主債務者が契約解除権を有していれば，未だ解除をしていなくても，これを援用して保証債務の履行を拒絶することができる。従前の取消権の議論を，改正法は解除権にも拡大したのである*1。いずれにせよＣは代金の支払を拒絶でき，×が正解である。
    *1 『民法Ⅳ』13-19

(b) 債権者の保証人に対する通知義務

CASE13-9 Ａ会社は，建築用の甲機械をＢ会社に販売し，その代金2000万円につき，分割払いとし，毎月100万円を月末までに支払うことを合意し，ＣがＢの経営者の依頼に基づいてこれを連帯保証した。Ｂは6カ月間は遅れることなく期日に合計600万円を支払ったが，7カ月目から支払が滞るようになり，Ａは期限利益喪失条項に基づいて，Ｂに対して期限の利益を失わせ，ただちに残額1400万円の支払いと完済までの遅延利息を支払うよう求めた。Ｃにはこのことを通知していない。Ｂは業績不振でその後に事業活動を停止してしまい，ＡはＢからの回収を断念し，契約から1年後に1400万円と6か月分の利息の支払を保証人Ｃに対して求めた。

【Q】 Ｃは，Ａに対して1400万円と6カ月分の利息の支払請求に応じなければならないか。

【Ａ】 ×（Ｂの遅滞を知らされるまでの利息は支払う必要はない）

【解説】 2017年改正で導入された458条の3についての知識を確認する問題である。458条の3は，債権者は主債務者が期限の利益を失ったことを知ってから

2 カ月以内に保証人にその事実を通知することを求めている（第1項）。保証人が弁済をして利息が膨らむのを阻止する機会を保障するための規定である。この趣旨から，債権者が期限の利益喪失を知ってから2カ月以内に保証人への通知をしなかったならば，通知をするまでの利息を保証人に請求できなくなる（同第3項）*1。

　本問では，AはBに対して期限の利益喪失の意思表示をしてから2カ月以内に保証人CにそのことをŻ通知しておらず，通知をした以降の利息しか保証人Cには請求することはできない。よって，×が正解になる。

　*1 『民法IV』13-25

[5]　保証人の主債務者への求償権

(a)　求償できる金額

CASE13-10　　Aは，同業者Bから頼まれて，生活資金としてBに20万円を無利息で貸し付け，2カ月後を返済期日とした。このBの債務については，Bの兄Cが連帯保証をしている。その後，2カ月後になってもBは生活が苦しく，20万円の返済ができなかった。そのため，Cが，Aに迷惑をかけてはいけないと思い，保証人として責任をとろうとしたが，自分も現金の用意ができないため，Aが骨董品蒐集の趣味があると聞いていたことから，Cはその所有する江戸時代の甲掛け軸で代物弁済をすることをAに提案し，Aがこれに応じて，甲掛け軸の引渡しを受けた。

　【Q】　甲掛け軸の評価額が，① 15万円の場合，及び，② 25万円の場合とにつき，CがBに対して求償できる金額は，消滅させた主債務の額である20万円になるのか。

【A】　①×（出捐が主債務の額を下回る場合には，出捐の額［15万円］による），②○（主債務を超えた出捐をしても主債務額を限度とする）

【解説】　保証人が代物弁済により保証債務を履行した場合の主債務者に対して求償できる金額を考えてもらう問題である。この点について，2017年改正法は明文規定を置いている（459条1項）。求償できるのは，「支出した財産の額」となっており，①では20万円の主債務につきBに免責の利益を与えているが，Cが求償できるのは15万円に限られる。したがって，×が正解になる。

他方，②については括弧書きで注記がされており，支出した財産の額が主債務の金額を超える場合には，「その消滅した額」しか求償ができない。Ｃは25万円の財産を失っているが，Ｂに20万円の免責の利益しか与えておらず，20万円の求償権が認められるだけである。よって，これは○が正解になる。

(b) 連帯債務者の１人のための保証と他の連帯債務者への求償

CASE13-11 　　Ａからヨット１台を90万円でBCDが共同で買い取り，代金については１カ月後にBCDが連帯して支払うことが約束された（負担割合は平等）。その後，BCDはいずれも代金の工面がつかず，Ａにさらに１カ月支払を伸ばしてもらい，Ｂの債務についてＥが連帯保証人になった。さらに１カ月してもBCDが代金の支払をすることができず，Ｅが代金90万円を支払った。

【Q】　ＥはBCDに対して90万円を連帯して支払うよう求償請求ができるか。

【A】　×（CDにも求償はできるが，その負担部分30万円ずつに限られる）

【解説】　連帯債務者の１人の債務についてのみ保証をした場合の求償権について考えてもらう問題である。この点，民法に規定があるのでそれをあてはめれば足りる。「連帯債務者又は不可分債務者の一人のために保証をした者は，他の債務者に対し，その負担部分のみについて求償権を有する」と明記されている（464条）[1]。この規定の適用により，Ｅは主債務者Ｂには90万円全額の求償ができるだけでなく，さらには保証していないCDに対しても30万円の求償ができる。Ｂが支払ってからCDに求償するのを省略しただけでありCDに何ら不都合はなく，法律関係を簡略化するためのものである。全員に全額の求償はできないので，×が正解である。

　[1] 『民法Ⅳ』13-27

(c) 事前求償権

CASE13-12 　　Ａ会社から，Ｂ会社が建設機械１台を1000万円で購入し，その代金の支払を３カ月後と合意し，代金債務についてＢから依頼を受けてＢの経営者の知人Ｃが連帯保証人になった。３カ月後の代金支払期日に，Ｂ

は支払資金を捻出することができず，Aは，Bが期日に支払をしなかったことを伝え，このままBによる支払がないと保証人Cにしかるべき措置をとらざるを得ないと説明した。

【Q】　Cは，未だ保証人として1000万円の代金を支払っていないが，BがDに対して工事代金債権2000万円を有しているため，これを債権者として代位行使して，1000万円の自己への支払を求めることを考えている。Cの代位行使は可能か。

【A】　○（Cには事前求償権が認められる）

[解説]　保証人の事前求償権を確認してもらう問題である。委託を受けた保証人は，「債務が弁済期にあるとき」（460条2号）は，「主たる債務者に対して，あらかじめ，求償権を行使することができる」（同条柱書）。そのため，受託保証人Cは，Bに対して代金を支払う前から1000万円の求償権（事前求償権）が認められ，これを被保全債権とする債権者代位権の行使が可能になる[*1]。よって，○が正解である。

[関連して考えてみよう]　主債務者は事前求償権の行使に対して，担保を提供するよう求め，それまで拒絶ができる（461条1項）。しかし，ここで問題になっているのはDのBに対する抗弁権ではなく，Bの代位行使をするCに対する抗弁権である。Bが代位行使により抗弁権による制限を回避できてしまうのは不合理であり，規定はないが，DはBのCに対する抗弁権の援用を認めるべきである。そのため，Dも，保証人Cに対して主債務者Bに担保を提供するよう主張し，それがあるまでCへの支払を拒絶することができると考えるべきである。
　　　*1 『民法Ⅳ』13-29

CASE13-13　　A会社から，B会社が建設機械1台を1000万円で購入し，その代金の支払を3カ月後と合意し，代金債務についてBから依頼を受けてBの経営者の知人Cが連帯保証人になった。3カ月後の代金支払期日に，Bは支払資金を捻出することができず，Aは，Bが期日に支払をしなかったことを伝え，Cに対して，このままBによる支払がないと保証人Cにしかるべき措置をとらざるを得ないと説明した。Cは，弁済期から2年後に，Aからの請求に応じて1000万円の代金を支払った。Cは，Bに1000万円を支払うよう求めたが，Bはこれに応じないままさらに3年が経過した。

【Q】 Cの1000万円の支払請求に対して，Bは既に弁済期に求償権（事前求償権）が成立していたため，それから5年が経過しているので時効が完成しているとして，時効を援用して支払を拒んでいる。Bの時効援用は認められるのか。

【A】 ×（事後求償権の消滅時効は，弁済により事後求償権が成立した時から起算される）

【解説】 事前求償権と事後求償権の関係を考えてもらう問題である。事前求償権と事後求償権は別個の権利であり，事前求償権は主債務が存続する限り時効にはかからないと思われるが，事後求償権の発生により消滅する——併存するという学説もある——。事後求償権が別個に新たに成立するので，その時効もその成立時点から起算されることになる[1]。よって，×が正解である。

　　　[1]『民法Ⅳ』13-30

(d) 事前・事後の通知義務

❶ 事前の通知義務

CASE13-14　A会社から，B会社が中古の建設機械1台（以下，甲機械という）を200万円で購入し，その代金の支払を3カ月後と合意し，代金債務についてBの経営者の知人Cが連帯保証人になった。Bは甲機械の引渡しを受けて，これを使用したところ，重大な不具合がみつかったため，Aに通知し，修理を求めた。Aは甲機械を持ち帰り，修理を試みたが，前主が使用中に事故を起こしていて基本構造がかなり損傷していることが判明し，修理には相当な費用がかかりそうなため，修理を躊躇し対処法を検討している間に，代金の支払期日が到来した。Aは，Bが「修理するまで代金を支払わない」と主張するため，Cに対して代金を支払うよう求め，Cは，Bに通知することなくこれに応じて，200万円の支払をした。

【Q】 CのBに対する200万円の求償請求に対して，Bは，①甲機械が修理されて引渡しがされるまで同時履行の抗弁権を主張すること，また，②Aとの売買契約を解除して支払を拒むことができるか。

【A】 ①②とも○（主債務者は保証人による弁済までに債権者に対抗できた

事由を保証人による求償請求に対抗できる）

【解説】 保証人の求償権に対して，主債務者の主張しうる事由を検討してもらう問題である。保証人Cは，支払う前に主債務者Bに確認をしておけば，Bから事情を話されて支払をしないよう求められていたはずである。そのため，民法は，この通知（事前の通知）をしなかった保証人Cに対して，主債務者Bは債権者Aに対抗できた事由を対抗することができるものとした（463条1項）[*1]。したがって，Bは修理して引渡しをするまでAの代金支払請求を拒絶でき（533条），また，修補がされないので契約を解除（541条）して代金の支払を拒絶できるので，①②いずれも○になる。Bが売買契約を解除したならば，CがAに対して代金の返還をすることになる（根拠条文は契約当事者ではないので，703条）。

　　[*1] 『民法Ⅳ』13-33

CASE13-15　　A会社から，B会社が中古の建設機械1台（以下，甲機械という）を200万円で購入し，その代金の支払を3カ月後と合意し，代金債務についてBの経営者の知人Cが連帯保証人になった。Bはその後，Aから以前購入した中古機械に不具合があり，修補費用に100万円がかかったため，甲機械の代金についてはこれと相殺して100万円だけ支払うことを考えていた。代金の支払期日が到来し，Aが，Cに代金の支払を求めたため，CはBに通知することなく，これに応じて200万円の支払をした。

【Q】 CのBに対する200万円の求償請求に対して，Bは，Aに対する100万円の債権により相殺を主張し，残額100万円のみを支払うと主張した。Bの主張は認められるか。

【A】 ○（主債務者は保証人による弁済までに債権者に対抗できた事由を保証人による求償に対抗でき，相殺もこれに含まれる）

【解説】 保証人の求償権に対する主債務者の主張しうる事由として相殺を検討してもらう問題である[*1]。BはAに対して相殺を主張できたのであり，CがBに通知せず支払ったことになり相殺の利益を奪われてはならない。BがCに200万円支払い，Aから100万円の回収の手間をかけ，また回収不能のリスクを負担するというのは適切ではない。463条1項前段の対抗事由には相殺も含まれ——後段がこのことを前提としている——，BはCの求償権に対して，Aに対する100万

円の債権による相殺を対抗できることになる。二当事者間の債権の対立という相殺適状に対する例外になる。よって，○が正解である。その後，CはAに100万円の支払を請求できる（463条1項後段）。

*1 『民法Ⅳ』13-33

❷ 事後の通知義務

CASE13-16　　A会社から，B会社が建設機械1台（以下，甲機械という）を200万円で購入し，その代金の支払を3カ月後と合意し，代金債務についてBの経営者の知人Cが連帯保証人になった。Bは代金支払期日に200万円を支払ったが，AがCに，Bから代金の支払を受けていないと虚偽の説明をして200万円の支払を求めた。

①Cはこれを信じてBに通知することなく200万円を支払った。

②Cは，甲機械の代金支払いについてBにメールで確認したところ，Bの経営者が誤って別の乙機械の件だと勘違いをして，未だ支払っていない旨返答し，これを信じてCはAに200万円を支払った。

【Q】　CのBに対する200万円の求償請求に対して，Bは既にAに支払っていると主張してこれを拒むことができるか。

【A】　①○（463条1項前段の通りである），②×（463条2項が適用になる）

[解説]　主債務者が弁済後に，保証人が主債務者に事前の通知をして，またはしないで，善意で弁済をなした場合に，保証人が主債務者に求償をなしうるのかを検討してもらう問題である。

　まず，①事例は，463条1項前段の原則通りである。Bの弁済により主債務は消滅しており，Cが弁済しても無効である。CはBを免責したことにならないので，求償権を取得しない。よって，①は○が正解である。他方，②については，463条2項に特別規定がされており，事前の通知をして善意で弁済した場合には，保証人の弁済が有効とされるのである*1。そのため，CはBに200万円の求償が可能になる。よって，②は×が正解である。

[関連して考えてみよう]　Cの弁済を有効とみなす効果については議論がある。①まず，すべての関係でCの弁済が有効で，Bの弁済が無効になるのだとすると（絶対的効果説），Aに対して不当利得返還請求権を持つのはBということが簡単に説明できることになる。②他方で，あくまでも対抗不能のような規定で，Bが

Cに対抗できないだけで，A等他の者との関係ではBの弁済が有効で，Cの弁済が無効だとすると（**相対的効果説**）——連帯債務では判例である☞［CASE16-7］——，Aに不当利得返還請求権を持つのはCからのようであるが，結局，CはBに求償権を取得し損失はなく，損失はBに置き換えられるのでBが不当利得返還請求権を持つと説明せざるを得ない。

　共同保証人がいる場合には，いずれの構成かで，Cが共同保証人に465条1項の求償ができるかは変わってくる。①ではできる，②ではできないということになる。帰責事由のあるBが不利益を受けるのはよいが，Bの弁済により責任を免れた共同保証人が，Cの求償に応じなければならないというのは不合理であり，上記のような問題がありながら相対的効果説が主張されているのは，<u>不利益を主債務者B限りに止めよう</u>という意図がある。

*1 『民法Ⅳ』13-34

［6］　共同保証

CASE13-17　　A会社から，B会社が建設機械1台（以下，甲機械という）を200万円で購入し，その代金の支払を3カ月後と合意し，代金債務についてBの経営者の知人CとDが連帯保証人になった。Bは代金支払期日に代金の支払ができず，Aから請求を受けてCが200万円を支払った。CとDは保証債務についての連帯の特約は結んでいない。

【Q】　CはDに対して100万円の求償請求をした。これに対して，Dは保証人間では連帯特約がないので求償はできないと争っている。①CのDに対する100万円の求償は認められるか。②もしCが支払ったのが100万円だった場合でも，50万円の求償が認められるか。

【A】　①○（465条1項は連帯保証人が複数人いる場合にも適用されると考えられている），②×（自己の負担部分を超える額を弁済することが必要である）

【解説】　共同保証人間の求償について考えてもらう問題である*1。確かに保証人間に連帯特約（保証連帯という）はない。しかし，主債務者との連帯特約によりCDいずれも全額を支払う保証債務を負っている。この場合に，債権者がたまたまCDのいずれに対して債権の回収手続をとるかにより，主債務者からの回収不

能のリスクの負担が決められるのは公平ではない。そのため，465 条 1 項が共同
保証人間に求償を認めており，「各保証人が全額を弁済すべき旨の特約がある」
場合には，保証連帯だけでなく連帯保証である場合も含まれると考えられている。
したがって，①は求償可能であり，○が正解となる。ただし，「自己の負担部分
を超える額を弁済した」という制限がなされており，負担部分について特約がな
い限り平等となり，C は 100 万円を超えた弁済をした場合に限り，その超えた金
額につき D に求償ができるにすぎない。②は×ということになる。

    *1 『民法Ⅳ』 13-41 以下

CASE13-18
　A 銀行から，B 会社が 9000 万円の融資を受けるに際して，
CD が民法所定の手続を経て連帯保証人になるとともに，E がその所有の甲
地に抵当権を設定した。その後に，C が 9000 万円全額を保証人として支払
った（利息は考えないことにする）。

【Q】　C は共同保証人 D に対して 4500 万円の求償請求ができるか。

【A】　×（CDE の 3 者で主債務者からの求償不能のリスクを分担すべきで
　　　ある）

【解説】　共同保証人の他に物上保証人がいる場合の求償について考えてもらう問
題である。確かに保証人は CD だけであり，他に物上保証人がいなければ 465 条
1 項を適用して，C から D への 4500 万円の求償を認めてよい。しかし，物上保
証人 E がおり CDE の三者で B が支払えず求償が問題になった場合の求償リスク
の負担が決められるべきである*1。E が弁済したないし抵当権の実行を受けた場
合には，E は CD にそれぞれ 3 分の 1 につき保証債権の弁済者代位ができるだけ
である。C が弁済した場合にも，E の抵当権に 3 分の 1 （3000 万円）の弁済者
代位，そして D に対して 3 分の 1 （3000 万円）につき 465 条 1 項の求償権が認
められ，この求償権につき弁済者代位が認められるにすぎない（501 条 2 項括弧
書き）。

    *1 『民法Ⅳ』 18-30

CASE13-19　　A銀行から，B会社が2000万円の融資を受けるに際して，CDが民法所定の手続を経て連帯保証人になった。ところが，その後にDはAと交渉して，保証債務を免除してもらった。その後，Bは事実上倒産してしまい，Aからの借入金を返済できないでいる。

【Q】　Aからの2000万円の支払請求に対して，Cは全額につき支払に応じなければならないか。

【A】　×（501条2項括弧書き・504条により半分免責される）

[解説]　共同保証人の1人が免除を受けた場合の他の共同保証人への効力を考えてもらう問題である。2017年改正前の判例は，改正前437条を問題とし，保証人間に連帯債務の関係がある場合に限り437条を適用し，そうでない限りその適用を否定し，Dの免除はCの保証債務に影響を及ぼさないと考えていた。

　しかし，2017年改正法では，501条2項括弧書きにより，Cは弁済すればDに対して465条1項により求償権を取得し，その範囲で債権者AがDに対して有している保証債権を代位取得できる——保証債権に担保がある場合にのみ意義がある——ことになっており，そうすると504条も連動して適用になることになった——ただし，465条1項の求償権自体が否定されることが問題なので，504条の類推適用というのが適切かもしれない——。そのため，504条によりCは1000万円につき免責を受け，2000万円を支払う必要はない[*1]。よって，×が正解である。

[関連して考えてみよう]　504条の免責の効力は放棄することができる——援用して初めて効力が生じるとまで考える必要はない——。そのため，もしDの免除を知らずにCが2000万円を支払った場合には，弁済を有効として主債務者Bに2000万円を求償するか，または，1000万円は弁済は無効であるとしてAに1000万円の不当利得返還請求をするか，いずれかの選択が可能と考えるべきである。

[*1]　『民法Ⅳ』13-40

[7] 根保証

(a) 根保証総論・法人根保証

CASE13-20　A銀行が，B会社と継続的な資金貸付について約定をし，この取引によりBがAに対して負担する借入金債務について，Bの関連会社Cが10年を期間として極度額を定めることなく根保証をする契約を締結した。これから1年後に，AがBに貸し付けた2000万円の債権が，AからDに譲渡され，その1年後に弁済期が到来したため，DがCに対して保証人としての2000万円の支払を求めた。

【Q】　CはDの請求に応じなければならないか。

【A】　○（事業者保証であり個人根保証の規律は適用されず，また，主債務の成立毎に対応する保証債務が成立し，主債務についての債権が譲渡されると保証債務も随伴して移転する）。

【解説】　事業者による根保証の規律についての問題である。個人根保証については，2004年の民法の保証法改正により規定が設けられ，2017年改正によりその適用が拡大されたが，事業者による根保証については依然として規定がなく，解釈に任されている。

　そのため，Cによる根保証は極度額を定めなくても有効であり，10年の保証期間の合意も有効である。また，根保証については，①確定時の主債務を保証するもの（根抵当権類似型＝狭義の根保証）——確定までは保証債務は成立しない——と，②継続的な契約関係としての根保証であり，主債務が成立する毎に保証債務が成立するもの（個別債務集積型＝継続的保証）とがあり，いずれも有効である。特に①の合意であることが明示されない限りは②と扱われる（最判平24・12・14民集66巻12号3559頁）。本問も特約がない限りこのように扱われ，また，主債務についての債権が譲渡されると，保証債務も移転することになるため——①では未だ保証債務が成立していないので移転しない——，根保証の確定前であっても，Dは弁済期になればCに対して保証債務の履行を求めることができる[1]。よって，○が正解となる。

[1] 『民法Ⅳ』13-44-1

(b) 個人根保証

CASE13-21　A会社は，弁当屋を営むB会社に継続的に食材を供給する基本契約を締結し，この取引によりBがAに対して負担する債務について，Bの経営者の親戚であるCが，期間を限ることなく，極度額を1000万円と定めて，根保証をする契約を締結した。AB間の取引が開始され，その4年後にBが経営不振で廃業してしまい，Aに対するBの債務が，500万円支払いがされないまま残された。そのため，AがCに対して500万円の支払を求めた。

【Q】　CはAの請求に応じなければならないか。

【A】　○（個人根保証であり極度額を合意することは必要であるが，貸金等根保証ではないので期間を定めなくても3年で確定することはない）

【解説】　個人根保証についての規律を確認する問題である。2004年の個人根保証規定はその適用が貸金等根保証に限定されていた。2017年改正法は，その適用を個人根保証一切に拡大する予定であったが，結果としては部分的に拡大されたにとどまった[*1]。

　まず，包括根保証禁止（465条の2第2項）は，すべての個人根保証に適用が拡大された——賃貸保証にも適用がある——。したがって，継続的供給契約上の代金債務の根保証も，極度額を定めない限り無効になる。本問では極度額が定まっているのでこの点は問題ない。次に，保証期間については，5年以上の保証期間を定めた場合には期間の定めのない根保証と扱われ（465条の3第1項），期間の定めのない根保証は3年で確定することになっているが（同第2項），その適用は貸金等根保証に限定されている（同第1項）。そのため，本問には適用されず，期間の定めのない個人根保証も有効であり，Cは従前の判例法の任意解約権及び特別解約権が認められるだけである——限定根保証しか認められなくなったので任意解約権を否定する理解もあるが，そうすると取引が続く限りいつまでも拘束され根保証人に酷である——。Cが任意解約権を行使できるかまた行使したかは不明であるため，Aの請求は認められ，○が正解になる。なお，貸金等根保証ではないため，保証意思宣明証書（465条の6）の作成は不要である。

　　[*1] 『民法IV』13-50以下

CASE13-22 A会社は，弁当屋を営むB会社に継続的に食材を供給する基本契約を締結し，この取引によりBがAに対して負担する債務について，Bの経営者の親戚であるCが，期間を限ることなく，極度額を1000万円と定めて，根保証をする契約を締結した。AB間の取引継続中に，以下の事実が生じた。

①Cが死亡し，Dがこれを相続した。
②Cが破産手続開始の決定を受けた。
③Bが破産手続開始の決定を受けた。

【Q】 Cの根保証債務の元本はこれらにより確定されるか。

【A】 ①○及び②○（保証人についての破産手続き開始の決定及び保証人の死亡は，すべての個人根保証について元本確定事由とされている），③×（主債務者についての破産手続き開始決定は，貸金等債務の個人根保証についてのみ元本確定事由とされている）

【解説】 個人根保証の元本確定事由について確認してもらう問題である[*1]。元本確定事由もすべての個人根保証へと適用が拡大されることはなく，拡大は限定的にとどまった。465条の4第1項はすべての個人根保証に適用され，①の根保証人の死亡（第3号），また，②の根保証人につき破産手続開始の決定があったこと（第2号）は，本問でも元本確定事由になる。以上より，①及び②は○が正解となる。

他方で，465条の4第2項は，貸金等債務の個人根保証に適用が限定されており，主債務者についての破産手続開始決定は，本問のような代金債務の個人根保証では元本確定事由にはならない。貸付け等の取引であれば，主債務者に破産手続開始決定があれば，債権者は貸付け等をしなければよいが，賃貸借ではそうはいかないというのが，適用を限定した理由である。本問のような継続的供給取引も，契約の解除をしない限り，取引を継続しなければならない。したがって，③は元本確定事由ではなく×が正解である。

　*1 『民法Ⅳ』13-54 以下

■第 14 章■
多数当事者の債権関係における
分割主義の原則

[1] 分割主義の原則

> **CASE14-1**　不動産業を営む A 会社は，自社所有物件である甲地を，内縁の夫婦である BC が共同で購入をしたいというので，BC に 2000 万円で売り渡す売買契約を締結し，BC から手付として 200 万円を受け取った。その際，1 カ月後に残代金の支払をして，所有権移転登記及び引渡しをすることが合意された。ところが，契約後に B の浮気が発覚し，BC が不仲になり，同居しているアパートを C が飛び出していった。そのため，もっぱら C の資金で代金を支払う予定であったため，B は残代金 1800 万円を用意できないでいる。
>
> 【Q】　A は B に対して残代金 1800 万円の支払を求めることができるか。

【A】　×（特約がない限り，分割債務にすぎない）

[解説]　多数当事者の債権関係の原則を確認してもらう問題である。BC は甲地を共同で購入し残代金 1800 万円を負担している。1 つの売買契約において BC が代金の債務者となり，特約がない限り，427 条の分割主義の原則により，BC は 900 万円ずつの分割債務になる*1。A と BC との売買契約において特約がされていたかどうかは不明である。特約がない限り分割債務となるので，A は B に 1800 万円の支払請求はできず，×が正解になる。ただ，B だけでなく C も代金を支払わないであろうから，BC 両者について債務不履行，したがって解除原因が認められ，A は BC に対して売買契約を解除することができる。

[関連して考えてみよう]　売買契約が解除がされた場合，200 万円の手付の返還義務（原状回復義務）については，分割主義の原則により BC が 100 万円ずつ返還請求権を取得することになる。BC 内部で，事後的に出捐者に返還されることになる。B が 200 万円全額を出捐していても分割債権になるが，B に 200 万円が支払われても 479 条により弁済は有効になるものと思われる。

*1 『民法Ⅳ』 *14-1*

CASE14-2　A会社から，BCは200万円の融資を共同で受け，BCは200万円につき連帯して返済することを約束した。ところが，返済期日が到来する前にCが亡くなり，Cの成年の子DEが共同相続をした。その後に返済期日が到来したが，Bは返済資金を用意することができなかった。

【Q】　AはDEに対して連帯して200万円を支払うよう求めることができるか。利息は考えなくてよい。

【A】　×（連帯債務を相続するが，100万円ずつの連帯債務に分割される）

【解説】　連帯債務が共同相続された場合に，分割主義の適用があるのかを考えてもらう問題である。判例は，連帯債務のまま分割債務になるという解決をしている（最判昭34・6・19民集13巻6号757頁）[*1]。この結果，DEはBとの連帯債務を100万円ずつ相続することになる。DEはそれぞれBと100万円を限度として連帯として支払う義務を負うことになる。したがって，AはDEに対してBと連帯して100万円ずつ支払うよう請求できるにすぎず，×が正解である。
*1 『民法Ⅳ』 *14-1*

CASE14-3　Aは個人で和菓子製造業を営んでおり，その事業取引のためにB銀行に当座預金口座を有しており，6000万円の預金を有している。Aが死亡し，その妻Cと成年の子DEの3人が共同相続をした。Dは会社を経営しており，事業資金に事欠く状態になっていたため，相続により取得した4分の1の相続分に対応する預金債権1500万円について，ただちに払戻しを受けたいと思っている。CDE間では未だ遺産分割協議が成立していない。

【Q】　DはB銀行に対して1500万円の預金の払戻しを請求することができるか。

【A】　×（預金は預金者全員による権利行使が必要であり，相続法の例外も150万円が限度とされ1500万円は認められない）

【解説】　預金債権の共同相続について考えてもらう問題である。金銭債権は共同

相続により当然に分割債権になり（427条）*1，預金も同様と考えられていた。しかし，最判平28・12・19民集70巻8号2121頁は，普通預金債権及び通常貯金債権につき，「1個の債権として同一性を保持しながら，常にその残高が変動し得るものである」ことから，共同相続があっても，「同一性を保持しながら常にその残高が変動し得るものとして存在し，各共同相続人に確定額の債権として分割されることはない」として，全員で権利行使をしなければならないものと判示した*2。そのため，Dが相続分につき単独の権利行使を行うことはできない。

ただし，2018年相続法改正により，909条の2が設けられ，債権額の3分の1（2000万円）にDの相続分を乗じた額（500万円）については——ただし法務省令により150万円を限度とされている——，単独での権利行使が認められている。そのため，Dは150万円までならば単独で権利行使ができるが，1500万円全額の払戻請求は認められず，×が正解になる。

*1 『民法Ⅳ』 *14-3*　　*2 『民法Ⅴ』 *10-31*

■第 15 章■
不可分債権・不可分債務

[1] 不可分債権

> **CASE15-1**　Aは，彫刻家Bに200万円で弥勒菩薩像（以下，甲彫刻という）の製造を委託し，代金200万円を既に払い込んでいる。Bによる甲彫刻の完成前にAが死亡し，成年の子CDがAを共同相続した。Dは宗教には興味がなく，相続はするが甲彫刻はいらないと考えて，Bに対して債権放棄の意思表示をした。その後，Bは甲彫刻を完成させて，これをCに引き渡した。
>
> 【Q】　甲彫刻はCの単独所有になるのであろうか。

【A】　○（CはBの分の利益をAに「償還」する義務を負うが，目的物を全面的に取得できる）

【解説】　不可分債権の債権者の1人による権利放棄の効力を考えてもらう問題である。Aの注文者としての債権は，1つの甲彫刻の製作とそして完成した甲彫刻の引渡しという目的において不可分であり，CDに共同相続されても不可分債権になる。その債権者の1人であるDが請負人Bに対して債権放棄（債務免除）をすると，Cのみが債権者になる。この場合，Cが全面的な債権者になるのであろうか。

　この点，民法は，「不可分債権者の一人と債務者との間に更改又は免除があった場合においても，他の不可分債権者は，債務の全部の履行を請求することができる」と規定している（429条前段）。そのため，Cは甲彫刻の完成・引渡しを請求できる。ところが，「この場合においては，その一人の不可分債権者がその権利を失わなければ分与されるべき利益を<u>債務者に償還しなければならない</u>」ことになる（429条後段）[*1]。①Dが取得するはずであった2分の1の持分をBが取得するか，②Cが持分を取得し，価額償還として価額の半分をBに償還することになる。②と考えるべきである。

さらにいえば，DはBに対して債権放棄をしているが，これは将来の甲彫刻の持分の放棄の意思表示にすぎないと解することもできる。そうだとすると，255条が適用され，Cの単独所有になり，Aへの償還義務は生じない。ところが，Cではなく債務者Bに債権放棄をしたので，どう評価するかは微妙である。償還は問題文では問われていないので，いずれにせよ○が正解である。

*1 『民法Ⅳ』15-2

[2] 不可分債務

CASE15-2　　Aは，Bから甲地を賃借し，その上に乙建物を建てて，2階に居住しつつ1階で和菓子の製造販売業を営んでいる。Aは妻に先立たれ，長男Cとその家族と同居し，Cは妻とともにAの和菓子製造販売業を手伝っている。Aが死亡し，Cと次男Dとが共同相続をした。Cはそのまま乙建物に妻と家族とともに居住し，和菓子の製造販売業を受け継いでいる。CDの間で遺産分割は未だ成立していない。

【Q】　BはCDに甲地の賃料（月10万円）全額の支払を求めることができるか。

【A】　○（共同賃借人になり不可分債務になる）

【解説】　共同賃借人の賃料債務の帰属について考えてもらう問題である。Aは甲地の借地権とその地上の乙建物を有していて，これがCDに共同相続された。遺産分割がされるまで，借地権はCDの準共有，乙建物は共有となる。Cは建物のDとの共有者，また，借地権のDとの準共有者にすぎないが，Aとの黙示的使用貸借——借地権は？——が認められ，遺産分解がなされるまで無償で乙建物を使用できるというのが判例である*1。そのため，Dは乙建物を単独で利用しているCに対して持分に応じた不当利得返還請求はできない。借地の利用についても同様である。

　問題になるのは，Bの関係での賃料債務である。共同賃借人は賃料債務について不可分債務を負担するというのが判例である（大判大 11・11・24 民集 1 巻670 頁等)*2——学説には連帯債務説もある——。不可分的使用の対価は不可分というのが理由である。実際乙地に居住しているのはCであるが，借地権はCDの準共有である。不可分的に使用する権利が帰属していればよいのか，それとも不

可分的に実際に利用していることが必要なのか，判例は必ずしも明確ではない。利用の有無は問題にしていないと考えれば，CDが不可分的に賃料債務を負担し，CD間ではCが全面的に使用しているのでCが100％負担するということが考えられる——Dは5万円を支払えばCに全額求償できる——。そのため○を正解としたが，実際に使用していないDに負担させるのは社会通念に反すると考えられ，判例の射程を制限して，本問ではCだけが賃料債務を負担するという可能性もある。そのため△の可能性もある。ただし，誰も共同相続人が使用していなければ，原則通りになるものと思われる。

*1 『民法Ⅴ』19-2 *2 『民法Ⅳ』14-5 以下，15-3

■第 16 章■
連帯債務・連帯債権

[1]　連 帯 債 務

(a)　連帯債務の意義と本質──不真正連帯債務との差異

> **CASE16-1**　　　A は甲車を運転中，交差点を右折しようとしたところ，直進の B 運転の乙車と接触し，乙車は道路脇の C 所有の丙建物に衝突し，丙建物の外壁が損傷した（以下，本件事故という）。本件事故には AB ともに過失があり，過失の程度は同程度である。C は建物の修理に 200 万円がかかったため，これを AB に対して賠償請求しようと考えている。賠償交渉に C 宅を来訪した A は，C と交渉して，C は A が持参した現金 140 万円を受け取り，C は A に対してそれ以上の請求はしないことを口頭で合意した。
>
> 【Q】　A は，B に対して支払った賠償金 140 万円の半額 70 万円を求償することができるか。

【A】　△（不真正連帯債務論が改正後も維持されるべきかは議論がある）

【解説】　2017 年改正後の不真正連帯債務論の認否について問う問題である。AB を共同不法行為者と評価するか，709 条の競合にすぎないと考えるかは議論があるが，改正前の解釈として，AB が不真正連帯債務を負うというのが判例の確立した理解であった。ところが，学説には，不真正連帯債務は不真正という言葉をつけようと相互保証の関係がなく連帯債務とはまったく異なる債権関係であるという理解がある一方，連帯債務と不真正連帯債務との区別に懐疑的な学説があった。2017 年改正は，後者の立場で判例を無視して改正がなされている。そこで，不真正連帯債務という議論が改正により抹殺されたのかを考えてもらおうというのが本問である。

　　両債務の差は，連帯債務の絶対的効力事由が不真正連帯債務のそれよりも多く，また，求償の要件が連帯債務は自己の負担部分を超えた弁済をすることが，前者では不要，後者では必要という点にあった。改正法での起草過程の議論の流れと

しては，絶対的効力事由を少なくし，また求償要件も負担部分を増えた弁済を要件とするというように，不真正連帯債務の扱いに統一する形で2つの区別を否定し，必要ならば特約の認定で対処しようとしていた。ところが，議論の途中で，区別否定の方針はそのまま，求償については負担部分を超えた弁済を不要としたのである（442条1項）。問題はこの変更をどう評価するかである[*1]。

　①一つには，不真正連帯債務概念を否定し，従前不真正連帯債務として扱われていたものは民法の連帯債務の規定によることになったとして，本問においても442条1項を適用し140万円の求償を認める考えがある。この理解では○が正解になる。なお，旧437条の免除の絶対効はなくなったので，Aの残額の免除はBに何ら効力は及ぼさない。②他方，不真正連帯債務概念は改正法の下でも否定されないという理解もある。この理解では，AはBに対して従前の判例通り（最判昭63・7・1民集42巻6号451頁），負担割合を超えた40万円しか求償はできず，×が正解になる。いずれも解釈として可能であり，これから判例により解釈が明らかにされる問題であるため，△を正解とせざるを得ない。

[*1] 『民法Ⅳ』 16-2 以下，15-3

(b) 連帯債務の対外関係──債権者と連帯債務者の関係

CASE16-2　　A会社から，B会社とC会社は共同して5000万円を借り入れ，連帯して返済することを約束した。その後，Bにつき破産手続が開始し，Aが5000万円の債権を届け出た。その手続中に，Cが，Aに2000万円の支払をなし，Bの破産管財人に1000万円の求償権を届け出た。

【Q】　AはBの破産手続において，Cによる2000万円の弁済後も5000万円の届け出債権を基準として配当を受けることができるか。

【A】　○（破産法104条2項の適用通りである）

【解説】　連帯債務者の1人について破産手続が開始し債権者が債権を届けた後に，他の連帯債務者により一部の弁済があった場合に，配当基準とされる債権額を，弁済を受けた分差し引かなければならないのかという問題である。

　2017年改正前民法441条は，債権者は連帯債務者の1人について破産手続が開始をした場合に，全額で配当加入ができることを規定していた。この規定は削除されたが，これは破産法104条1項に同様の規定があるためである。問題は，その後，配当前に他の連帯債務者から一部の弁済を受けた場合の扱いであり，配当率が低くなることを考えると，当初の債権額での配当を受けられれば債権者に

有利である。そのため，破産法104条2項はその場合にも「その債権の<u>全額が消滅した場合を除き</u>，その債権者は，破産手続開始の時において有する債権の全額についてその権利を行使することができる」と，当初の債権額での配当を受けられるものとしている[*1]。したがって，◯が正解になる。

［関連して考えてみよう］　なお，破産手続開始前にCが2000万円を支払っていた場合には，Aは残額3000万円での配当加入しかできない。立法論としては批判もあるところである。

　　*1 『民法Ⅳ』16-4

(c)　債務者の1人に生じた事由の他の債務者への効力

CASE16-3　　A会社から，B会社とC会社は共同して5000万円を借り入れ，連帯して返済することを約束した（負担部分平等）。その後，BはAに2000万円を支払い，残額につきAから債務免除を受けた。

【Q】　①AはCに対して3000万円の支払を求めることができるか。②Cが残額3000万円をAに支払った場合に，CはBに500万円を求償することができるか。

【A】　①◯（免除の絶対効は認められない），②◯（免除されても求償義務は免れない）

［解説］　連帯債務者の1人についての免除をめぐる効果を考えてもらう問題である。2017年改正前民法437条は免除に，免除を受けた連帯債務者の負担部分につき絶対効を認めることを規定していたが，改正により削除された。Bは3000万円の一部免除を受けており，一部免除の場合の効果については議論があったが，Cへの効力は議論する必要はなくなった。Cの債務には何の影響もなく，①は◯が正解である。

　その後に，Cが3000万円を支払っているが，<u>Bは既に債務を免除により免れているので，連帯債務者間の求償権の要件である「共同の免責」（442条1項）は満たさない</u>ことになる。BはCの弁済により免責を受けたわけではない。そうすると，AがBを免除したがために，Cが本来Bに求償できた500万円が求償できないという不利益を受ける。それはCにとり酷である。CがBに求償できた分500万円を債権者Aに求償できるとすると丸く収まるが，それは債権者Aの意図に反する——むしろ不訴求の意思表示であると解決すればよいが，判例はそのような解決は採用しない——。そのため，民法は苦肉の策として，445条を設けて，

Cは免除を受けたBに500万円を求償できるものとした[*1]。より正確にいうと，BからCに1000万円の求償権，CからBに1500万円の求償権が成立し，相殺によりCからBへの500万円の求償権が残ることになる。したがって，②も○が正解である。AのBへの免除は，Bには請求せず残額はCから回収するという程度の約束にすぎないことになる。

[*1] 『民法Ⅳ』注16-10

CASE16-4 Aに対して，会社の先輩であるBとCは，日頃から悪戯をしており，Aが新車（甲車）を購入し会社に乗ってきて，会社の駐車場に甲車を停めておいたところ，BCが共同で甲車の上に乗って跳ねまわったりコインで塗装を傷つけたりした。Aはこれにより甲車の修理代に100万円がかかった。さすがにAはこれには堪忍袋の緒が切れて，100万円の修理代の詳細を見せてBCに賠償を迫った。BCは今回はやりすぎたと反省し，2人ともAに謝罪し，もう二度と悪戯をしないと約束した。その後，BがAに80万円を賠償して，Aから今回の件は2人から謝罪も受けたし二度と悪戯をしないと誓約をしてもらい気が済んだので，残り20万円は支払わなくてよいとBに伝えた。

【Q】 ①CはAに対して残りの損害20万円の賠償をしなければならないか。また，②Bは40万円をCに求償することができるか。

【A】 ①×（絶対的免除と考えられる），②○（絶対的免除がされた場合，不真正連帯債務論によっても求償は免除を受けた金額を差し引いて計算がなされる）

【解説】 いわゆる絶対的免除についての問題である[*1]。連帯債務者の1人についての免除が，他の免除を受けていない連帯債務者にどのような効力が生じるかというのが，連帯債務者の「1人について生じた事由」の他の連帯債務者への効力の問題である。ところが，本問では，AはBC両者に対して80万円に免除をして，80万円の賠償金だけでよいと考えており，それをBに伝えている。いわば第三者のためにもする契約であり，AB間の免除の合意にはCの免除の意思表示も含まれており，第三者に利益だけを与えるものであり，有効と考えてよい（537条類推適用）。

したがって，①については，Cももはや賠償義務を負っておらず，×が正解で

ある。また，不真正連帯債務論を否定すれば当然 442 条 1 項で 40 万円の求償権が認められるが，不真正連帯債務論を認める立場でも，母数が 100 万円から 80 万円に修正されるべきであり，B は 100 万円を母数として 50 万円を超えて支払った 30 万円を求償できるのではなく，40 万円の求償が可能になる。したがって，②は○が正解である。以上は判例の認めるところである（最判平 10・9・10 民集 52 巻 6 号 1494 頁）。

*1 『民法Ⅳ』16-6

(d) 連帯債務者間の求償関係
❶ 求償無資力者がいる場合

CASE16-5　　A から，BCD は共同して 600 万円を借り入れ，連帯して返済することを約束した。その後，返済期日に D が 600 万円を支払った。B は無資力状態にあり，債権回収はまったく期待できないが，C は資力が十分にある。BCD の負担部分について以下の 2 つの事例を考えて，問に答えよ。

①BCD が 3 分の 1 ずつの負担部分の場合。

②B が事業資金のために借り入れたものであり，CD は B に依頼されて，連帯保証ではなく連帯債務を負担したにすぎない場合。

【Q】　①では，D は B に求償できない 200 万円につき，C に 100 万円の求償ができるか。また，②では，D は B に求償できない 600 万円につき，C に 300 万円の求償ができるか。

【A】　①○（444 条 1 項），②○（444 条 2 項）

[解説]　連帯債務者の中に求償無資力者がいる場合についての条文を確認するだけの問題である*1。まず，①の事例は，CD のいずれが支払ったか――支払わされたか――により，B からの求償不能のリスクを負担することになるのは公平ではない。そのため，民法は，B に求償しえない額を CD が負担割合に応じて負担することにした（444 条 1 項）。よって，○が正解である。②については，2017 年改正までは規定がなく，解釈にまかされていたが，改正法は通説に従い，CD いずれも負担部分がない場合にも，公平の観点から頭割りで求償不能のリスクを負担すべきものと規定した（444 条 2 項）。よって，②も○が正解である。

*1 『民法Ⅳ』16-11 以下

❷ 求償権の制限

㈠ 事前の通知

> **CASE16-6**　Aから，BCは共同して600万円を借り入れ，連帯して返済することを約束した（負担部分平等）。返済期日にCが，Bに事前に通知することなく600万円を支払った。ところが，Bは，Aに対して200万円の債権を有しており，相殺をして差額を支払うつもりであった。
> 【Q】　CがBに対して300万円の求償を請求したのに対して，BはAに対する200万円の債権で相殺をして，残額の100万円だけを支払うと主張している。Bの主張は正当なものか。

【A】　○（443条1項前段）

[解説]　連帯債務者の1人が債権者に対する対抗事由を有していた場合の，他の連帯債務者が事前に通知せず弁済してなした求償について考えてもらう問題である[1]。

民法の規定を適用するだけの問題であり，解釈で特に問題になる点はない。443条1項前段により，他の連帯債務者Bに通知せず弁済をした連帯債務者Cは，Bに対して求償権を取得するが，BはAに対して相殺をして支払を拒めたという——Aからの債権回収不能のリスクを免れた——利益をはく奪されるべきではなく，Aに対する債権でCの求償権を受働債権として相殺を行うことができる。よって，Bの主張は正当であり，○が正解になる。Cは200万円の損失を被り，AはBに対する200万円の債務を免れるので，CはAに対して200万円の債権を取得する（443条1項後段）。

　[1]『民法Ⅳ』*16-14*

㈡ 事後の通知

> **CASE16-7**　Aから，BCDは共同して60万円を借り入れ，連帯して返済することを約束した（負担部分平等）。返済期日にBが60万円を支払ったが，このことをCDに通知しなかった。その翌日，Cは，Aから請求されたので，BDにメールを送り，自分が弁済をしようと考えているので，もし支払をしているならば連絡をするように求めたが，Dからは弁済はしていない旨の返事がメールで届いたが，Bからは1日経っても返事がなく，CはBも

弁済をしていないものと考え，Aに60万円を支払った。

【Q】　この場合に，Dに20万円の求償ができるのは，BCのいずれか。

【A】　B（判例は相対的効力説によるので，Dとの関係ではBの弁済が有効である）

[解説]　連帯債務者の1人が弁済後に，他の連帯債務者にその通知をせず，弁済の事実を知らずに他の連帯債務者が事前の通知をして弁済をした場合の法律関係を考えてもらう問題である[*1]。

　443条2項により，Cは自分の弁済を有効であるとみなすことができる。したがって，BはCに20万円の求償ができず，逆にCがBに20万円の求償ができることは疑いない。問題はDとの関係である。①あくまでも，BはCに自己の弁済を対抗できないという相対的な法律関係になるにすぎないのか（**相対的効力説**［大判昭7・9・30民集11巻2008頁］），それとも，②すべての者との関係でCは自己の弁済を有効なものとみなすことができ，BがDに求償できるのか（**絶対的効力説**），争いがある（保証の［CASE13-16］と同じ問題）。判例に従う限り，①の相対的効力説により，Dに求償できるのはBになる。

[関連して考えてみよう]　Dに20万円求償できるのがBだとすると，BC間ではCの弁済が有効でありDに求償できるのはCのはずであるため，CはBに対してDの分の20万円の求償もできて——合計40万円——しかるべきことになる。債権者Aとの関係では，Bの弁済が有効でCの弁済は無効なはずであるが，以上の結果，Cに損失はなく，Bが60万円の損失を受け，またその間に社会通念上の因果関係があるため，BにはAに対して60万円の不当利得返還請求権が認められるべきである。

　　　[*1] 『民法Ⅳ』*16-27〜16-28*

[2]　連帯債権

CASE16-8　　ABは共有している甲ヨット（持分2分の1ずつ）をCに100万円で売却し，代金についてはABいずれも100万円の支払を請求できるという連帯特約を結んだ。ABは甲ヨットをCに引き渡したが，Cは，その経営する会社が倒産してしまい，代金が支払えないでいる。AはCと昔からの知り合いであり，会社が倒産した話を聞いて債務を免除してあげた。

【Q】 この場合に，Bは依然としてCに対して100万円の代金の支払を請求することができるか。

【A】 ×（本来の自分の持分の代金分の50万円しか請求できない）

[解説] 2017年改正法により導入された連帯債権の規定を確認する問題である。

　2017年改正前から，規定はないが，学理上連帯債権が解釈により認められていた。しかし，規定がないためその規律には疑義があった。そのため，2017年改正法は，連帯債権の規定を設け問題を解決した*1。

　本問は，連帯債権における債権者の1人による免除の効力についての問題である。連帯債務については免除の絶対効は否定され，残された連帯債務者は全額を支払わなければならず，また，全額を支払えば，免除を受けた連帯債務者にも求償ができる（445条）。これを連帯債権にも裏返して応用し，免除は相対効にすぎず，Bは依然としてCに対して100万円を請求でき，Bは100万円を受け取ったならば50万円をAに分配するというのは，Aの免除の意思に反する。連帯債務の場合には，免除ではなく，むしろ不訴求の意思表示にすぎないのに対して，連帯債権ではAはもはや50万円の取得は考えていないのである。

　そのため，改正法は，「連帯債権者の一人と債務者との間に更改又は免除があったときは，その連帯債権者がその権利を失わなければ分与されるべき利益に係る部分については，他の連帯債権者は，履行を請求することができない」と規定した（433条）。改正前の旧437条の負担部分型絶対的効力事由とパラレルな，持分（取得分）対応型の絶対的効力事由にしたのである。よって，BはCに対して50万円しか請求できないので，×が正解である。

　*1 『民法Ⅳ』16-19

■第 17 章■
意思表示による債権の移転
——債権譲渡——

[1]　債権の譲渡性

⒜　譲渡性の原則とその例外

❶　将来債権の譲渡

> **CASE17-1**　Aは，その所有の甲建物を，Bに，期限を定めずに，賃料月50万円，前月の月末払いの約束で賃貸し，これを引き渡した。その後，Aは，Cから5000万円の融資を受けるに際して，AのCに対する借入金債務の返済期日から5年分の甲建物の賃料債権を担保のために譲渡し，特例法に基づき債権譲渡登記を行った。その後，Aは，弁済期日にCに借入金5000万円の支払いができなかった。そのため，CはBに対して，債権譲渡登記の登記事項証明書を交付して譲渡通知をし，次回以後の賃料を自分に支払うよう求めて，振込先の銀行口座を知らせた。
>
> 【Q】　CのBに対する賃料支払請求は認められるか。

【A】　○（将来債権の譲渡は有効であり，また，特例法の登記＋登記情報証明書による通知により債務者に対抗できるようになる）

[解説]　将来の債権を包括的に譲渡することができるのか，また，その債務者への対抗要件を問う問題である。債権は譲渡できることが466条1項で宣言されている。さらに，2017年改正により466条の6が追加され，「債権の譲渡は，その意思表示の時に債権が現に発生していることを要しない」（第1項）と，将来債権の譲渡が可能なことが規定された。すでに判例により確立されていた結論を確認したものにすぎず，実質的な改正はない。判例は，将来債権の包括的な譲渡のためには，債権の特定性のみを要件としており*¹，本問では甲建物のAのBに対する賃料債権につき，CのAに対する債権の弁済期日から5年分とされており，特定性を満たしている——特定性を満たしているので債権譲渡登記が受け付けられている——。したがって，譲渡は有効である。

次に債務者Bへの対抗については，特例法が適用され，その4条で「登記事項証明書を交付して通知をし」たときは，債務者に対しても債権譲渡の対抗要件を満たすことが規定されている。債務者への対抗のためには譲渡登記だけでは足りず，必ず債務者への通知または承諾が必要なのである。本問ではこの要件も満たしているため，Cは通知以後の賃料債権の取得につきBに対抗できることになる。以上より，○が正解となる。

[関連して考えてみよう] 賃料については，使用によりその使用分の賃料債権が発生するのであり，先払いの特約は有効であるが，債権は支払期日になって初めて成立し，実際にその期間使用できて債権が確定することになる——使用できないと暫定的に成立していた賃料債権は当然に減少していき，不当利得返還請求権が成立していく——*2。そのため，将来の賃料債権を譲渡した場合，各賃料支払期日に，譲渡人に賃料債権が成立し，当然に賃借人に移転をするのか，それとも，初めから譲受人の所で賃料債権が成立するのかは議論がある。2017年改正法は，「債権が譲渡された場合において，その意思表示の時に債権が現に発生していないときは，譲受人は，発生した債権を当然に取得する」と規定するだけで（466条の6第2項），「取得」の詳細を明記せずいずれとも解釈可能な規定としており，要するに解釈に任せている。

*1 『民法Ⅳ』17-2-1 *2 『民法Ⅴ』11-40

❷ **賃料債権の譲渡と賃貸借契約の解除**

> **CASE17-2** Aは，その所有の甲建物を，Bに，期限を定めずに，賃料月50万円，前月の月末払いの約束で賃貸し，これを引き渡した。その後，Aは，Cから5000万円の融資を受けるに際して，AのCに対する上記借入金債務の返済期日から5年分の甲建物の賃料債権を担保のために譲渡し，特例法に基づき債権譲渡登記を行った。その後，Aは，弁済期日にCに借入金5000万円の支払いができなかった。そのため，CはBに対して，債権譲渡登記の登記事項証明書を交付して譲渡通知をし，次回以後の賃料を自分に支払うよう求めて，振込先の銀行口座を知らせた。そのため，Bは，それ以降の賃料をCに支払っていたが，その1年後に，BはAと甲建物の賃貸借契約を合意解除して，その後の賃料をCに支払っていない。
>
> 【Q】 Cは，譲り受けた5年分の賃料に達するまで，Bに対して賃料の支払を求めることができるか。

【A】　×（将来債権の譲渡は有効であるが，賃貸借契約が終了すればそれ以降の賃料債権は取得しえない）

[解説]　将来の債権を包括的に譲渡した後に，賃貸借契約が解除された場合に，債権譲渡の効力がどうなるのかを考えてもらう問題である。

　契約上の債権譲渡の場合，債務不履行解除がされた場合に545条1項但書は適用されず，468条1項（旧2項）が適用され，債務者は債権譲受人に対して債権の消滅を対抗しうる[*1]。ところが，本問は合意解除である。合意解除は転借人に対抗できない（613条3項）。では，468条1項の適用は排除され，本問でもABが合意解除をしてもCに対抗できないのであろうか。判例はないが，将来債権譲渡は，債権が成立することが当然の前提であり，結論としても，Bは利用をしていないのに将来の賃料が債権譲渡され，合意解除しても賃料支払義務を免れないというのはどうみても常識に反する。やはり468条1項の原則通りの適用が認められるべきである。よって，×が正解である。

[*1] 『民法Ⅳ』17-13

(b)　債権譲渡禁止特約
❶　債権的効力，債務者の履行拒絶権の創設

CASE17-3　　A会社は，その所有の甲機械を，B会社に100万円で売却し引き渡した。代金の支払については1カ月以内に支払うこと，本件代金債権（以下，α債権という）については譲渡を禁止することが合意された。ところが，Aが債権者Cに迫られ，Bに対するα債権を代物弁済として譲渡し，債権譲渡登記を行った。Cは譲渡証明書を交付して，Bに譲渡を通知した。
【Q】　①CはBに対してα債権の履行を求めることができるか。②Cが譲渡禁止特約を知っていたら，BはCの請求を拒絶できるか。③もし拒絶できるとしたら，CはBに対してAへの支払を請求できるか。

【A】　①○（466条2項），②○（466条3項），③○（466条4項）

[解説]　債権の譲渡禁止特約の効力，債務者保護との調整についての2017年改正法の規定を確認してもらう問題である[*1]。改正法は，債権の譲渡特約の物権的効力を否定し，債権の譲渡性を特約で排除できず，譲渡禁止特約があっても債権は有効に移転するものとした（466条2項）。したがって，まず①は○が正解である。

次に，債務者の債権者固定の利益への配慮を改正民法も忘れてはおらず，取引安全と調整のため，譲受人が悪意または重過失の場合には——重大でなければ過失があってもよい——，債務者は譲受人に対して債務の履行を拒めるものとした（466条3項）。よって，②は○が正解である。

　ところが，そうすると，譲受人が悪意でも譲渡の効力は否定されないので，Aはもはや債権者ではなく，Cも請求できないとなると誰も請求ができないというデッドロック状態になる。これを打開するため，民法はCが請求を拒絶されたときには，CはBに対して相当の期間を定めて譲渡人Aへの支払を請求できるものとした（466条4項）。よって，③も○が正解である。

［関連して考えてみよう］　466条4項の前提として，譲渡人Aは債権者ではないが，CがBに対してAへの支払を請求した場合は，Aに譲渡した債権についての受領権が認められると考えてよい。Cの請求から相当の期間を過ぎると，債務者Bの466条項の拒絶権は失わることになる。BのAに対する弁済が有効になるための要件であるが，467条1項の債務者対抗要件を満たしていても，CによるAへの支払の請求がなくてもBはAに支払うことができると考えられ，Cの悪意または重過失だけで足り，Cの請求は要件ではない。

　　＊1 『民法Ⅳ』17-13

❷　債務者の供託権

CASE17-4　　A会社は，その所有の甲機械を，B会社に100万円で売却し引き渡した。代金の支払については1カ月以内に支払うこと，本件代金債権（以下，α債権という）については譲渡を禁止することが合意された。ところが，Aが債権者Cに迫られ，Bに対するα債権を代物弁済として譲渡し，債権譲渡登記を行った。Cは譲渡証明書を交付して，Bに譲渡を通知した。

【Q】　Cから支払の請求を受けたBは，これを拒絶して100万円を供託所に供託した。これに対して，Cは，自分は譲渡禁止特約を知らなかったと主張して供託の効力を争っている。供託は有効か。

【A】　○（466条の2第1項）

［解説］　債権譲渡禁止特約に違反して債権譲渡がされた場合における債務者による供託の可否についての問題である。債務者の債権者固定の利益保護のために，民法は，悪意の譲受人に対する拒絶権だけでなく，債務者に供託権を認めている

（466条の2）。弁済供託の要件を満たしていない特別の供託制度が新たに導入されたことになる[*1]。拒絶権とは異なり，この供託権は譲受人が悪意か否かを問わずに認められる。よって，Bの供託は有効であり，○が正解になる。

  [*1]『民法Ⅳ』*17-7*

❶ **悪意・重過失譲受人の債権者の立場**

> **CASE17-5** A会社は，その所有の甲機械を，B会社に100万円で売却し引き渡した。代金の支払については1カ月以内に支払うこと，本件代金債権（以下，α債権という）については譲渡を禁止することが合意された。ところが，Aが債権者であるC会社に迫られ，Bに対するα債権を代物弁済として譲渡し，債権譲渡登記を行った。Cは譲渡証明書を交付して，Bに譲渡を通知した。Cは譲渡禁止特約を知ってα債権を譲り受けたものであった。Cの債権者Dは，α債権を差し押さえて，Bに対して100万円の支払を求めた。
>
> **【Q】** Dから支払の請求を受けたBは，これを拒絶してAへの支払をなすことまたは100万円を供託所に供託することができるか。

【A】 ○（466条の4第2項）

［解説］ 債権譲渡禁止特約に違反して譲渡がされた場合における，悪意の譲受人に対する善意の債権者の立場について考えてもらう問題である。

 94条2項，177条などの「第三者」については，差押え債権者も第三者として保護されている。94条2項でいえば，仮装譲受人からの譲受人が悪意でも，譲受人の債権者が善意無過失で差し押さえたのであれば「第三者」として保護されることになる。

 本問には，466条の4第2項が適用される。債権譲受人が悪意または重過失であり債務者の拒絶権の対抗を受ける場合，譲受人の債権者が債権を差し押さえても——善意無過失でもよい——債務者はその請求を拒絶でき，また，Aへの支払——Cへの支払はダメ——を対抗することができる[*1]。不動産とは異なり，債権なので債務者に主張できる事由は，差押えや代位行使をする債権者に対抗しうるという構図があてはまるからである。よって，○が正解である。

  [*1]『民法Ⅳ』*17-5*

[2] 債権譲渡に対する債務者の保護

(a) 債務者への対抗要件

❶ 譲渡通知が必要

> **CASE17-6**　A会社は，その所有の甲機械を，B会社に100万円で売却
> し引き渡した。Aは，本件代金債権（以下，α債権という）をC会社に譲渡
> したが，AからBへの譲渡通知はされていない。Cが，AC間の債権譲渡契
> 約書をBに見せて，代金の支払を請求した。Bは，Aに，α債権をCに譲渡
> したか確認したところ，Aから譲渡した旨の回答を受けた。しかし，BはC
> の請求を拒絶してAに100万円を支払った。
>
> 【Q】　BのAへの支払は有効か。

【A】　×（467条1項）

【解説】　債権譲渡の債務者への対抗を考えてもらう問題である。2016年改正前
のフランス民法は，譲受人が裁判所の執達吏による債権譲渡通知をすることを第
三者（債務者も含む）対抗要件としていた。日本民法はこれを参考にしつつ，第
三者対抗要件について緩和するだけでなく，債務者への対抗要件をさらに大きく
緩和した。しかし，譲渡人による譲渡通知を要求することにより，譲渡がないの
に譲受人により虚偽の譲渡通知がされることを防止しようとした。すなわち，譲
渡人による譲渡通知——債務者の承諾でもよい——を，債権譲渡の債務者への対
抗要件としつつ，その方式を一切問わないことにしたのである[1]。

　通知がなければ，債務者が譲渡を知っていても対抗を受けないことになる。本
問では，Aに確認してAから譲渡をした旨の回答を受けている。譲渡があったこ
との認識を伝えればよいので——厳密には譲渡通知ではないかもしれないが拡大
適用といってよい——，Aの譲渡通知があったと認めることができる。よって，
債権譲渡の債務者への対抗要件は満たされていることになる。そのため，BはA
に支払うことはできず，Aへの支払は無効であり，×が正解である。

　[1]『民法Ⅳ』17-9

❷ 債権譲渡以外への拡大適用

CASE17-7　　A会社は，その所有の甲機械を，B会社に100万円で売却し引き渡した。Aは，本件代金債権（以下，α債権という）をC会社に売却し，AからBへの譲渡通知がなされた。ところが，Cが債権の売買契約の代金を支払わなかったため，Aは債権譲渡契約を解除した。そこで，Aが，債権譲渡が解除され，α債権がAに戻ったことを説明して，Bに対して代金の支払を求めた。しかし，BはCへ支払をしてしまった。

【Q】　AはBに対してα債権の支払を求めることができるか。

【A】　×（467条1項が契約解除にも適用される）

[解説]　債権譲渡についての467条の債権譲渡以外への適用（類推適用）を検討してもらう問題である。

　467条は，債権質の設定に準用され（364条），また，弁済者代位における任意代位についても準用されている（500条）。それ以外に，債権譲渡の合意解除，法定解除，詐害行為取消し，詐欺取消しなどへの，467条の拡大ないし類推適用が認められるべきなのかは議論されている。債権譲渡契約の「解除」については，大判明45・1・25民録18輯25頁は，債権譲渡が対抗要件具備後に，「譲渡契約カ解除セラルルモ其事実ヲ債務者ニ通知スルニ非サレハ之ヲ以テ債務者其他ノ第三者ニ対抗スルコトヲ得サルモノタルコト多言ヲ俟タス」として，その通知は「一旦債権者ノ地位ニ在リシ譲受人ニ於テ之ヲ為ササル可カラサル」ものとし，467条の適用を肯定している[*1]。これを本問に適用すれば，Cによる債権譲渡契約の解除がされたことの通知がなければ，Aは債権の復帰を債務者Bに対抗することができないことになる。したがって，BのCへの支払は，478条を適用するまでもなく——478条では善意無過失でなければならない——467条1項の適用（類推適用）により有効となる。よって，AはBに支払を求めることはできず，×が正解である。

　[*1] 『民法Ⅳ』**注17-12**

(b)　**債務者は譲渡により不利益を受けない**——抗弁を対抗できるのが原則

❶　契約取消し

CASE17-8　　A会社は，その所有の甲機械を，B会社に100万円で売却し引き渡した。Aは，本件代金債権（以下，α債権という）をC会社に譲渡し，

AからBへの譲渡通知がなされた。ところが，実は甲機械の売買契約はAの強迫によるものであったことから，その後，Bにより，Aに対して契約取消しの意思表示がされた。

【Q】 BはCによるα債権に基づく代金の支払請求を拒めるか。

【A】 ○（468条1項により取消しを譲受人に対抗しうる）

【解説】 債権譲渡における債務者の保護を考えてもらう問題である。もし，Cに代金債権が譲渡される前に，既にBにより売買契約の契約取消しがされていた場合には，既に債権が存在しないので，無権利の法理によりCは債権を取得しうるはずはない。これに対して，本問では，譲渡時には未だ売買契約の取消しはされておらず，一旦有効に債権はCに移転している。しかし，468条1項は，対抗要件具備時までに「譲渡人に対して生じた事由」を譲受人に対して対抗できるものとしており，これは債権を<u>成立させた契約についての取消権の成立</u>も含まれる。BはAの代金支払い請求に対して，契約を取り消してこれを拒むことができたのに，債権譲渡によりこれを奪われるという不利益を受けるべきではないからである[1]。

　したがって，Cは，Bの代金支払請求に対して，Aに対して売買契約を取り消して，これを拒むことができる。○が正解である。取消しの効力は遡及するため（121条），Cへの債権譲渡時に遡って債権は発生していなかったことになり，Cは債権を取得していなかったとBは主張できることになる。強迫には，第三者保護規定はない（96条3項参照）。

　　[1] 『民法Ⅳ』17-10

❷ 契約解除

CASE17-9　A会社は，その所有の甲機械を，B会社に100万円で売却した。Aは，本件代金債権（以下，α債権という）をC会社に譲渡し，AからBへの譲渡通知がなされた。ところが，その後，引渡期日に，Aが甲機械の引渡しをしなかったため，Bが売買契約を解除した。

【Q】 BはCによるα債権に基づく代金の支払請求を拒めるか。

【A】 ○（468条1項により545条1項但書の適用は排除される）

【解説】 本問も468条1項の対抗事由について考えてもらう問題であるが，第三

者保護規定（545条1項但書）がある点が前問とは異なる。

468条1項の「対抗要件具備時までに譲渡人に対して生じた事由」には，[CASE17-8]では既に取消しがされたことだけでなく，取消権が成立していていつでも取消しができたことも含まれることを確認した。本問では，対抗要件具備時には未だ解除権は成立しておらず，解除権の成立はその後の事由にすぎない。

しかし，双務契約では，売主に債務不履行があれば，買主は売買契約を解除して代金を支払わなくてよいと考えて契約をしているのであり，既に契約時にこのような期待が買主には成立している。債権譲渡により，Bに機械の引渡しがされなくても解除して代金の支払を免れることができなくなるという不利益を認めるべきではない。そのため，判例は請負の事例であるが，「債権譲渡時すでに契約解除を生ずるに至るべき原因が存在していた」として，この原因を468条1項（当時は2項）の対抗事由と認めたのである[*1]。

また，545条1項但書との関係が問題になるが，468条1項が特別規定となり，債務者保護が取引安全保護に優先せられることになる。説明は545条1項但書の「第三者」には，契約上の債権の譲受人は含まれないというものであるが，468条1項が特則になるので含まれないのである[*2]。以上より，BはCの代金支払請求を，解除を理由に拒絶でき，○が正解である。

[*1] 『民法Ⅳ』 17-13　　[*2] 『民法Ⅳ』 17-15

❸　通謀虚偽表示

CASE17-10　　A会社は，B会社と通謀して，その所有の甲機械をBに100万円で売却したことを装う仮装売買を行い，契約書を作成した。Aは，本件仮装売買上の代金債権（以下，α債権という）を，売買契約が有効に存在するものとしてC会社に譲渡し，債権譲渡登記をし，その後，Cより債権譲渡証明書を示してBへの譲渡通知がなされた。CはAB間の売買契約が有効な契約だと考えていた。

【Q】　BはCによるα債権に基づく代金の支払請求を拒めるか。

【A】　×（468条1項が94条2項により適用が排除される）

[解説]　本問も468条1項の対抗事由について考えてもらう問題であり，しかも，第三者保護規定がある事例についである。

本問では，対抗要件具備時に，既に売買契約は虚偽表示で無効である（94条1項）。468条1項の「譲渡人に対して生じた事由」が既に成立している。ただ

虚偽表示では「第三者」保護規定があり（94条2項），545条1項但書同様にこの「第三者」に，契約上の債権の譲受人は含まれないとすれば，468条1項によりBはCに対して代金の支払を拒めることになる。

　判例は，当初は解除とパラレルにこのような解決を認めたが，その後，変更がされ，94条2項の「第三者」には虚偽表示による契約上の代金債権の譲受人も含むものとされた。94条2項と468条1項とは抵触するが，ここでは重大な帰責事由のあるBよりも善意のCの取引の安全保護，すなわち94条2項の適用を優先させたのである*1。よって，BはCの代金支払請求を拒むことはできず，×が正解になる。

*1 『民法Ⅳ』17-16

❹　債権譲渡と相殺

CASE17-11　　A会社は，その所有の甲機械を，B会社に100万円で売却した。この売買契約の前に，BはAに依頼されて，Aの乙会社に対する200万円の債務について連帯保証契約を締結していた。本件売買契約後に，Aは，本件代金債権（以下，α債権という）を，C会社に譲渡し，AからBへの譲渡通知がなされた。その後に，Bは，Aが乙に支払をしなかったため，乙に保証人として200万円を支払った。

【Q】　BはCによるα債権に基づく代金の支払請求に対して，Aに対する求償権による相殺を主張して拒むことができるか。

【A】　○（469条2項1号により相殺を対抗できる）

[解説]　本問も468条1項の対抗事由について考えてもらう問題である。本問では譲渡人に対する相殺が問題になっている。債権譲渡の対抗要件が具備された時点では，BのAに対する求償権は成立しておらず，債権債務の対立さえなかった。

　しかし，Bは保証債務を履行しても，求償権と代金債務とを相殺しできると期待していたのであり，代金債権の譲渡によりこの将来の求償権との相殺という期待を害することは適切ではない。そのため，2017年改正法は468条1項とは別に規定を設け──改正前は旧468条2項の解釈によっていた──，469条2項1号により，対抗要件具備時に反対債権が成立していなくても，その「原因」がそれ以前に成立していれば相殺をもって対抗できるものとした。まさに本問の事例はその予想した事例であり，BはCの代金債権に対して，Aに対する求償権によ

り相殺をして，Ｃの代金支払請求を拒むことができる。よって，○が正解である。

*1 『民法Ⅳ』 *17-18*

❺　異議をとどめない承諾

CASE17-12　　A会社は，その所有の甲機械を，B会社に 100 万円で売却し，Bは代金をただちに支払った。本件売買契約後に，Aは，本件代金債権を，C会社に譲渡し，AからBへの譲渡通知がなされた。その後に，Bは，甲機械の１週間後に購入した乙機械の 100 万円の代金債権だと間違えて，Cに譲渡を認め，代金を振り込むので振込先を教えてくれるよう求めた。その後，BはCの指定した銀行口座に 100 万円を振り込んだ。

【Q】　Bはその後，譲渡されたのは甲機械の代金債権であることを知り，既に支払済みなので支払の無効を主張して，Cに対して 100 万円の返還を求めた。BのCに対する返還請求は認められるか。

【A】　○（468 条 1 項により弁済をもって対抗できる）

[解説]　本問は，2017 年改正により異議をとどめない承諾制度が廃止されたことを確認してもらう問題である。

　改正前には異議をとどめない承諾という制度があり（旧 468 条 1 項），抗弁を有していても債務者が債権譲渡に対して異議をとどめずに承諾をすると，主張しえた抗弁が主張しえなくなった——譲受人の善意が必要——。そのため，改正前であれば，本問は，BはCに既に弁済していて債権は消滅していたということを主張しえないことになっていた。

　しかし，異議をとどめない制度の合理的根拠は認められないため，改正に際して削除された。そのためBはCに対して支払を拒絶できることになった。Cは初めから債権を取得しておらず，Bの故意または過失により存在しない債権を譲り受けるという損害を被ったものでもなく，Bに過失はあるがCに対して不法行為責任が成立することもない。善意であり 705 条の適用もない。よって，BのCへの支払は無効であり返還請求が認められ，○が正解となる。

[3]　債権譲渡の第三者への対抗

⒜　467条2項による対抗要件主義の採用

❶　2つの第三者対抗要件

CASE17-13　　A会社は，その所有の甲機械を，B会社に100万円で売却した。本件売買契約後に，Aは，本件代金債権（以下，α債権という）を，C会社に譲渡し，AからBに，メールによりCへの譲渡通知がなされた。その後に，Aは債権者D会社に求められ，既にCに譲渡しているのを秘して，α債権をさらにDに譲渡した。

【Q】　Dへの債権譲渡につき，以下の事実があるとして，それぞれの事例で，DがCに対してα債権の取得を対抗しうるのはどの事例か。

　①AがメールでBに対してDへの譲渡通知を行った。

　②Aが内容証明郵便でBに対してDへの譲渡通知を行った。

　③Dが債権譲渡登記を行った。

【A】　②③（467条2項の確定日付ある証書による通知か特例法による債権譲渡登記が必要）

【解説】　本問は，債権譲渡の第三者に対する対抗要件を確認してもらうだけの問題である。民法は，債務者に対する対抗要件と第三者に対する対抗要件とを区別し，後者については確定日付ある証書によることを要求している（467条2項）[*1]。日付により二重譲渡の優劣を形式的客観的に判断できるようにしたのである。ただ，この点はその趣旨からは「到達」の日時が確定される必要があるが，判例は証書作成の日付でよいと考えており[*2]，したがって③の内容証明郵便も配達証明のオプションをつけたかどうかを問わず，467条2項の要件を満たすことになる。さらに，特例法により，債権譲渡登記が可能になっており，これは物的編成ではなく同一債権につきいくつも譲渡登記が可能になるが，登記の日時により優劣が決められることになる[*3]。

　本問では，Cへの譲渡はメールでの譲渡通知であり第三者対抗要件を満たしておらず，②③では先に第三者対抗要件を具備したDが優先する。①はDも第三者対抗要件を具備していないため，CD間の対抗関係はいずれも対抗できないことになる。したがって，Dが優先するのは②③だけである。

[*1]『民法Ⅳ』17-20　　[*2]『民法Ⅳ』17-25以下　　[*3]『民法Ⅳ』17-21

❷ 譲渡通知の同時到達

> **CASE17-14** 　A会社は，その所有の甲機械を，Ｂ会社に100万円で売却した。本件売買契約後に，Ａは，本件代金債権（以下，α債権という）を，Ｃ会社に譲渡し，同日，Ａは債権者Ｄ会社に求められ，既にＣに譲渡しているのを秘して，α債権をさらにＤに譲渡した。いずれの譲渡についても，Ａにより内容証明郵便を用いて譲渡通知がなされ，いずれも翌日，同時にＢに配達された。
>
> 【Q】　この場合には，CDはいずれも相互に対抗できないので，50万円ずつの債権しか取得しえないと考えるべきか。

【A】　×（判例はいずれも債務者Ｂに対しては全額の債権取得を対抗できるという）

[解説]　本問は，確定日付ある譲渡通知が同時到達した場合についての法律関係を考えてもらう問題である。CDの優劣は467条2項の譲渡通知の到達の先後によって決められるが——「確定日付のある通知が債務者に到達した日時……の先後によって決すべき」である（最判昭49・3・7民集28巻2号174頁）——，本問では同時に到達しており優劣が決められない。しかし，いずれも債務者Ｂに対する対抗要件を満たしており，また，その後に債権譲渡がされれば，第三譲受人にはCDのいずれも対抗できる。

　判例は，この場合，「各譲受人は，第三債務者に対しそれぞれの譲受債権についてその全額の弁済を請求することができ，譲受人の一人から弁済の請求を受けた第三債務者は，他の譲受人に対する弁済その他の債務消滅事由がない限り，単に同順位の譲受人が他に存在することを理由として弁済の責めを免れることはできない」とする（最判昭55・1・11民集34巻1号42頁）。どちらも債権者になる場合に，427条を適用して分割債権になることはなく，連帯債権類似の関係になるので全員が全額の支払請求をすることができる[*1]。よって，×が正解である。

[関連して考えてみよう]　CDのいずれかがＢから支払を受ければ，Ｂは全部の債務を免れる。たとえば，Ｃが支払を受ければＤの取得した債権も消滅する。債務者の保護のためにはそう解さざるを得ない。この場合に，分配請求権を認めるか，また，認めるとしても割合をどうするかは——単純に2分の1にするか出捐の割合によるか——議論がある。判例はなく不明である。

　[*1] 『民法Ⅳ』17-32以下

CASE17-15 [CASE17-14] の事例で，Ｂが，債権者が誰かわからない
として支払をしないため，ＣもＤも，Ｂに支払を求める訴訟を提起し，確定
判決を取得したとする。いずれの訴訟でも全額の支払を命じられたため，Ｂ
が100万円を供託した。

【Q】 この場合には，ＣＤいずれも対抗できないので，50万円ずつの供託
金還付請求権しか取得しえないと考えるべきか。

【A】 ○（判例は差押えと債権譲渡が優劣を決定しえない事例で，供託金還
付請求権を分割取得するという）

【解説】 本問は，確定日付ある譲渡通知が同時到達した場合についての法律関係
についての応用問題である。[CASE17-14] にみたように，判例は連帯債権のよ
うな権利関係を認めるので，供託金還付請求権も同様に連帯債権同様の関係にな
るかのようであるが，差押えと譲渡が競合し優劣を決定しえない事例で，「衡平
の原則に照らし」，「按分した額の供託金還付請求権をそれぞれ分割取得する」と
いう（最判平5・3・30民集47巻4号3334頁）[*1]。二重譲渡事例にもあてはま
る議論であり，そうするとＣＤの差押えが競合すると分割債権になる。よって，
本問は○が正解になる。
　　*1 『民法Ⅳ』17-37

❸ 遺 産 分 割

CASE17-16 ＡのＢに対する100万円の貸金債権（以下，α債権という）
を，Ａの死亡によりＣＤが共同相続をした。遺産分割協議の結果，α債権は
Ｃが取得することになったが，そのような合意がされたことはＢに通知され
ていない。

　①遺産分割の合意がされたことを知らず，Ｄが50万円を請求してきたの
に対して，Ｂがこれに応じて50万円を支払った。

　②遺産分割の合意がされたことを知るＤの債権者Ｅが，α債権の50万円
につき，Ｄが相続により取得したものとしてこれを差し押さえてきた。

【Q】 ①のＢの支払，②Ｅの差押えは有効か。

【A】 ①②とも○（899条の2第1項）

【解説】 本問は，2018年相続法改正を確認する問題である。2018年相続法改正は，「相続による権利の承継は，遺産の分割によるものかどうかにかかわらず，次条及び第901条の規定により算定した相続分を超える部分については，登記，登録その他の対抗要件を備えなければ，第三者に対抗することができない」と規定した（899条の2第1項）。物権だけでなく債権にも適用があり，相続分を超える債権を取得した相続人が，分割または遺言の内容を明らかにして債務者にその承継の通知をした場合には，「共同相続人の全員が債務者に通知をしたものとみなして」，899条の2第1項を適用することになっている（899条の2第2項）。したがって，遺産分割の通知はCが単独で行うことができ，第三者に対抗するためには確定日付のある証書によることが必要になる。「第三者」は177条などの判例を見る限り差押債権者も含まれる。

　以上より，478条によることなく，遺産分割の通知があるまではBは悪意であろうと，2分の1をDに支払うことができ，BのDへの50万円の支払は有効になる。また，差押債権者Eに遺産分割を対抗できないので，Eの善意悪意を問わず，Eの差押えは有効になる。よって，①②いずれも○が正解である。

■第 18 章■

意思表示によらない債権の移転

[1] 損害賠償者の代位

> **CASE18-1** A会社は，B会社から甲工作機械を借りて使用していたが，管理が十分ではなかったため，Aの従業員Cが，これを盗み出して，販売してしまった。そのため，Aは，甲工作機械の価格200万円を，Bに賠償した。Aが，Bの損害賠償請求権を取得したとして，Cに対して200万円の損害賠償請求をしたが，Cは，Bから何も連絡がないので賠償があったかどうかわからないと主張して，Aの賠償請求を拒んでいる。
>
> **【Q】** AのCに対する賠償請求は認められるか。

【A】 ○（賠償者代位が認められ，債務者への対抗要件は不要である）

[解説] 本問は，損害賠償者代位の問題である。「債権者が，損害賠償として，その債権の目的である物又は権利の価額の全部の支払を受けたときは，債務者は，その物又は権利について当然に債権者に代位する」（422条）。「当然に」代位するので（旧500条も参照）——ここでの代位とは代位取得——対抗要件不要である*1。本問では，甲工作機械が賠償者代位の時点——Aが全額賠償をした時点——で，未だCが保有していたならば，所有権の代位取得であり178条の適用が排除され，Aは所有権を代位取得するので，その後にCが売却しても損害賠償請求権は初めからAが取得する。賠償者代位の時点で既に第三者に売却されており，Bが損害賠償請求権を取得していた場合には，損害賠償請求権の代位取得となり467条の適用が排除される。いずれにせよ，AがCに対して損害賠償を請求でき，○が正解である。

[関連して考えてみよう] もしAが甲工作機械を運送中に，その過失と第三者Dの過失による交通事故で甲工作機械が滅失し，所有者BがAとDとに対して損害賠償請求権を取得した場合にはどう考えるべきであろうか。AがBの取得した200万円の損害賠償請求権全額を代位取得するとすれば，AD間は両者に過失が

あり全額求償できないこととのバランスを失する。求償しうる限度で賠償者代位ができるにすぎないと考えるべきである。

*1 『民法Ⅳ』18-2

[2]　弁済者代位

⒜　弁済者代位の意義と法的構成

CASE18-2　　Aは，BのCに対する2000万円の貸金債権（以下，α債権という）のため——5％の利息の約束あり——，債務者Cに依頼され，Bと連帯保証契約を締結した。Bはα債権の担保として，Cからその所有の甲地に抵当権の設定を受け，その旨の登記をしている。AC間の保証委託契約において，Aが支払った場合には，Cに対する求償権につき完済まで10％の利息を支払うことが約束されている。α債権の返済期日にCは返済ができず，Aが連帯保証人として2000万円を支払った。甲土地には後順位抵当権者Dが被担保債権2000万円の抵当権の設定を受け，その登記をしている。

Aの返済後１年を経過した時点で，Dの申立てにより甲地の競売がなされ，甲地が3000万円で競売された。裁判所は，Aに第１順位の抵当権者として，元本2000万円及び１年分の利息200万円の合計2200万円，残額800万円をDに配当するという内容の配当表を作成した。

【Q】　Dはこの配当表は間違っているとして配当表の変更を求めた。これは認められるか。

【A】　○（抵当権の被担保債権は原債権たるα債権である）

【解説】　本問は弁済者代位の法的構成を問う問題である。Aは，保証人として弁済をしており，499条により「債権者に代位する」。ここでの代位は代位取得の意味であり，501条１項により「債権の効力及び担保として」債権者が有していた「一切の権利」を行使できることになっている。行使できるという規定の仕方になっているが，これらの権利を代位取得することになる。したがって，本問ではBの有していた抵当権を取得してこれにより求償権の回収を図ることができるが，では，求償権が抵当権の被担保債権になるのであろうか。もしそうならば，利率10％であり2200万円の配当はまちがいではない。

しかし，代位は求償権の範囲に限定されている（501条２項）。それは，後順

位抵当権者Dの立場を考えてのことである。Dは第1順位のBの抵当権は利率5％（2年分）として残担保価値を計算していたのに，求償権に被担保債権を挿げ替えられたのではたまらないのである。「誰も害さないから本来弁済により消滅する権利を与える」というのが弁済者代位の鉄則なのである[1]。

したがって，本問で抵当権の被担保債権は，求償権ではなく代位取得したα債権（原債権という）のままであり，利息を含めて2100万円が配当額になる――Dに900万円配当――。Aの配当を受けない残りの100万円の利息分は無担保債権として回収不能となる。よって，Dは配当表を修正させることができ，○が正解になる。

[1] 『民法Ⅳ』18-3以下

(b) 弁済者代位の要件

CASE18-3 Aは，BのCに対する2000万円の貸金債権（以下，α債権という）のため，Cに依頼され，その所有の甲地に抵当権の設定をし，その旨の登記をした。Cもその所有の乙地に抵当権を設定し，その登記をしている。Cはα債権の返済ができず，Bが甲地の抵当権を実行して2000万円を回収した。

【Q】 Aは，Cに対する求償権のために，乙地の抵当権を代位取得することができるか。

【A】 ○（499条は「弁済」となっているが，抵当権の実行や強制執行を受けた場合などに拡大適用される）

[解説] 本問は弁済者代位の要件を問う問題である。499条は「弁済をした者は」となっていて，任意に弁済をした者のための優遇措置かのようになっている。しかし，保証人が強制執行を受けたり，物上保証人が抵当権の実行を受けた場合であっても，求償権が発生しその保護が必要になることは変わりなく，また，第三者を害しない限りで認めるという弁済者代位の鉄則が適用になる限り特に不利益を受ける者はいない――担保がなくなるといった棚ぼた的利益を受けないという利益は考慮しない――ので，任意弁済に拘泥する必要はない[1]。「弁済」概念の操作によるのではなく，499条の拡大適用をすればよい。判例も物上代位につき抵当権実行があった場合について弁済者代位を認めている（大判昭4・1・30新聞2945号12頁）。よって，○が正解である。

*¹ 『民法Ⅳ』18-12

(c) 弁済者代位の効果 1 ──代位の対象たる権利

❶ 契約解除権，代金減額請求権

CASE18-4　　A会社は，その所有の甲機械をB会社に100万円で売却した。代金の支払を3カ月後とし，Bに依頼されたCが代金債務について連帯保証をした。Bは支払期日に支払ができず，Cが100万円を保証人として支払った。その1週間後に，甲機械に不具合があることが判明した。

【Q】　CはAに対して，①売買契約を解除して支払った代金100万円の返還を求めることができるか，②代金の減額請求権を行使して，差額分の返還を求めることができるか。

【A】　①②とも×（契約解除権は代位の対象にならず，実質的に一部解除権である代金減額請求権も同様）

【解説】　本問は，501条1項の「債権の効力……として」債権者が有していた権利に，契約解除権や代金減額請求権が該当するかどうかを検討してもらう問題である*¹。

契約解除権は，債権の効力として認められる権利ではなく，契約当事者に認められる権利である。また，解除は求償権の回収に寄与するものではなく，解除をすると弁済が無効になり債権者Aに対して代金の返還請求権を取得するだけであり，制度の趣旨にそぐわない。したがって，①の解除権は×が正解である。代金減額請求権も同様である。債権の効力ではなく，契約当事者にのみ認められる権利であり，さらに，求償権回収のために寄与するのではなく，求償権が減額され，払い過ぎの分を債権者に返還請求することになるだけである。よって，②も×が正解である。もちろんBが解除や代金減額請求をしたならば，Cは①②の請求ができる。

*¹ 『民法Ⅳ』18-14

❷ 原債権の約定利息

CASE18-5　　Aは，BのCに対する2000万円の貸金債権（以下，α債権という）のため──10％の利息の約束あり──，Cに依頼され，Bと連帯

保証契約を締結した。Bはα債権の担保として，Cからその所有の甲地に抵当権の設定を受け，その旨の登記をしている。AC 間の保証委託契約において，求償権につき利息の特約はない。

　Cはα債権の返済期日に返済ができず，Aが連帯保証人として 2000 万円を支払った。その当時の法定利率は 5％である。甲土地には後順位抵当権者Dが被担保債権 2000 万円の抵当権の設定を受け，その旨の登記をしている。Aの返済後 1 年を経過した時点で，Dの申立てにより甲地の競売がなされ，甲地が 3000 万円で競売された。裁判所は，Aに第 1 順位の抵当権者として，元本 2000 万円及び 1 年分の利息 200 万円の合計 2200 万円，残額 800 万円をDに配当するという内容の配当表を作成した。

【Q】　Dはこの配当表は間違っているとして配当表の変更を求めた。これは認められるか。

【A】　○（抵当権の被担保債権は原債権たるα債権であるが，求償権の限度においてのみその行使が認められるにすぎない）

[解説]　本問は［CASE18-2］とは原債権の利率と求償権の利率を逆転させたものであり，弁済者代位は求償権確保の制度であることを確認してもらう問題である。

　［CASE18-2］に述べたように，代位取得した抵当権の被担保債権は求償権ではなく原債権たるα債権である。そうすると，α債権は利率 10％，1 年分の利息 200 万円なので，Aは 200 万円の配当を受けられるかのようである。それは後順位抵当権者Dに不測の不利益を与えるものではない。

　しかし，弁済者代位制度は，本来弁済によって消滅する権利を「求償権の回収のため」に取得・行使を認める制度であり，求償権以上の保護——無担保の債権に担保を与えるという保護はまさに制度趣旨そのものでありそれ以外——を与える必要はない。民法も「求償をすることができる範囲内」という制限があることを確認している（501 条 2 項）[*1]。そうすると，Aの求償権はただちに請求して 1 年分の利息が発生しているとしても法定率による 100 万円，合計 2100 万円の求償権しか有していないのである。したがって，Aが抵当権により配当を受けられるのは 2100 万円であり，Dは配当表の変更を求めることができ，○が正解になる。

[*1] 『民法Ⅳ』*18-16* 以下

(d) 代位権者と債権者の法律関係

❶ 一 部 代 位

(ア) 全部の債務が保証されている場合

CASE18-6 Aは，BのCに対する2000万円の貸金債権（以下，α債権という）のため，Cに依頼され，保証意思宣明証書を作成した上で，Bと連帯保証契約を締結した。Bはα債権の担保として，債務者Cからその所有の甲地に抵当権の設定を受け，その旨の登記をしている。その後，α債権の返済期日にCは返済ができず，Aも連帯保証人として全額の支払をできず，1000万円を支払い，残額をBに免除してもらった。

【Q】 ①Aは弁済者代位を根拠として，Bが実行をしようとしていないのに，甲地の抵当権を実行することができるか。②Bが抵当権を実行して，配当金が1400万円となった場合，AはABへの700万円ずつの配当を主張しているが，この主張は認められるか。

【A】 ①②とも×（一部代位では，債権者が抵当権の実行の決定ができ，その配当も債権者が優先する）

【解説】 本問はいわゆる一部代位の問題である。2017年改正前は議論があったが，判例は**債権者優先主義**を採用し，改正法は債権者優先主義を確認する規定を置いた。したがって，現行法では，条文を確認しあてはめるだけになった[*1]。

まず抵当権の実行であるが，一部代位権者は「債権者の同意を得て……債権者とともにその権利を行使することができる」にすぎず（502条1項），単独で抵当権の実行を決定できない——抵当権の準共有ではないので，債権者は単独で行使可能（502条2項）——。よって，①は×が正解である。次に，配当については，債権者が優先する（502条3項）。したがって，まず債権者Bに1000万円が配当され，残りの400万円が代位権者Aに配当されるにすぎない。よって，②のAの主張は誤りであり，×が正解となる。

[関連して考えてみよう] もしAの保証が1000万円のみの一部保証であったらどう考えるべきであろうか。次の［CASE18-7］の判例から推論すると，保証人は自分の債務をすべて履行している。2000万円の全額の保証債務であれば，未だ1000万円の保証債務が残っている——保証債務を負っているのに債権者と平等というのは不合理——のとは異なる。仮に一部保証では502条は適用にならないとすれば，本問でも残額を免除したため同様になると考える余地もある。しかし，

残った保証債務を免除しただけで，代位について平等にする意思はないものと思われ，当初からの一部保証とは同視するのは困難なように思われる。

*1 『民法Ⅳ』18-18 以下

(イ)　複数の被担保債権がありその一部のみが保証されている場合

> **CASE18-7**　Aは，BのCに対する2000万円を貸金債権（以下，α債権という）のため，Cに依頼され，保証意思宣明証書を作成した上で，Bと連帯保証契約を締結した。Cはこの債務のため自己所有の不動産に抵当権を設定していなかったが，Bからさらに2000万円の追加融資を受けるに際して（以下，この債権をβ債権という），α債権とβ債権とを担保するために，その所有の甲地に抵当権を設定し，その登記をなした。その後，Cはα債権とβ債権のいずれに対しても返済ができず，Aがα債権につき保証人として2000万円全額を支払った。
>
> 【Q】　①Aは弁済者代位を根拠として，Bが実行をしようとしていないのに，甲地の抵当権を実行することができるか。②Bが抵当権を実行して，配当金が1400万円となった場合，AはABの700万円ずつの配当を主張しているが，この主張は認められるか。

【A】　①②とも○（判例は被担保債権の一部の保証人が保証債務を全部履行した場合には平等主義を適用しており，この結論は改正法により変更されていない）

【解説】　本問はいわゆる一部代位の特殊事例の問題である。一部代位については，[CASE18-6] の判例は債権者優先主義を採用し，2017年改正法はこれを明文化した。ところが，改正前の判例である最判平17・1・27民集59巻1号200頁は，本問のような事例において，「当該抵当権は債権者と保証人の準共有となり，……債権者が有する残債権額と保証人が代位によって取得した債権額に応じて案分して弁済を受ける」ものとする。抵当権の準共有なので，実行は処分ということになり全員での行使が必要になり，債権者も単独では行使できなくなる（この点は判例の立場は不明）。配当も平等である*1。この判例は，2017年改正後も先例価値が残されるものと思われ，そうすると，①②ともに○が正解になる。Aが2000万円のうち1000万円のみを弁済したにすぎない場合には，502条が適用になり，本問の事例でも，自己の保証債務の全部弁済が上記判例が適用されるため

の要件になる。

*¹ 『民法Ⅳ』 18-20

❷ 担保保存義務違反による法定代位権者の免責

CASE18-8　　Aは，BのCに対する2000万円の貸金債権（以下，α債権という）のため，Cに依頼され，保証意思宣明証書を作成した上で，Bと連帯保証契約を締結した。その後，Cはこの債務のため自己所有の甲地（3000万円相当の価格）に抵当権を設定し，その登記をなした。その後，Cはα債権の返済ができず，Aが保証人として2000万円全額を支払った。Aが甲地の抵当権について代位の付記登記をしようとしたところ，弁済期前にBがCと抵当権の合意解除をし，抵当権設定登記の抹消登記がされていることが判明した。

【Q】　AはBに対して支払った2000万円の返還を求めることができるか。

【A】　○（Aは504条により保証債務を免責されており，抵当権の合意解除について善意なので705条の適用もない）

[解説]　本問はいわゆる担保保存義務違反による法定代位権者の免責についての確認的問題である。Aは，保証をした当時には抵当権がなかったとしても，その後に抵当権が設定されることにより，その時から弁済者代位の期待を取得する。Bが，Aが代位取得後に自己の抵当権でなくなった抵当権を放棄できないのは当然，このAの代位の期待の成立した抵当権を放棄することは，Aの代位の期待を侵害する違法な行為である。民法は，損害賠償では損害の認定また算定が困難なため，その「担保の喪失又は減少によって償還を受けることができなくなる限度において」免責されるという形式的画一的な解決をした（504条1項）*¹。

　甲地は3000万円相当の価格の土地であり，Aは2000万円全額の償還が可能であったため，保証債務を全額免れることになる。そして，この免責の効果は意思表示を要することなく当然に生じるので（☞ [CASE18-9]），Aは保証債務がないにもかかわらず保証債務の履行として代位弁済をしたことになる。そうすると，善意なので705条は適用にならず，他に権利行使を妨げる特段の事情もないので，AはBに対して2000万円の不当利得返還請求ができることになる。よって，○が正解である。

*¹ 『民法Ⅳ』 18-22 以下

CASE18-9 Aは，BのCに対する3000万円の貸金債権（以下，α債権という）のため，Cに依頼され，自己所有の甲地（3000万円相当の価格）に抵当権を設定し，その旨の登記をなした。Cもまた，α債権の担保のためにその所有の乙地（4000万円相当）に抵当権を設定し，その登記をなした。ところが，BがCに対して乙地の抵当権の合意解除をし，抵当権設定登記の抹消登記がされた。それを知らず，Aは抵当権つきのまま甲地をDに売却し，抵当権つきのままで所有権移転登記がなされた。Dも抵当権の負担を覚悟して甲地を買い受けた。

【Q】 DはBに対して甲地の抵当権設定登記の抹消登記を求めることができるか。

【A】 ○（免責の効果は当然に発生し，Dが甲地を購入した時点では既に抵当権は消滅していた）

【解説】 本問は担保保存義務違反の効果（504条）について確認する問題である。Bが乙地の抵当権を合意解除したことにより，504条が適用になり，Aは3000万円全額について免責される。免責について，時効のように援用の意思表示が必要であるとすれば，Aの免責を援用する意思表示があって初めて甲地の抵当権が消滅することになる。もしそうだとすると，Dは抵当権つきの甲地を取得し，Dのところで担保保存義務違反があったわけではなく，Dには援用権は認められないことになりそうである。AD間では抵当権がある土地として売買がなされているので，それでも不都合はないかのようである。

　しかし，免責が生じていることを知っていれば，Aは抵当権のない土地としてはるかに有利な内容での売買契約が可能であったはずである。Dを免責する必要はないかもしれないが，Aの保護の必要性は否定されない。判例は504条により「担保の喪失又は減少によって償還を受けることができなくなった金額の限度において抵当不動産によって負担すべき右責任の全部又は一部は当然に消滅するものである。そして，その後更に右不動産が第三者に譲渡された場合においても，右責任消滅の効果は影響を受けるものではない」とした（最判平3・9・3民集45巻7号1121頁）。2017年改正法は，これを明文で規定した（504条1項後段）[*1]。よって，Dは抹消登記請求ができ，○が正解である。

　　[*1] 『民法Ⅳ』18-26

(e) **担保負担者（法定代位権者）間の代位——501条3項**

❶ **物上保証人間**

> **CASE18-10** Aは，BのCに対する3000万円の貸金債権（以下，α債権という）のため，Cに依頼され，自己所有の甲地（3000万円相当の価格）に抵当権を設定し，その登記をなした。Dもまた，Cに依頼され，α債権の担保のためにその所有の乙地（3000万円相当）に抵当権を設定し，その登記をなした。Cはその後事実上倒産し，Aは抵当権の実行を避けるためBに3000万円を支払い，甲地の抵当権設定登記の抹消登記を受けた。
>
> 【Q】 Aは，D所有の乙地の抵当権につき，甲地と乙地の価格に応じて2分の1の1500万円について代位し，代位の付記登記を得た上で，これを実行をすることができるか。

【A】 ○（物上保証人間では物件価格に応じて弁済者代位が認められる）

[解説] 本問は法定代位権者間の代位について条文を確認するだけの問題である。501条3項3号により，物上保証人間では物件価格によって代位の基準が決められ，本問では甲地と乙地は同一価値であるため，1対1で負担を分かつことになる[*1]。よって，AはDの乙地の抵当権について1500万円につき代位（代位取得）し，これを自己のCに対する求償権の回収のために実行することができる。
　　　[*1] 『民法Ⅳ』*18-29*

❷ **保証人・物上保証人間**

㋐ **物上保証人の共同相続**

> **CASE18-11** Aは，BのCに対する3000万円の貸金債権（以下，α債権という）のため，Cに依頼され，保証意思宣明証書を作成した上で連帯保証人になった。Dもまた，Cに依頼され，α債権の担保のためにその所有の甲地（3000万円相当）に抵当権を設定し，その登記をなした。Cはその後事実上倒産し，Aは保証人としてBに3000万円を支払った。
> ①Aの弁済の前に，Dが死亡しEFが相続分平等で共同相続をした場合
> ②Aの弁済後に，Dが死亡しEFが相続分平等で共同相続をした場合
> 【Q】 AはEF共有の甲地の抵当権につき代位を主張できるのは，2分の

Ⅰの金額 1500 万円についてであろうか。

【A】 ①×（共同相続により物上保証人が 1 人から 2 人になったものと計算し直すのが判例である），②△（この事案については判例はない）

【解説】 物上保証人が死亡し共同相続した場合における，弁済者代位の負担割合についての計算を問う問題である。

判例は，Dが死亡し EF が共有し各自持分を取得した場合に，物上保証人を 2 人と計算し直すべきであるとした（最判平 9・12・18 判夕 964 号 93 頁）。EF が現物分割をして，たとえば甲地を乙地E所有，丙地F所有と現物分割するまでもなく，共有段階で 2 人と計算するのである。「このように頭数が変化する事態は，保証人の増加，担保物件の滅失等によっても起こり得ることであり，弁済時における人数と解することにより法律関係の簡明を期するのが相当である」と説明している[1]。保証人に共同相続があった場合も保証人を複数人と計算し直すのであろうか。物上保証人が抵当不動産を分筆してその一部を第三者に売却した場合——物上保証人の地位を承継する（501 条 3 項 5 号後段）——，物上保証人がやはり複数と計算し直すのであろうか。疑問はあるが判例があるので，本問①では，判例によれば保証人Aの負担割合は 2 分の 1 から 3 分の 1 となり，甲地の抵当権に代位できるのは 3 分の 2 に増える。よって，判例による限り×が正解となる。

②の事例にも判例の射程が及ぶのであろうか。負担割合は代位（弁済や抵当権の実行等）の時点で決めるというのが判例であり，Aが弁済をした時点ではDだけが物上保証人であり 2 分の 1 の代位であった。そうすると，この場合には，EF はDの 1 人分の負担割合を承継するだけになりそうである。負担割合決定時を代位の時とする判例からはこのような結論により，Aは 2 分の 1 の代位のままで○が正解になりそうであるが，判例がないので△としておく。

[1] 『民法Ⅳ』18-32

(イ) 保証人と物上保証人を兼ねる者の負担割合

CASE18-12 　Aは，BのCに対する 3000 万円の貸金債権（以下，α債権という）のため，Cに依頼され，保証意思宣明証書を作成した上で連帯保証人になった。Dもまた，Cに依頼され，α債権の担保のために，保証意思宣明証書を作成した上で連帯保証人になるとともに，その所有の甲地（3000万円相当）に抵当権を設定し，その旨の登記をなした。Cはその後事実上倒

産し，Aは保証人としてBに3000万円を支払った。

【Q】　Aは甲地の抵当権につき，物上保証人としての負担部分として3分の1の金額1000万円について代位し，代位の付記登記を得た上で，これを実行することができるか。

【A】　×（保証人と物上保証人を兼ねる者の負担割合につき，1人として計算し，2つの資格の共通の負担とするのが判例である）

【解説】　保証人と物上保証人とを兼ねる者の弁済者代位における負担割合について考えてもらう問題である。最判昭61・11・27民集40巻7号1205頁は，本問同様の保証人兼物上保証人に対する代位が問題になった事例につき，2人ではなく，保証人と物上保証人を兼ねた1人として単純に頭割りで計算をし，保証債務と抵当権との二重の負担を認める*1。したがって，2人とすると，Aは抵当権について3分の1（1000万円）しか代位できなかったが，1人として抵当権と保証とで重たい負担を引き受けたことになり，2分の1（1500万円）代位できることになる。したがって，×が正解となる。

【関連して考えてみよう】　①保証人2人と物上保証人1人合計3人いたが，保証人の1人が物上保証人から抵当不動産の譲渡を受けたり相続により取得した場合はどう考えるべきであろうか。②保証人と物上保証の2人がおり，主債務者がその所有の不動産に抵当権を設定し，保証人がその抵当不動産を主債務者から取得した場合，負担割合はどのように計算すべきであろうか。③保証人1人と保証人兼物上保証人1人がいるが，後者が抵当不動産を第三者に譲渡し保証人だけになった場合はどう考えるべきであろうか。④さらに，担保保存義務違反も考える必要がある。保証人1人と保証人と物上保証人を兼ねる者がおり，債権者がこの二重資格者に対して，保証債務だけ免除または抵当権だけ放棄をした場合，他の保証人の免責はどう考えるべきであろうか*2。以上につき問題提起だけしておく。

　　*1『民法Ⅳ』18-37　　*2『民法Ⅳ』18-38

㋒　負担割合の特約による変更と第三者への対抗

CASE18-13　　Aは，BのCに対する3000万円の貸金債権（以下，α債権という）のため，Cに依頼され，保証意思宣明証書を作成した上で連帯保証人になった。Dもまた，α債権の担保のために連帯保証人になるとともに，その所有の甲地（3000万円相当）に抵当権を設定し，その登記をなした。Dは，Cの経営者であるため，Aに保証人になってくれるよう依頼するに際

して，Ｄが，Ｃの倒産の責任はすべてとり，もしＡが支払うことになった場合には，甲地の抵当権に全額代位できることを合意した。

その後，甲地には後順位抵当権（被担保債権 3000 万円）がＥのために設定され，その登記がなされている。結局，Ｃはその後事実上倒産し，Ａは保証人として 3000 万円を支払った。Ａは甲地のＢの抵当権設定登記に代位の付記登記をした上で，抵当権を実行した。

【Q】　裁判所は，ＡＤ間の特約に従い，Ａの代位を 100％（3000 万円として），配当される買受代金 4000 万円を，第 1 順位のＡに 3000 万円，第 2 順位のＥに 1000 万円とする配当表を作成した。これに対して，Ｅは特約の効力は自分には及ばない，Ａの代位は 2 分の 1（1500 万円）であると主張し，配当表の変更を求めた。ＡとＥのいずれの主張が正しいか。

【A】　Ａ（代位についての割合は合意で変更でき，また，その合意は後順位抵当権者に対抗できる）

【解説】　代位についての特約の第三者たる後順位抵当権者への対抗の可否を考えてもらう問題である。501 条 3 項 4 号の負担割合を変更する特約は，Ｅがその抵当権設定当時に知っていようといまいと対抗できると考えられている（最判昭 59・5・29 民集 38 巻 7 号 885 頁）。501 条 3 項 4 号は，392 条 2 項のように後順位抵当権者を保護する規定ではないからである。あくまでも ＡＤ 間で順に負担部分を取り決めることが許される私的利益にかかわる事項であり，民法の規定は当事者が合意をしなかった場合の，当事者の利益を調整する一番公平な解決を補充規定として置かれているにすぎない。要するに，補充規定＝任意規定であるので，当事者がこれと異なる合意が可能である。後順位抵当権者は，合意がされていなければ民法の規定により，2 分の 1 の代位にとどまるというのは，合意がないことによる反射的利益にすぎない[*1]。よって，ＡＤ 間の合意は有効であり，かつ，Ｅに対抗でき，Ａの主張が正しいことになる。

【関連して考えてみよう】　特約の対抗は債権者との関係でも問題になる。債権者Ｂが特約を知らずにＤの抵当権を放棄した場合，2 分の 1 の免責ではなく全面的な免責を対抗されるのであろうか。本問では，ＤがＢの経営者であり，特約をＢが知らないことはあり得ないが，そうではない場合でも，抵当権の放棄をする以上は，債権者は特約の有無を確認すべきである[*2]。

　[*1]『民法Ⅳ』18-46　　[*2]『民法Ⅳ』18-47

■第 19 章■

債務引受け

[1] 併存的債務引受け

CASE19-1 　A会社は，B会社から中古の甲工作機械を1000万円で購入し，代金を分割払いで支払うことを合意した。その際，Aの経営者Cは，本件代金債務について債務引受をして，Aと連帯して支払うことをBに約束した。Aが甲工作機械の引渡しを受けて使用してみたところ，隠れた部分の部品に重大な不具合が見つかり，このままでは予定した使用には堪えないことがわかった。そのため，Aは代金の分割払いを停止し，不具合がBにより修理されたならば支払を再開すると主張している。

【Q】 債務引受をしたCも，Aと同様の支払拒絶権が認められるか。

【A】 ○（併存的債務引受人は債務者が主張しうる抗弁を援用できる）

[解説] 併存的債務引受人の法的地位についての問題である。Cは連帯保証をすることもでき，保証人であれば主債務者の抗弁事由をすべて援用できる（457条2項）。本問では，Cは買主Aと「同一内容の債務を負担」するにすぎない（470条1項）。しかし，民法は，併存的債務引受人は債務者が主張することができた抗弁をもって債権者に対抗することができるものとした（470条4項）[*1]。保証の代用として用いられることを考えれば，妥当な結論である。したがって，この規定により，CもAの主張しうる同時履行の抗弁権（533条）を援用することができ，○が正解となる。

　　*1 『民法Ⅳ』19-1

[2]　免責的債務引受け

> **CASE19-2**　　A会社は，B会社から中古の甲工作機械を 1000 万円で購
> 入し，代金を分割払いで支払うことを合意した。その後，Aは土木工事事業
> の部分をC会社に譲渡し，CがAの土木工事関連の財産を承継した。その際
> に，本件代金については，Aは債務を免れ，事業譲渡を受けたCが代金債務
> を引き受けることをBと合意した。この後，Cが甲工作機械を使用していて，
> 隠れた部分の部品に重大な不具合が見つかり，このままでは予定した使用に
> は堪えないことがわかった。そのため，Cは代金の分割払いを停止し，不具
> 合がBにより修理されたならば支払を再開すると主張している。
> 【Q】　Cの主張は認められるか。

【A】　○（免責的的債務引受人は債務者が主張できた抗弁を援用できる）

[解説]　免責的債務引受人の法的地位についての問題である。2017 年改正前の
解釈では，債務引受を，債権譲渡の債務版のように理解して，債務が同一性を保
って移転するものと考える学説もあった。この立場では，Aの代金債務がそのま
まCに移転するので，代金債務についての抗弁をすべてCが援用できるのは当然
であった。ところが，改正法は，債務引受については併存的債務引受を基本型と
し，免責的債務引受は併存的債務引受に債務者の免責の合意が追加されたものに
すぎないという構成を採用した（472 条 1 項）。引受人が「同一内容の債務を負
担し」，債務者は債務を免れる――債務が移転するのではなく――という構成に
したのである。そのため，債務者が債務を免れるという点以外は，併存的債務引
受の議論がそのまま適用されることになる。免責的債務引受人は，債務者が主張
できた抗弁を債権者に対抗することができることになる（472 条の 2 第 1 項）[*1]。
よって，法的構成はともかく，結論としてはCは修補がされるまで，その引き受
けた代金債務と「同じ内容の債務」について，同時履行の抗弁権を主張できるこ
とになり，○が正解になる。

[関連して考えてみよう]　債務者の債務とは別の，しかし同一内容の債務を免責
的債務引受人は負担するため，債務者に対する債権についての担保がどうなるの
かは問題になる。この点，民法は，債務者が設定した担保は，免責的債務引受人
に移すことができると規定した（472 条の 4 第 1 項）。逆に言うと，債務の移転
ではなく当然に引受人の債務の担保にはならないということである。ただ注意す

べきは,「債務者が……設定」した担保だけが規定されているにすぎず,先取特権——本間では動産売買先取特権——といった法定担保物権は解釈に任されたということである。別の債務だということを貫けば「移す」合意は可能だとしても,当然には移転しないことになりそうである。しかし,それも解釈に任せたので,法定担保物権は当然に移転するという解釈も考えられ,そのように学説は考えていた。なお,Cが支払わなければ代金債務の不履行になるとして,Bは契約解除ができるのであろうか。

*1 『民法Ⅳ』19-4

■第 20 章■

契約当事者たる地位の譲渡（ないし引受け）

> **CASE20-1** 　A会社は，Bとクリーニング取次店経営のフランチャイズ契約を締結し，Bは自宅兼店舗（甲不動産という）において，Aのサポートの下でクリーニングの取次店を経営している。Bは甲不動産を知人のCに売却し，店に固定客も沢山いるため，そのままクリーニングの取次店を承継させようと考えた。
>
> 【Q】 Bは，本件不動産をCに売却するとともに，Aの承諾を要することなく，フランチャイズ契約のフランチャイジーたる地位をCに移転させることができるか。

【A】 ×（契約上の地位の譲渡には相手方の承諾が必要である）

[解説] 　契約上の地位の移転についての問題である。双務契約においては，契約上の地位の譲渡は債務者の変更を伴うため，免責的債務引受同様に（472条2項，3項参照），相手方の承諾が必須である（539条の2)[*1]。したがって，Aの承諾なしにBがフランチャイジーの地位をCに譲渡できず，×が正解である。

[関連して考えてみよう] 　相手方の承諾があった場合には，契約上の地位が移転し，移転後の債務は契約上の地位の譲受人の下でその債務として発生するが，譲渡時に既に発生していた債務については，別個に免責的債務引受が必要になる。この部分については併存的債務引受けにとどめるということも可能である。

　　*1 『民法Ⅳ』*19-3*

第 2 編

契 約 総 論

■第 21 章■
契約の意義及び契約関係の規律

[1] 契約の意義

CASE21-1 A（母親）・B（父親）の間の子C（男・4歳）は，近所の幼稚園の同じクラスのD（男・4歳）の家に遊びに行っていた。Aが夕食の買い物に行くのでCを迎えに来たところ，Cがいやがったため，Dの母親Eは自分が見ているので買物に行ってきたらどうかと勧めた。そこで，Aは，「ではよろしくお願いします」と言って，そのまま1人で買い物に行った。Aは買い物途中でママ友とばったり会い，話し込んでいて予定よりも買い物に時間がかかってしまった。CDは自転車に乗って遊んでおり，Eはその場で見守っていたが，Aがなかなか帰ってこないので，CDに家の前だけで遊んでいるように注意をして，家の中に入って夕食の準備を始めた。ところが，CDが子どもたちだけで近所の川にザリガニを取りに行き，Cが裸足になって川に入ってザリガニを捕まえようとしたところ，足を滑らし川の深みにはまってしまい，溺れてしまった。Dが急いで家に戻ってEに助けを求め，Eがすぐに駆け付けたが，既にCは意識を失いぐったりしていた。Cは救急車で病院に搬送されたが，溺死が確認された。

【Q】 ABは，Eに対して契約に基づく債務不履行を理由に損害賠償を請求できるか。

【A】 ×（合意はあっても契約とはいえない）

【解説】 ある合意が契約と認められるのかどうか考えてもらう問題である。本問と類似の事例において，「近隣のよしみと近隣者としての好意から出たもの」であり，監護の一切を委ねまた引き受ける契約を結ぶ効果意思に基づくものではないと，契約の成立が否定されている（津地判昭58・2・25判時1083号125頁）*1。したがって，契約は成立していないので，×が正しい。

[関連して考えてみよう]　ただし，事務管理の成立を認めれば，事務管理上の債務の不履行を問題にすることはできる。上記判決は，不法行為責任を問題として，責任を肯定している。ただし，同判決におけると同様に，好意に基づく点，また，本問ではAがママ友と話し込んでいて帰りが遅くなった点について，722条2項の類推適用（後者は被害者側の過失）が認められるべきである。

*1 『民法Ⅴ』*1-1-1* 以下

[2]　定 型 約 款

ⓐ　定型約款の契約内容化の要件

CASE21-2　　Aは，インターネットにおいてB会社のホームページを見ていて，中国からのアパレル関係の商品の輸入業の支援を行うサポートサービス契約があることを見て，1年間のサポート契約を申し込んだ。AはBのサポートを受けて，輸入代行業者を通じて商品を輸入し，これをネットで販売する営業を開始したが，なかなか思うように売れなかった。そのため，Aは会社員をやりながら副業として収入を期待していたが，これを断念し，Bに契約の解除を申し込んだ。Bからは，中途解約なので解約金の支払が必要であるとして10万円の支払を求められた。Aは，Bから郵送されてきた契約書にはそのようなことは書いていないので争ったが，Bは約款に記載があると主張している。

　①Bのホームページに，約款の存在について何も言及・記載がない場合。

　②Bのホームページに，契約の説明の箇所で約款も掲載されている場合。

　③Bのホームページに，契約の説明の箇所で本契約については約款により詳しくは規律されるとのみ記載されている場合。

　④Bのホームページに，契約の説明の箇所で本契約については約款により詳しくは規律されると記載され，クリックすれば約款が確認できるようになっている場合。

　【Q】　Bの約款の効力が認められるのはどの事例か。

【A】　②③④（定型約款を「相手方に表示していた」と認められるのはこの3つである）

[解説] 定型約款が契約内容になるための要件を問う問題である。民法は，定型約款が契約内容になるためには，ⓐこれを契約内容とする合意がされていること，または，ⓑ定型約款による契約を主張する事業者側が，それを「契約の内容とする旨を相手方に表示していた」ことを必要としている（548条の2第1項）*1。本問ではⓑが問題になる。②は該当し，①は該当しないのは明らかであり，④も容認できる。③については，548条の3からして，定型約款によるということを表示しておくないし合意しておけば，その内容まで知らせる必要はなく，相手方が内容開示を求めることができるだけにすぎないのである。内容まで開示していることが要件であれば，このような規定は不要であるからである。この結果，③も契約内容への編入の効果が認められるが，立法論としては批判が強いところである。

[関連して考えてみよう] 電車やバスの乗車，タクシーの乗車など，いちいち契約締結前に定型約款によるという表示をすることを要求することが適切ではない契約類型については，特別法が制定されていて，ホームページなどに一般に定型約款を告知しておけばよいことになっている。たとえば，鉄道営業法18条の2は，民法548条の2第1項の「表示していた」というのは，「表示し，又は公表していた」のでよいことになっている。

*1 『民法V』 1-15 以下

ⓑ 定型約款の一方的変更

CASE21-3 Aは，B会社と，その経営する甲有料老人ホームの入居契約を締結し，契約書には付属の約款があることが記載され，また，契約締結に際して口頭でその存在を説明された。その付属約款には，Bが提供するサービスとして，ダンス教室，ヨガ教室等がその料金とともに記載され，提供する教室は変更されることがあること，また，料金も物価変動等により変更される可能性があることが記載されていた。Aは入居後に，ヨガ教室に通っていたが，無理をして体を痛める入居者が多く，Bは危険だと判断してヨガ教室を廃止し，これに代えて俳句教室を開くことにした。Aはヨガ教室が気に入っていたのでこの変更に不満である。

【Q】 AはBに対して債務不履行を主張することができるか。

【A】 ×（定型約款を一方的に変更するための要件を満たしている）

【解説】 定型約款を事業者が一方的に変更できるのかという問題である。定型約款は契約内容になるため，契約を一方的に変更できないのと同様に，事業者が一方的に変更できないのであろうか。この点，民法は，①「定型約款の変更が，相手方の一般の利益に適合するとき」，及び，②「定型約款の変更が，契約をした目的に反せず，かつ，変更の必要性，変更後の内容の相当性，この条の規定により定型約款の変更をすることがある旨の定めの有無及びその内容その他の変更に係る事情に照らして合理的なものであるとき」は，「変更後の定型約款の条項について合意があったものとみな」すことができるものとした（548条の4第1項）[*1]。

本問は②に該当するものと考えられ，変更は有効となり，債務不履行は認められないことになる。よって，×が正解である。

 [*1] 『民法Ⅴ』1-17 以下

[3]　契約の成立 ── 契約の締結

⒜　申込みと承諾の合致による契約の成立

❶　申込みの効力

CASE21-4　　骨董品商を営むＡは，掘り出し物の甲掛け軸が手に入ったので，常連客のＢに対して，甲掛け軸が手に入ったこと，これは掘り出し物であることを説明した上で，これを100万円で販売するとメールで通知した。同メールには，承諾期間として1週間後の○月○日が記載され，また，Ａによりいつでも自由に申込みを撤回できることが記載されていた。

Ａは他の常連客にも同様の内容のメールを送っており，その中のＣが興味を示して，翌日Ａの店に来店し，現物を見て気に入り，甲掛け軸を購入した。そのため，Ａは先のメールの2日後に，Ｂも含めて先の申込メールを発信したすべての常連客に対して，甲掛け軸は既に売却されたので申込みを撤回するメールを送信した。

しかし，Ｂは甲掛け軸を買うかどうか検討していて，購入に傾いていたため，この撤回メールを見て納得していない。そのため，Ｂは同日，Ａに対して甲掛け軸を購入する旨のメールを送った。しかし，Ａは申込みを撤回したと主張して，甲掛け軸の引渡しはできないと主張している。

【Ｑ】　AB間に契約は成立しており，ＡはＢに対して債務不履行責任を負

うか。

【A】 × （承諾期間を定めても申込みの撤回権を留保すれば申込みの撤回は有効）

[解説] 申込みについて撤回権を有効に留保できるのかという問題である。民法は「承諾の期間を定めてした申込みは，撤回することができない」と規定している（523条1項）。そうすると，Aの申込みの撤回は無効なようである。既に他に売却され，履行が法律的に不能であるが，契約の成立は可能である（412条の2第2項）。ところが，2017年改正では，「ただし，申込者が撤回をする権利を留保したときは，この限りではない」という但書が付け加えられた[*1]。そのため，Aの撤回は有効であり，Bの承諾により契約は成立しておらず，Aに債務不履行は認められない。よって，×が正解である。

　[*1] 『民法V』3-4

CASE21-5　骨董品商を営むAは，掘り出し物の甲掛け軸が手に入ったので，常連客のBに対して，甲掛け軸が手に入ったこと，これは掘り出し物であることを説明した上で，これを100万円で販売するとメールで通知した。同メールには，承諾期間について何も記載されていなかった。

　Bはこのメールを見落としており，このメールから1年後に，過去のメールを見ていて，上記メールが来ていたことを発見した。Bは，甲掛け軸が，Bがコレクションしている乙の作品であることを知り，ただちにAに甲掛け軸を100万円で購入する旨のメールを送信した。

　このメールを受け取ったAは，甲掛け軸はまだ店にあるが，現在は150万円でカタログに掲載しており，Bに対して150万円ならば販売すると返信メールを送った。しかし，Bはこれに納得せず，100万円での甲掛け軸の売買契約の成立を主張し，Aの銀行口座に100万円を振り込んだ上，甲掛け軸の引渡しを求めた。

　【Q】 BはAに対して甲掛け軸の引渡しを求めることができるか。

【A】 × （承諾のための相当期間を過ぎた後，さらに相当期間が経過すれば申込みの撤回がなくても申込みは失効する）

【解説】　申込みについて承諾期間を定めなかった場合には，相当期間を経過すれば申込者は申込みを撤回できるが，撤回がされない限りいつまでも申込みは有効であり，相手方はこれに対して承諾ができるのかという問題である。

　判例はないが，いつまでも申込みの効力が存続すると解すべきではなく，取引通念からして相当期間内に限り承諾が可能——いわば取引通念による不確定の承諾期間あり——というべきである[*1]。本問では1年も経過しており，もはや申込みの効力は失効しているものと扱われるべきである。そのため，Bの承諾は無効であり，×が正解と考えられる。

　　[*1]『民法Ⅴ』3-8

CASE21-6　骨董品商を営むAは，来店中の常連客のBに，掘り出し物の甲掛け軸が手に入ったので，店の奥の金庫からこれを持ってきて販売の交渉を始めた。Bは興味を示し，Aが100万円での販売を提示したが，Bは「金額も大きいのですぐには答えられない。しかし，欲しいものなので少し考えさせてくれ」と述べた。そのため，Aが「では，なるべく早くお返事をください」と述べて，Bは店を出た。

　帰宅後，Bは検討して購入することを決意し，その晩，Aにメールで甲掛け軸を100万円で購入する旨を伝えた。Aは100万円という提案を後悔しており，120万円ならば売るとメールで返信した。しかし，Bは話が違うと100万円で売るよう主張している。

【Q】　BはAに対して，100万円を支払って甲掛け軸の引渡しを求めることができるか。

【A】　○（対話者間であるが対話終了後も申込みの効力が存続することの表示がされているので，申込みの効力は存続する）

【解説】　対話者間の申込みの効力を考えてもらう問題である。対話者間の申込みは，対話関係が続いている限りで認められ，対話が終了すれば申込みの効力は失われるのが原則である（525条2項本文）。ただし，申込者が対話終了後も承諾を受けつけることを表示したときは，申込みの効力は存続し，期間が定まっていなければ525条1項の規律を受ける[*1]。本問はなるべく早く返事をくれと求めており，この例外に該当し，Bの承諾は有効である。よって，○が正解になる。

　　[*1]『民法Ⅴ』3-9

❷　承諾について

CASE21-7　　骨董品商を営むＡは，常連客のＢに，掘り出し物の甲掛け軸が手に入ったので，甲掛け軸を100万円で販売する旨の申込みを書面で送った。Ｂは仕事で多忙であったため，すぐには返事をせず，２週間後に購入を決意し，念のために内容証明郵便にして承諾の通知を発した。ところが，それがＡに配達される前に，Ａから他の客から甲掛け軸の購入の話があり，まとまりそうなので，甲掛け軸の話はなかったことにしたい，というメールがＢに届いた。その１時間後に先の内容証明郵便がＡに配達された。

【Q】　ＢはＡに対して，100万円を支払って甲掛け軸の引渡しを求めることができるか。

【A】　×（相当期間が過ぎておりＡは撤回ができ，承諾は発信だけでは効力は生じないので，先にＡの申込撤回の通知がＢに届いているので，その後に届いたＢの承諾の効力は認められない）

【解説】　承諾の効力発生時期についての問題である。2017年改正前は，承諾について発信主義が採用され（旧526条１項），承諾の発信だけで契約が成立していたので，もはやＡは申込みを撤回できなかった。ところが，改正法はこの規定を削除したため，承諾についても97条１項の到達主義の原則通りになった[*1]。したがって，Ｂが承諾を発信しても，その到達により効力が生じる前にＡがなした申込みの撤回は有効である。よって，Ｂは契約が成立したことを主張できず，×が正解となる。

*1 『民法Ⅴ』3-12

CASE21-8　　骨董品商を営むＡは，常連客のＢに，掘り出し物の甲掛け軸が手に入ったので，甲掛け軸を100万円で販売する旨の申込みをメールで送り，これはただちにＢに到達した。ところが，その翌日，Ａは交通事故により不慮の死を遂げた。Ｂは，Ａ急逝の知らせを聞いたが，甲掛け軸をどうしても欲しいので，Ａが亡くなったのを知りつつ，Ａ宛ての返信メールにより甲掛け軸を100万円で購入する旨を送信した。Ａの死後，Ａの息子Ｃが脱サラをして骨董品商を引き継いだ。そのため，ＢはＣに対して，Ａに承諾メールを送ったので，代金の支払と引き換えに甲掛け軸を引き渡してくれるように求めた。

【Q】　BはCに対して，100万円を支払って甲掛け軸の引渡しを求めることができるか。

【A】　×（Aの死亡を知ったのちは，相手方Bは有効な承諾ができない）

[解説]　申込者が死亡した場合に，相手方が承諾をして契約を成立させることができるかという問題である。

　97条3項は，意思表示は到達前に表意者が死亡をしてもその効力発生は妨げられないことを規定している。ところが，申込みについては例外が規定されており，2017年改正前は相手方が申込者の死亡を知っていれば，申込みが到達しても効力が生じないことになっていた。この扱いを，改正法は「その相手方が承諾の通知を発するまでにその事実が生じたことを知ったときは，その申込みは，その効力を有しない」と変更した（526条）。この結果，到達後に――したがって一旦申込みは有効になる――相手方が申込者死亡の事実を知った場合にも，申込みの効力は失効することになる[*1]。ただし，申込後の申込者の死亡にも適用されるのかは不明である。この結果，Aの申込みは，BがAの死亡を知った時に無効になっており，その後に承諾をして契約を成立させることはできない。よって，×が正解である。

[*1] 『民法Ⅴ』3-13

(b)　懸 賞 広 告

CASE21-9　Aは，その飼い犬甲が家から逃げ出し探していたが，なかなか見つからないため，家の近くの電信柱などに，甲の写真とともに見つけてくれた方には報奨金10万円を差し上げる旨の広告を設置して回った。Bは，たまたま甲が歩いているのを発見し，首輪もついているので買主は心配しているだろうと思い，これを保護した。甲の首輪の連絡先の記載に気がついたBは，そこに記載してあった連絡先に電話をしてみたところ，Aが出て，ただちに引取りに来た。Aは，Bが広告を知らないことに気がつき，翌日Bの家に菓子折りを持ってお礼に行ったが，広告に掲示していた報奨金10万円は交付しなかった。

【Q】　BはAに対して報奨金10万円の支払を求めることができるか。

【A】　○（懸賞広告を知って広告された行為をしたことは必要ではない）

〔解説〕 懸賞広告の報奨金請求権取得のためには，懸賞広告を知って該当行為をすることが必要なのかという問題である。2017年改正前はこの点につき議論があったが，改正法は「その広告を知っていたかどうかにかかわらず」ということを追加し（529条），広告を知って該当行為をしたことは不要であることを明記した*1。よって，○が正解である。

   *1『民法Ⅴ』3-16

■第 22 章■
契約の効力
——相対効の原則——

[1] 第三者のためにする契約の意義

> **CASE22-1**　　　Aは，同居の母親Bが，父親の死亡後認知症の症状がみら
> れるようになったため，有料老人ホームに入れて同年代の老人と共同生活す
> れば症状も改善されるのではないかと期待して，C会社の経営する甲有料老
> 人ホーム（以下，甲ホームという）に入居させることにした。Bも了解して
> くれたため，Aは自分が契約当事者となり，Cと，Bを入居者とする入居契
> 約を締結した。甲ホームの支払方式は，一時金方式ではなく，月払い賃料方
> 式であり，Aが債務者として支払っている。
> 【Q】　上記契約では，賃料や食事代また介護費用を支払っているAが契約
> 当事者なので，AがCに対して，Bの居住を認めるよう，また，Bに食事
> や介護サービス等を提供するよう請求できるだけであり，B自身にはこれ
> らの権利は認められないのか。

【A】　×（第三者のためにする契約であり，AがBへの履行をするよう請求
　　　　できるだけでなく，Bもこれらの契約上の権利を取得する）

[解説]　第三者のためにする契約が認められること，そのためBにも契約上の権
利が認められることを確認する問題である。
　民法は，契約の権利を契約当事者ではない者に帰属させる第三者のためにする
契約を認めている（537条）*¹。そのため，使用収益権——損傷したら修補するよ
う請求できる——，食事，介護サービス，その他の娯楽等の契約で約束されたサー
ビスの履行を求める権利をBが取得することになる。ただし，民法に規定はな
いが，Aは賃料等を支払うだけで，権利は全部Bに帰属し，Aは何らの権利もな
いのではなく，AもCに対してBへの履行を求める権利があり，Cがこれを怠れ
ば入居契約の解除ができる（☞ [CASE22-2]）。よって，Bに契約上の権利が認

められ，×が正解になる。Bの同意を得ており，受益の意思表示も認められる。
　　*¹ 『民法Ⅴ』4-5

[2]　第三者のためにする契約の権利関係

> **CASE22-2**　［CASE22-1］において，BがCの職員より虐待を受けて
> いることを知ったAが，Cに対して苦情を申し立て，改善されなければ契約
> を解除する旨を伝えた。しかし，Bは同じ入居者に多くの知り合いができ，
> 毎日の交流を楽しみにしており，甲ホームを出たくないと思っている。
> 【Q】　Aは，甲ホームでのBに対する虐待が改善されない場合に，Bの意
> 思に反してでも契約を解除することができるか。

【A】　×（第三者のためにする契約で受益の意思表示があった後は，要約者
　　　　AはBの同意を得なければ契約解除をすることができない）

【解説】　第三者のためにする契約において，諾約者たる債務者に債務不履行があ
る場合に，契約当事者である要約者が契約解除をすることができるかという問題
である。
　この点は，2017年改正前は議論があったが，改正法は，「前条の規定により第
三者の権利が発生した後に，債務者がその第三者に対する債務を履行しない場合
には，同条第1項の契約の相手方は，その第三者の承諾を得なければ，契約を解
除することができない」と規定した（538条2項）*¹。そのため，Bが反対してい
るので，Aは契約解除をすることはできず，×が正解となる。
　　*¹ 『民法Ⅴ』4-11

■第 23 章■
同時履行の抗弁権

[1] 同時履行の抗弁権の拡大

> **CASE23-1** Aは，その所有する甲画を，強迫を用いてBに 100 万円で販売し，甲画を引き渡し，また代金の支払を受けた。その後，Bは，弁護士を通じて，本件売買契約の取消しを内容証明郵便によって通知し，これはAに配達された。BはAに対して支払った代金 100 万円の返還を求めた。
> **【Q】** Aは，Bの代金返還請求に対して，甲画の返還と引換えに代金を返還するという主張ができるか。

【A】 × or △（取消しによる原状回復義務にも 533 条が類推適用されるが，強迫者については公平の観点からこれを認めないことが考えられる）

【解説】 取消しによる原状回復請求権への同時履行の抗弁権（533 条）の類推適用の可否を考えてもらう問題である。

契約解除による原状回復請求権については，546 条により 533 条が準用されている。他方，取消しによる原状回復請求権については同様の準用規定はない。しかし，これは類推適用を否定する趣旨ではなく，詐欺や強迫の場合にまで認めるべきか解釈に委ねたにすぎない。無能力者取消し（現在の制限行為取消し）や第三者の詐欺による詐欺取消しについても，同時履行の抗弁権が判例により認められている[1]。しかし，詐欺者や強迫者についてまで同時履行の抗弁権を認めるべきなのかは議論があり，295 条 2 項の趣旨を類推して否定する学説が有力である。そのため，×を正解としたが，認める可能性もあるので△の可能性も認めておいた。

  [1] 『民法V』5-3 以下

[2] 同時履行の抗弁権の要件

(a) 同一の双務契約から生じた債権債務の対立

> **CASE23-2** A会社は，その所有する甲機械を，B会社に 100 万円で販売して引渡しをし，引渡し後 1 週間以内に代金を指定の口座に振り込むことが約束された。Bは，甲機械の引渡しを受け，動かしてみたところ，不具合が認められたため，Aにただちに連絡をした。Aがすぐに確認のためにやってきたが，調査をしたところ，修補には時間がかかりそうであるということであった。
>
> そのため，Bは約束の支払期日に代金を振り込まず，代金支払期日から 1 カ月後に，Aはなんとか修補を完了し，甲機械をBに引き渡した。
>
> 【Q】 AはBに対して，1 カ月振込みが遅れたので，代金 100 万円だけでなくその間の遅延損害金も支払うよう請求している。Aの請求は認められるか。

【A】 ×（Bには修補と代金支払との同時履行の抗弁権が認められ遅滞になっていない）

【解説】 修補と代金支払とが同時履行の関係にあることを確認してもらう問題である。

まず，Bが修補をAに対して請求した場合には，Aが修補した上で引渡しをするまで 533 条の同時履行の抗弁権が認められる。修補は契約上の債務の追履行であり，契約上の債務同様に 533 条が適用になるからである[*1]。よって，Bは遅滞しておらず，×が正解になる。

   [*1] 『民法V』5-7 以下

> **CASE23-3** A会社は，その所有する甲機械を，B会社に 100 万円で販売した。Aが甲機械を整備した上で引渡しをなし，引渡し後 1 週間以内に代金を指定の口座に振り込むことが約束された。契約の 2 日後に，Bは甲機械の引渡しを受け，動かしてみたところ，不具合が認められたため，Aにただちに連絡をした。Aがすぐに確認のためにやってきたが，誠実に対応しようとしない。

そのため，引渡しから1週間が経過したが，Bは代金を振り込むことなく，修理業者C会社に甲機械の修理を依頼して，これを引き渡した。Cは部品を調達することにてこずり，なんとか1カ月して修理を完了した。Bは，Cの請求した修理費用20万円を支払った。そこで，Bは，Aに差額の80万円を指定された口座に振り込んだ。

【Q】　AはBに対して，代金は差額の80万円でよいが，1カ月振込みが遅れたのでその間の遅延損害金も支払うよう請求している。Aの請求は認められるか。

【A】　×（Bには修補請求権ないし修補に代わる損害賠償請求権との同時履行の抗弁権が認められるため，代金債務について遅滞に陥っていない）

【解説】　修補に代わる損害賠償請求権とも代金の支払が同時履行の関係にあることを確認してもらう問題である。

　本問では，Bは自ら修補をして，損害賠償請求権との相殺を主張している。この点，533条括弧書きにより履行に代わる損害賠償請求権——追完義務の履行に代わる損害賠償請求権も含まれる——と代金債権とは同時履行の関係になるので[*1]，相殺をして残額の代金債権になってその時から残額代金につき遅延損害金が発生するにすぎない。よって，Bは遅延しておらず，×が正解になる。

【関連して考えてみよう】　なお，Bが564条の損害賠償を選択するのではなく，563条の代金減額を選択した場合には，533条括弧書きが適用にならないのであろうか。損害賠償請求権との相殺も代金減額も実質的には変わらず，代金減額を選択してもその意思表示までは履行遅滞にならないと考えるべきである。

　　*1　『民法V』5-7以下

CASE23-4　　A会社は，その所有する甲地を，B会社に5000万円で売却する契約をして，手付500万円を支払って，所有権移転手続を司法書士に依頼し，翌日，所有権移転登記がなされた。Bは甲地に事業所を建築する予定である。Aは甲地を資材置き場に使用しており，未だ資材を撤去しておらず，甲地の引渡しをBになしていないが，既に所有権移転登記がなされているため，代金残額4500万円の支払を求めた。

【Q】　Bは甲地の引渡しが済んでいないことを理由に，引渡しまで代金の

支払を拒むことができるか。

【A】　○（不動産の代金支払いについては，所有権移転登記と引渡しの両方
　　　　が同時履行の関係に立つ）

[解説]　不動産売買において，買主の代金の支払と同時履行の関係に立つ売主の
債務は何かという問題である。判例は，当初，移転登記義務と代金支払義務とに
つき同時履行の抗弁権を考え，引渡義務については同時履行の抗弁権を認めなか
った（大判大7・8・14民録24輯1650頁）。しかし，その後，買主が使用目的
で契約をした場合につき，代金の支払とは移転登記と引渡しのいずれもが同時履
行の関係に立つことを認めている（最判昭34・6・25判時192号16頁）*1。そ
のような限定がよいかは措くが，少なくとも本問では，Bは事業所を建築する目
的であり，引渡しとも同時履行の関係が認められ，同時履行の抗弁権が認められ
る。よって，○が正解となる。
　　*1　『民法V』5-7以下

(b)　相手方の債務が履行期（弁済期）にあること

❶　不安の抗弁権

CASE23-5　　A会社は，その所有する中古の甲機械を，B会社に100万
円で販売する契約をした。契約と同時にBは10万円を支払い，Aは甲機械
の整備を行った上で契約から1週間後にBに引渡しをなすこと，残代金につ
いては契約の1カ月後に45万円，2カ月後に45万円を分割して支払う約束
になっていた。ところが，契約してから5日後に，Bに信用不安があり，そ
の請け負った工事が，資金難によりとん挫していることが判明した。そのた
め，1週間後の引渡期日に，Bがその後に確実に代金を支払うか不安である
ため，保証人を立てるなどの措置を講じるよう求め，これをしない限り甲機
械の引渡しには応じられないと主張した。
　【Q】　Aの主張は認めらるか。

【A】　○（Aには不安の抗弁権が認められ履行遅滞になっていない）

[解説]　いわゆる不安の抗弁権の問題である。Aは同時履行の抗弁権を放棄して
先に目的物の引渡しをすること──先履行という──を約束している。しかし，

それはBに期限の利益を与えても支払がされると信用したためであり，その信用の基礎が失われたならば，Aの保護を考える必要があり，規定はなくまた最高裁判決はないが，学説また多くの下級審判決は**不安の抗弁権**を認めている[*1]。そのため，AはBの不安解消が図られるまで，甲機械の引渡しを拒むことができ，○が正解となる。

 [*1] 『民法Ⅴ』 5-15

❷ **一度履行がされた場合**

> **CASE23-6** A会社は，その所有する甲機械を，B会社に100万円で販売し，ただちにこれを引き渡して，代金の支払は1カ月後ということを合意した。その後，Bが甲機械を使用中に，Bの従業員が不注意により甲機械を損傷してしまったため，Bは，Aに甲機械の修理を依頼し，これを引き渡した。Aは甲機械の修理を完了し，既にその時点でBの代金支払期日が到来していたため，修理費用10万円のほか代金100万円を支払わなければ甲機械の引渡しはできないと主張している。
>
> 【Q】 Aの主張は認められるか。

【A】 × or △（引渡義務は履行しており，売買契約上の引渡義務の履行との同時履行の抗弁権は主張できない）

[解説] Aは先履行の約束をするだけでなく，既に引渡義務を履行しており，売買契約上の債権債務の対立はなくなっている。Aはその後の修理委託契約上の返還義務を負っているだけであるが，この場合にも同時履行の抗弁権を拡大して認めることができるのかという問題である。

 先履行義務者が履行しないまま反対給付義務の履行期が到来したのであれば，売主の引渡義務は履行遅滞になっているとはいえ存続しているので，同時履行の抗弁権が認められる。しかし，本問ではAは既に履行して引渡義務は消滅しており，Aが現在負担しているのは修理契約上の返還義務にすぎない。そのため，パチンコ台あひる事件判決が先例として当てはまることになり（最判昭34・5・14民集13巻5号609頁），Aには甲機械の代金支払いとの同時履行の抗弁権は認められないことになる[*1]。そのため，×を正解としたが，学説には類推適用を肯定する主張もあり，判例変更の可能性もあるので，△ともしておいた。また，留置権も認められ，甲機械の占有を回復した時点で留置権が再度復活すると認め

る可能性もある*2。

　　*1 『民法Ⅴ』5-28 以下　　*2 『民法Ⅲ』注 17-7

(c) 相手方が自分の債務の履行の提供をしていないこと

CASE23-7　　　　Ａ会社は，その所有する甲機械を，Ｂ会社に100万円で販売し，1週間後にＢの工場に持参し，引渡しをするのと同時に代金を支払うことを合意した。ところが，1週間後の引渡期日に，Ｂは代金を用意して待っていたが，Ａが甲機械の整備にてこずり引渡しが遅れ，Ｂが，代金を用意して待っているので早く引渡しをするよう催告したが，Ａはその日に整備そして引渡しができなかった。結局，部品の調達などにてこずり，実際に引渡しができたのはさらに1週間後であった。そのため，Ｂは1週間引渡しが遅れたので，その期間，甲機械が使用できず工場の操業ができなかったことによる損害の賠償を求めた。

【Q】　Ａは，代金が支払われていない以上，同時履行の抗弁権があるので履行遅滞にはならないと主張して，賠償金の支払に応じようとしていないとする。この場合に，Ａの主張は認められるか。

【A】　×（Ｂは受取りと代金の支払を準備してＡに催告をしており，「提供」があったものと認められ，Ａは同時履行の抗弁権により履行遅滞の責任を免れたと主張できない）

[解説]　相手方当事者が「提供」をすれば同時履行の抗弁権を主張しえなくなることを確認してもらう問題である。

　　条文上は同時履行の抗弁権が認められるのは，「提供するまで」となっており，Ｂの提供によりＡの同時履行の抗弁権は消滅したかのようである。しかし，判例は，「同時履行の抗弁権は，当事者の一方が曽て一たび履行の提供を為したることあるも其提供にして継続せざる以上は，相手方に於て主張することを得るものとす」と，一度提供があっても同時履行の抗弁権は消滅しないと考えている（大判明 44・12・11 民録 19 輯 772 頁）。ただし，同時履行の抗弁権が認められるといっても，一方的に履行を強制されないという効果が認められる限度においてであり，履行遅滞の責任を免れるという効果までは認められるべきではない。判例も 541 条による解除を認めている（大判昭 3・5・31 民集 7 巻 393 頁）。損害賠償責任も免れないと考えるべきである*1。そのため，×を正解と考えるべきであ

る。

*1 『民法Ⅴ』5-25 以下

CASE23-8　A会社は，その所有する甲機械を，B会社に100万円で販売し，1週間後にBの工場に持参し，引渡しをするのと同時に代金を支払うことを合意した。ところが，Bは甲機械が工場長の独断で購入されたものであり，本部の了解を得ていなかったと売買契約の効力を争い，1週間後の甲機械の引取りも代金の支払もあらかじめ拒絶している。そのため，Aは工場長に代理権があったことを主張し，これがなかったとしても表見代理が成立し，売買契約が成立すると主張して，Bに再考を求めた。しかし，Bはこれに応じないため，1週間後の約束の引渡期日に，甲機械をBの工場に提供することなく，Bの意思が固いため，同日ただちに解除の意思表示をして，損害賠償を求めた。

【Q】　Aによる売買契約解除の意思表示は有効か。

【A】　○（Bは明確に履行また受領を拒絶しているので，Aは自己の債務について口頭の提供を要することなく履行遅滞責任を免れ，また，Bに対する債権についても提供を要することなくBの同時履行の抗弁権を失わせ，契約解除ができる）

【解説】　533条は「提供するまで」となっており，提供により初めて同時履行の抗弁権の主張が封じられることになっているが，明確に受領を拒絶している場合でも提供が必要なのか（以上，甲機械の受領について），また，事前に履行を拒絶していても催告しなければならないか（以上，代金の支払について），を考えてもらう問題である。

　判例は，「相手方〔A〕が債務の履行を提供するも他の一方〔B〕は債務を履行せざるの意思明確なる場合に於ては，相手方〔A〕が債務の履行を提供せざるも，他の一方〔B〕は自己の債務の不履行に付き違約の責を辞することを得」ないものと扱う（大判大3・12・1民録20輯999頁）。あとは，事前に履行を拒絶している場合に，催告なしにただちに契約解除ができるかが問題になり，判例には事前に拒絶をしていても催告を求める判決があり，それに従えば，当日催告をしてBが拒絶をしたのではない限り解除は無効になってしまう。しかし，明確に拒絶をしている場合には，そもそも催告不要なので，解除についてその旨明言した判

決はないが提供の判例等から推測すれば*1，解除との関係でも催告不要と考える
べきである*1。そのため，微妙であるが，解除は有効であり，○を正解と考えたい。

　*1『民法Ⅴ』注5-12

■第 24 章■

危 険 負 担

[1] 牽連関係の原則

> **CASE24-1**　A会社は，その所有する甲機械を，B会社に100万円で販売し，1週間後にBの工場に持参し，引渡しをするのと同時に代金を支払うことを合意した。ところが，契約から4日後に，以下の事情が生じたとする。
> ①不可抗力により甲機械が滅失した。
> ②不可抗力により甲機械が損傷した（ⓐ修理が可能な場合，ⓑ修理が不能な場合）。
> 【Q】　Aが全額の代金を受けとる可能性があるのはどの事例か。

【A】　②ⓐの事例（①ではBは代金の支払を拒絶また契約解除が可能，②ⓑでは代金が減額されるまたは解除される）

【解説】　売買契約における危険負担の問題である。①では，412条の2第1項により履行不能になり，Bは，536条1項により代金の支払を拒絶でき，また，542条1項1号により――債務者の帰責事由不要――契約を解除することができる。そのため，Aは代金を一切受けられない*1。

②ⓐでは，履行不能ではないので536条1項は適用にならず，買主Bは，562条により修補請求が可能であり――567条1項により契約後引渡しまでの不可抗力による損傷は売主の危険負担――，ただちに代金減額はできず，買主Bが売主Aに代金減額請求をするには相当期間定めて催告してAがそれに応じなかったことが必要である（563条1項）。そのため，Aは修補をすることにより代金全額の支払請求が可能になる。そのため，この場合にはAは代金全額を受けられる可能性がある。

他方，②ⓑは，修補不能なのでBはただちに代金減額請求ができ（563条2項1号）Aが修補して全額の代金を受けとることはできない。以上より，Aが代金全額を受けとる可能性があるのは，②ⓐだけである。契約自由なので，不可抗力

で不能になっても代金を支払う旨の合意はできるが，そこまで考慮しなくてよい。

*1 『民法V』6-1 以下

[2] 債権者の帰責事由による履行不能の場合

CASE24-2　　A会社は，その所有する甲機械を，B会社に100万円で販売し，1週間後にBの工場に持参し，引渡しをするのと同時に代金を支払うことを合意した。ところが，Aが，引渡期日にBの工場に甲機械を持参し，Bに受取りを求めたが，Bが，受入態勢ができていないと受取りを拒否した。そのため，Aは甲機械を自分の工場に持ち帰り保管し，Bに引き続き受取りを求めた。しかし，Bの受入態勢が整う前に，台風による未曾有の大雨により河川の堤防が決壊して濁流がAの工場に流れ込み，甲機械も水につかり修補不能の状態になってしまった。

【Q】　AはBから代金の支払を受けることができるか。

【A】　○（413条の2第2項により債権者Bの帰責事由による履行不能とみなされ，536条2項が適用される）

[解説]　債権者が受領遅滞中に不可抗力により履行不能になった場合の危険負担について考えてもらう問題である。本問の履行不能は，河川の堤防決壊という予想を超えた被害によるものであり，ABいずれの帰責事由による履行不能でもない。しかし，Bが期日に受け取ってくれていれば，このような事態は避けられたのであり，Aに危険を負担させるのは公平ではない。そのため，民法は，413条の2第2項を設け，債権者の受領遅滞中の不可抗力による履行不能は，債権者の帰責事由による不能とみなすことにした。この413条の2第2項を経由して536条2項が適用される結果，Aは代金の支払を請求できることになる*1。よって，○が正解になる。

[関連して考えてみよう]　なお，甲機械の廃棄のための処分費用については，受領遅滞による損害賠償責任の問題になる。債務不履行責任説であれば，廃棄費用をAはBに対して損壊賠償請求できる。もし，逆に，鉄くずとして売却できたならば，その収益をAはBに償還しなければならない（536条2項後段）。

*1 『民法V』6-3 以下

■第 25 章■

契 約 解 除

[1] 催告による解除──履行遅滞解除

> **CASE25-1** Aは，その所有する甲地（農地）を親戚のBに売却する契約をし，農業委員会の許可がおりる前に，Bは全代金を支払い，甲地の引渡しを受けた。ところが，AB間にいざこざがあり，不仲になり，AがBに対して，農業委員会への許可申請についての協力を求めたのに対して，Bが協力をしないで放置している。そのため，AはBに対して，許可申請に協力しないことを理由に，売買契約を解除して甲地の返還を求めた。
>
> 【Q】 AがBに対してなした契約解除は有効か。

【A】 ×（付随義務違反であり，契約をした目的を達しえないものではなく解除まではできない）

【解説】 契約解除が許される債務不履行についての評価の問題である。2017年改正前において，農地の売買で買主が知事（当時）への許可申請に協力しないため許可を受けることができなくても，買主が代金をすでに支払っていれば，単に附随義務の違反ということになり，契約の解除は認められなかった（最判昭和51・12・20民集30巻11号1064頁）。代金取得という売却をした目的は達しているためである。改正法では，541条但書の「債務の不履行がその契約及び取引上の社会通念に照らして軽微であるときは」解除が認められないものと規定し，この規定の解釈に従前の付随義務違反の判例は承継される[*1]。そのため，本問は541条但書に該当し，Aの契約解除は許されないことになる。×が正解である。

  [*1] 『民法V』7-14以下

CASE25-2　　　　A会社は，その所有する甲機械（中古クレーン車）をB会社に売却し，整備をした上で1週間後にBに引き渡し，Bは受領後遅滞なく代金を支払うことが合意された。ところが，その4日後に，その地方を爆弾低気圧が発達しながら通過し，それに伴い発生した竜巻により，甲機械が倒れてしまい，損傷を受けた。Aは低気圧通過に備えて，甲機械をしっかり固定していたが，竜巻までは想定できなかった。

　Aは甲機械の損傷を早急に修補したが，損傷が大きかったため修補に相当な時間がかかる見込みであり，とても引渡期日には間に合いそうになかった。結局，修補が間に合わず，引渡期日を経過してしまい，BがAに対して引渡しを催告しても，Aは努力をしているがまだ相当な時間がかかりそうであり，部品の調達などの時間を考えると2週間程度はかかると答えた。そのため，Bは他からクレーン車を購入しようと考え，Aに対してただちに契約解除を通知した。

【Q】　BがAに対してなした契約解除は有効か。

【A】　○（遅滞解除につき，遅滞に債務者に帰責事由があることは必要ではない）

[解説]　履行遅滞解除には，債務者に帰責事由が必要か，また，必ず催告して相当期間の経過が必要なのかという問題である。

　2017年改正前の541条については，解除のために帰責事由は要件とはされていなかったが，判例により帰責事由が必要とされていた。改正法は，契約解除は損害賠償とは異なり債務者の帰責事由は必要ではないというスタンスで立法をしており，確かに541条本文自体まったく変更がないが，改正法の下では541条の解除については，542条と平仄（ひょうそく）を合わせて帰責事由不要という解釈が可能である[*1]。そのため，Aに帰責事由がなくても，Bによる履行遅滞解除は有効であると考えるべきである。また，相当期間を与えて催告しても履行されないことが確定しているため，541条ではなく，542条1項5号により催告を要せず即時解除をする可能性もある。いずれにせよ，即時解除ができ，○が正解である。

[*1] 『民法V』7-17以下

[2]　催告によらない解除——履行不能解除など

(a)　履行不能解除

> **CASE25-3**　A会社は，その所有する甲機械（中古クレーン車）をB会社に売却し，整備をした上で1週間後にBに引き渡すことが合意された。ところが，その4日後に大型の台風が通過し，台風がもたらした未曾有の豪雨により，Aの周辺の河川の堤防が決壊し，Aの施設にも川の濁流が流れ込んで，甲機械も浸水被害を受けた。甲機械は水が引くまで2日間水浸しとなり，そのため，電気系統が使用不能になった。全面的に部品を取り換えるなど困難な修理作業を行えば，技術的には使用可能な状態にすることは可能であるが，そのためには中古販売価格をはるかに上回る費用がかかることが判明した。
>
> 【Q】　BはAに対して，①修補を求めることができるか，また，②売買契約を解除することができるか。

【A】　①×（経済的不能となる），②○（履行不能解除ができ，債務者の帰責事由は不要）

【解説】　履行不能の評価また履行不能解除の可否にかかわる問題である[*1]。まず412条の2第1項の履行不能については，経済的不能を含むかどうかは解釈にまかされ，634条1項但書が削除された経緯からして，これを含めてよい。旧634条1項但書は軽微な瑕疵に限定していたが，重大な瑕疵で過大な費用がかかる場合をカバーできないため——また，売買に追完請求権の規定を置き，請負には準用により適用することにしたため——，この規定を削除し，412条の2第1項の不能の解釈にまかせたのであり，本問はまさにその想定されていた事例である。履行不能の抗弁を認めてよく，修補請求は許されず，①は×が正解である。

　次に，履行不能解除については，2017年改正法では売主に危険を負担させたため，改正前543条は債務者の帰責事由を要件としていたのを変更し，債務者の帰責事由は不要とされた（542条1項1号）。そのため，Aに帰責事由はなく損害賠償義務を負うことはないが，Bは履行不能の危険を負担することはなく（536条1項），また，売買契約を解除できることになる。したがって，即時解除ができ，○が正解である。

[*1] 『民法V』7-21

(b) 履行拒絶による解除

CASE25-4 　A会社は，その所有する甲機械（中古クレーン車）をB会社に売却し，整備をした上で1週間後にBに引き渡すことが合意された。ところが，B側の売買契約締結を担当したCは，甲機械の買取のために必要な取締役会の許諾を得ていなかった。そのため，契約から2日後に，Bは本件売買契約の成立を争い，甲機械の引取りも代金の支払も拒絶する旨をAに通知した。同日，AはBに追認を求めたが，Bはこれを拒絶した。そのため，Aは翌日，本件売買契約を解除して，損害賠償を求める旨をBに通知した。Aは債務不履行によるに賠償請求の前提として，Bについて110条の表見代理を主張するつもりであり，これは認められるものとする。

【Q】 　AがBに対してなした本件売買契約の解除は有効であろうか。

【A】 　○（履行拒絶が明確にされているので，帰責事由の有無を問わず，また，履行期前であろうと相手方は契約解除ができる）

【解説】 　履行期前の履行拒絶を理由とした即時解除の問題である[*1]。2017年改正法により新たに，「債務者がその債務の全部の履行を拒絶する意思を明確に表示したとき」は，債権者は「直ちに契約の解除をすることができる」という規定が導入された（542条1項2号）。債務者が明確に履行を拒絶しており，履行期における履行が期待できないのに，履行期になり履行遅滞になるまで解除を待たせるのは，債権者に酷である。そのため，未だ債務不履行はないが，債務不履行が確実な場合に債権者に解除を認めたのである。よって，解除は有効であり，○が正解となる。

【関連して考えてみよう】 　ちなみに，Aは115条1項に基づき契約取消しもできるが，表見代理を主張した上で契約解除をすれば，545条4項により債務不履行を理由とした履行利益の損害賠償が認められる。

[*1] 『民法Ⅴ』7-22

(c) 定期行為における履行遅滞

CASE25-5 　A会社は，その開催する○○年2月1日14時から16時のA主催消費者向け「○○」セミナーのための配布資料の印刷をB会社に依頼した。AはBに，上記セミナーの配布資料であることを伝え，印刷内容にも

○○年2月1日14時から16時のA主催セミナーということが記載されていた。AB間で、2月1日の13時までにA本社に配達することが合意されていたが、Bの従業員が2月2日の配達と思い違いをしていたため、本件配布物の印刷を2月1日の午後に行う予定にしていた。そのため、2月1日のセミナーの開始時刻までに配達がされず、Aが開始1時間前にBに確認したところ、Bの従業員が日付を間違えていたことが発覚した。Bは陳謝して、すぐに印刷をして持っていくと説明したが、終了間際に持ってきてもらっても仕方ないので、Aはただちに契約を解除する旨を伝えた。しかし、Bはすぐに印刷できると言い張り、超特急で印刷をして、15時40分に会場に持ち込もうとした。しかし、Aはその受取りを拒否した。そのため、Bは印刷物をAの受付に、請求書とともに預けて帰った。Aはこれを配布することなく、その日のセミナーは終了した。

【Q】 BはAに対して本件印刷代金の請求ができるか。

【A】 ×（定期行為であり、催告して履行の機会を与えることなくなされた即時解除は有効である）

【解説】 定期行為についての無催告解除についての問題である[*1]。「契約の性質又は当事者の意思表示により、特定の日時又は一定の期間内に履行をしなければ契約をした目的を達することができない場合において、債務者が履行をしないでその時期を経過したとき」、債権者はただちに契約を解除できる（542条1項4号）。「一定の期間」の解釈が問題になるが、ともかくその期間内に配布すればよいお土産的な資料であれば、終了までに持ってくる可能性があれば、ただちには解除できないと思われる。しかし、その資料を用いてセミナーの説明をするというものである場合には、終了までに間に合えばよいというものではない。途中からでも使用可能なので、当然には失効はせず即時解除をするかどうかは債権者の判断に任されるが、Aが解除を選択した以上、その解除は有効と考えるべきである。そうすると、セミナー終了前に提供がされてもそれは無効であり、Bは印刷代金の請求はできないと考えられる。したがって、×が正解である。

　　[*1]『民法V』7-23以下

[3]　一部解除・全部解除

CASE25-6　　Aはペットの飼育販売を業とする会社である。Aは，ブリーダーのBから，その所有する希少種のリクガメの甲（オス）と乙（メス）2匹を購入する契約をした。ところが，その引渡前に，泥棒がBの自宅に入り，乙を盗んでしまい，犯人は捕まっていない。Bは，事情を説明し，甲だけを引き渡すので代金は半額でよいとAに連絡した。これに対して，Aは2匹いないと意味がないと契約解除を主張し，甲の引取りまたその代金の支払を拒絶した。

【Q】　BはAに対して甲を引き渡し，その代金の支払を請求できるか。

【A】　×（Aは2匹いないと繁殖目的を達しえないので全部解除ができる）

[解説]　一部不能の場合でも全部解除ができるかどうかを考えてもらう問題である[*1]。民法は，「債務の一部の履行が不能である場合」，「残存する部分のみでは契約をした目的を達することができないとき」は，ただちに契約全部を解除することができるものと規定した（542条1項3号）。Aは繁殖用に甲乙を購入したのであり，2匹揃わないと繁殖目的を達することはできない。ただし，いくらでも他から調達できる種類であれば，乙の代わりを他から調達できるので，契約目的不達成とはいえない。しかし，本問では，希少種でありなかなか手に入らないものであり，乙の代わりを探すのは大変な事例であると考えられる。そのため，事例によっては微妙であるが，Aは全部解除ができると考えることができる。よって，×が正解である。

[関連して考えてみよう]　この問題は不動産にもあてはまり，同一の所有者から隣接した甲地と乙地を両者を賃借して店舗を建設しようと賃借したが，乙地の引渡しがされない場合には，賃借人は甲地も含めて全部の賃貸借契約を解除できる。なお，履行不能また履行拒絶の場合について一部解除か全部解除については上記のように規定が置かれたが，履行遅滞（催告解除）の事例については規定が置かれていない。しかし，事情は同様であり，Bが甲を引き渡したが，乙の引渡しをしない場合には，上記規定の趣旨からして，Aは541条本文の催告解除を甲を含めて全部行うことができると考えるべきである。

　　*1　『民法V』7-26

[4]　複合契約論

> **CASE25-7**　　A会社はポニー園を所有している。B会社は，Aからポニー園を買い取りつつもポニーの飼育管理をAに任せるため，Aからポニー園を買い取るとともに，2年間のポニー全部（50匹）の賃貸借契約（Bの要請により更新可能）を締結した。
>
> 　ところが，その後，Aは，ポニー全部を他の業者に売却し，これを引き渡してしまった。Bは，Aからポニーを借りて，ポニーの管理一切をAに任せるつもりであったため，これではポニー園の経営ができないため，Aに対してポニー園の購入について契約を解除する旨を伝えた。しかし，Aは代金の支払をBに対して求めている。
>
> 【Q】　AはBに対してポニー園の売買代金の支払を請求できるか。

【A】　×（いわゆる複合契約論が適用される事例であると思われる）

[解説]　同一当事者間で，2つの契約が締結された場合に，一部の契約の不履行により全部の契約を解除できるという複合契約論を検討してもらう問題である[1]。
　「それらの目的とするところが相互に密接に関連付けられていて，社会通念上，甲契約又は乙契約のいずれかが履行されるだけでは契約を締結した目的が全体としては達成されないと認められる場合」に，いずれかの不履行により全部の契約の解除が認められている（最判平8・11・12民集50巻10号2673頁）。複合契約論といわれる。本問では2つの契約が一体不可分であり，ポニーと土地は引き渡したが，所有権移転登記を行わない場合にも，ポニーの賃貸借及び飼育委託を含めて全部解除ができる——ただ，厳密にいうと，賃貸借契約は当然に終了しており（616条の2），賃貸借契約の解除権の拡大とは異なる——。本問では，Bは他からポニーを購入し，Aにその飼育管理を委託するということも可能ではあるが，社会通念上，契約をした一体的目的を達しえないものと考えてよく，ポニー園の売買契約も解除できると考えられる。よって，×が正解である。
　[1] 『民法V』7-31

[5] 解除権の帰属と行使

(a) 解除権の帰属と行使

> **CASE25-8**　　A会社は，甲機械をB会社に販売した代金債権をC会社に
> 譲渡し，BにCへの譲渡を通知した。Cの代金の支払請求に対して，Bは支
> 払期日を過ぎても代金を支払っていない。
> 【Q】　この場合に，①AはBによる甲機械の引渡請求に対して，代金のC
> への支払との同時履行の抗弁権を対抗できるか。また，②CはBに対して，
> 代金の支払遅滞を理由としてAB間の売買契約を解除できるか。

【A】　①○（Aは代金債権を譲渡しても，代金支払との同時履行の抗弁権を
　　　　対抗できる），②×（契約解除ができるのは，契約当事者に限られる）

[解説]　代金債権が譲渡された場合に，同時履行の抗弁権と契約解除について考
えてもらう問題である[*1]。

　①については，同時履行の抗弁権は，一度成立すれば，債権譲渡があっても，
譲渡人・譲受人のいずれについても失われない。したがって，Aだけでなく，B
もCによる代金支払請求に対して，Aによる甲機械の引渡との同時履行の抗弁
権を主張できる。よって，①は○が正解である。

　②については，確かに売買契約上の代金債務について不履行があるが，契約解
除ができるのは「相手方」となっており（541条），債権者ではない。そのため，
代金債権を取得したにすぎないCは契約解除はできない。問題は，では債権を譲
渡して失ってもAは「相手方」なので解除ができるのかであるが，「相手方」が
催告をして解除をするということで，「相手方」が債権者であることが前提となっ
ている。そのため，「相手方」であっても債権がないと催告することはできず，
Aも解除ができないことになる。よって，×が正解である。

　　[*1]　『民法Ⅴ』7-32

(b) 解除権不可分の原則

> **CASE25-9**　　ABは，共同相続により取得し共有している甲画を，共同
> でCに100万円で売却し，CからABにそれぞれ50万円ずつ代金を支払う
> ことが約束された。CはBに50万円を支払ったものの，Aには代金を支払
> っていない。

【Q】 ①Cの甲画の引渡請求に対して，Aは同時履行の抗弁権を対抗できるが，代金を受領したBは対抗できないのか，②Aは，Cに50万円の代金の支払を請求しても支払がされなければ，ABとCとの間の売買契約を解除できるか。

【A】 ①○（同時履行の抗弁権は代金全額と不可分である），②×（解除権不可分の原則が適用される）

［解説］ 双務契約の当事者の一方が複数いる場合の規律を考えてもらう問題である[*1]。

①については，Bは既に自分の分の代金全額の支払を受けているので同時履行の抗弁権が認められなさそうである。しかし，Bが引渡しをしてAの同時履行の抗弁権を失わせるべきではなく，Aの保護のためにも，また，理論的には引渡しと代金全額とが牽連関係が認められるため（不可分性），AはCに対して未だ代金全額が支払われていないことを理由に同時履行の抗弁権を対抗するとこができる。よって，○が正解と考えるべきである。

②については，いわゆる**解除権の不可分の原則**の適用により，AB全員で解除をすることが必要である。1つの契約について契約当事者が複数いても，1つの解除権が全員に帰属して共同行使ができるだけであり，解除権成立後にBが代金の支払を受ければ，Aだけ部分的に解除権が存続するのではなく全員の解除権が消滅する。また，成立段階では全員に解除権の要件を満たすことが必要であり，Aだけにつき解除権の要件を満たしても，AB全員に1つの解除権が成立する必要があり，Aだけに部分的に解除権が成立することは認められない。そのため，解除権は成立しておらず，②は×が正解となる。

[*1] 『民法Ⅴ』7-32

［6］ 解除権の消滅事由

CASE25-10 A会社は，カタログによりα社製機械β1台をB会社に販売し，Aはメーカーよりβを調達して，1台をBに引き渡した（これを甲機械という）。Bは，甲機械を使用したところ，不具合が発見され，そのままでは契約通りの機能が期待できないため，Aに連絡して修補を求めた。Aは他の機械についての対応に追われていて，Bに対してすぐに対応することが

できないと陳謝した。Bは，Aに速やかに修補を求めたが，Aはこれに対応できないでいる。BはAに，修補をしないならば，契約を解除するかもしれないとほのめかした。そこでAは，修補のための人員を確保するなど準備が必要であるため，解除をするのかどうか3日以内に返答をくれるようメールにて求めた。Bはこのメールを見て，Aに誠意が見られないと激怒し，この催告を無視して3日が経過した。その後，Bが改めて正式に解除の通知をして，甲機械の引取りを求めた。

【Q】　BはAに対して甲機械の引取りを求めることができるか。

【A】　×（催告により解除権は消滅している）

【解説】　解除権が成立しても，その後に債務者による催告がなされた場合に，債権者が何も返答しないと解除権を失うことを確認してもらう問題である[*1]。

　民法は，「解除権の行使について期間の定めがないときは，相手方は，解除権を有する者に対し，相当の期間を定めて，その期間内に解除をするかどうかを確答すべき旨の催告をすることができ」，「その期間内に解除の通知を受けないときは，解除権は，消滅する」と規定した（547条）。したがって，Bはもはや解除権を失っており，修補請求，代金減額または損害賠償請求しかできず，そのなした解除の意思表示無効である。よって，×が正解になる。なお，修補請求権は残るので，再度修補を求めても修補がされなければ，新たな解除権が成立し，その行使は可能である。

　　[*1]『民法V』7-41

CASE25-11　A会社は，その工場の敷地の除草用に，B会社からヤギ2匹を購入することにしたが，実際に使えるか不安であったため，試用期間を1週間とし，その期間内にAは自由に契約を解除しうるという特約を設けた。AはBから，2匹のヤギの引渡しを受けて，除草用に使用していたが，2日後の夜間に，Aの従業員が本件ヤギを持ち出して売却してしまった。Aは本件ヤギがいなくなったため，上記特約に基づいて本件売買契約を解除して，代金の支払を拒んでいる。

【Q】　BはAに対して本件ヤギの売買代金の支払を請求できるか。

【A】　○（Aは返還不能にしたため解除権を失い，その解除は無効である）

[解説]　約定解除権が留保されているが，その期間内でも目的物を返還できなくした場合には，契約解除権は消滅することを確認してもらう問題である[*1]。

　「解除権を有する者が故意若しくは過失によって契約の目的物を著しく損傷し，若しくは返還することができなくなったとき」には，解除権は消滅することになっている（548条）。Aの従業員による窃盗であり，この点は微妙であるが，Aの帰責事由によるものと評価できるならば——ヤギの管理についての履行補助者の故意過失——，Aはもはや契約解除はできなくなり，従業員に対して損害賠償を請求するしかない。よって，BはAに対して代金の支払請求ができ，○が正解である。

　　[*1] 『民法V』7-43

[7]　法定解除権行使の効果

(a)　解除と物権変動
❶　解除前の第三者

CASE25-12　　A会社は，その所有の甲地をBに売却し，引渡しと所有権移転登記をしたが，代金はBの求めにより分割払いとした。Bは，その後，甲地をCに転売し，引き渡したが，Cへの所有権移転登記はまだされていない。Aは，Bが途中から代金の分割払いを怠るようになったため，催告の上，売買契約を解除した。既受領代金を提供して，甲地の明渡しと所有権移転登記の抹消登記を求めた，Bはこれに応じ契約解除を原因として所有権移転登記の抹消登記がされた。しかし，甲地はCが占有している。

【Q】　AはCに対して甲地の明渡しを求めることができるか。

【A】　○（545条1項但書の第三者には対抗要件を要求するのが判例である）

[解説]　545条1項但書の「第三者」について対抗要件の具備を必要とするかという問題である[*1]。

　545条1項但書は，契約解除を「第三者」には対抗できないものと規定している。CはAによる解除前の第三者であり，この要件に該当する。問題は，ACは対抗関係ではないので，いわば権利保護要件としてCに対抗要件具備を要求するか，

ということである。即時取得のように，権利を失う者が自己の相手方から目的物の返還を受けられなくして初めて第三者の保護が優先されるべきなのかという問題である。判例は，直接効果説に依拠しつつ，この点につき，第三者に対抗要件を要求している（大判大 10・5・17 民録 27 輯 928 頁〔立木の事例〕，最判昭 33・6・14 民集 12 巻 9 号 1449 頁〔傍論〕）。対抗関係ではないので，権利保護要件として対抗要件具備が必要なことになる。よって，○が正解となる。

[関連して考えてみよう] もし，Ｃが甲地を買い取るに際して，Ｂが甲地をＡから買い取ったものであり，代金未払いでかつ代金を滞納していて，いつ解除されるかわからない状態にあることを知っていた場合でも，545 条 1 項但書の「第三者」として保護されるのかという疑問はある。詐欺取消権では，悪意の第三者は保護されない（96 条 3 項）。この点，判例はなく，学説の議論も十分ではない。
*1 『民法Ⅴ』7-55 以下

❷ **解除後の第三者**

CASE25-13 Ａ会社は，その所有の甲地をＢに売却し，引渡しと所有権移転登記をしたが，代金はＢの求めにより分割払いとした。Ａは，Ｂが途中から代金の分割払いを怠るようになったため，催告の上，売買契約を解除し，既受領代金を提供して，甲地の明渡しと所有権移転登記の抹消登記を求めた。ところが，Ｂは，その後，甲地をＣに転売し，引き渡して，所有権移転登記をしてしまった。そのため，ＡはＣに対して所有権移転登記とともに，甲地の明渡しを求めた。

【Q】 ＡのＣに対する上記請求は認められるか。

【Ａ】 ×（解除後の第三者については，177 条が適用になる）

[解説] 契約解除後の第三者との関係を問う問題である*1。545 条 1 項但書の適用は，契約解除前の第三者に限られる。そうすると，解除後の第三者は，直接効果説による限り，登記を有するが無権利者から譲渡を受けたことになり，登記に公信力がないため，Ｃは保護されないかのようである。しかし，判例は取消しについて，取消後の第三者に 177 条を適用しており，直接効果説による判例は，取消しにおけると同様に解除後の第三者についても対抗問題により処理している（大判昭 14・7・7 民集 18 巻 748 頁）。そうすると AC は 177 条の対抗関係になり，先に登記を受けたＣが優先することになる。よって，ＡのＣに対する上記請

求は認められず，×が正解である。
　*¹ 『民法Ⅴ』7-54 以下

⒝　原状回復義務

❶　価格返還義務

CASE25-14　A会社は，その工場の敷地の除草用に，B会社からヤギ2匹を購入し，引渡しを受けた。AはBから，2匹のヤギの引渡しを受けて，除草用に使用していたが，2日後の夜間に，Aの従業員が本件ヤギを持ち出して販売してしまった。Aは本件ヤギがいなくなったため，代金の支払をしないでいたところ，Bから契約解除がなされ，本件ヤギの返還を求められた。ところが，Aが本件ヤギは盗まれてしまったと主張して，その返還を拒絶している。

【Q】　BはAに対して，本件ヤギの返還に代えて，その価格を支払うよう請求できるか。

【A】　○（価格返還が認められるべきである）

[解説]　契約解除における原状回復義務について，現物が返還できない場合に，買主は価格返還を義務づけられるのかという問題である*¹。
　545条1項本文は，解除の効果として原状回復義務を規定するだけであり，その詳細は解釈に委ねている。本問では，現物返還が不能であるため（412条の2第1項），原状回復義務として解除と同時に価格返還義務が成立する。Bは解除をしないでAに代金の支払を求めることもできたのであり，結論として何ら不合理もない。よって，○が正解である。
　*¹ 『民法Ⅴ』7-78

CASE25-15　A会社は，その工場の敷地の除草用に，B会社からヤギ2匹を購入し，引渡しを受けた。AはBから，2匹のヤギの引渡しを受けて，除草用に使用していたが，代金の支払をしないでいたところ，Bから契約解除がなされ，本件ヤギの返還を求められた。その後，返還前に，台風による未曾有の大雨により周辺河川の堤防が決壊し，Aの構内まで濁流が流れ込み，本件ヤギは流されて行方不明になってしまった。

【Q】　BはAに対して，本件ヤギの返還に代えて，その価格を支払うよう請求できるか。

【A】　○（価格返還が認められるべきである）

[解説]　契約解除における原状回復義務について，解除後に不可抗力により現物が返還できなくなった場合に，買主は価格返還を義務づけられるのかという問題である[*1]。
　結論として，既に引渡しにより所有者としての危険はAに移転しており，解除がなければAが負担すべき危険である。ヤギがいなくなっても代金を支払わなければならなかったのであり，代金に匹敵する価格返還を義務づけても不合理ではない。そのため，判例はないが，Aの価格返還義務を認めてよい。よって，○を正解としたい。

　　[*1]『民法V』7-74以下

CASE25-16　　A会社は，その工場の敷地の除草用に，B会社からヤギ2匹を購入し，引渡しを受けた（本件ヤギという）。AはBから，2匹のヤギの引渡しを受けて，除草用に使用していたが，注文したα種のヤギとは異なるβ種のヤギであることがわかった。β種はα種よりも気性が荒く，従業員を怪我させる危険性があった。そのため，AはBに対して，約束通りのα種の引渡しと，本件ヤギの引取りを求めた。
　Bが引取りに来る前に，台風による未曾有の大雨により周辺河川の堤防が決壊し，Aの構内まで濁流が流れ込み，本件ヤギは流されて行方不明になってしまった。

【Q】　BはAに対して，本件ヤギの返還に代えて，その価格を支払うよう請求できるか。

【A】　×（価格返還は認められるべきではない）

[解説]　契約解除における原状回復義務について，解除後に不可抗力により現物が返還できなくなった場合に，買主は価格返還を義務づけられるのかという[CASE25-15]と同じ問題であるが，買主から目的物の種類不適合を理由に解除がされた場合である。

では，[CASE25-15] とパラレルに考えるべきであろうか。しかし，本問では「種類」の違う目的物を引き渡しており，履行として認められず，Aが所有者としてその危険を引き受ける必要はなかったという大きな違いがある。そのため，履行の効果はないので，本件ヤギの所有権はAに移転しておらずB所有のままであり，Bが所有者としての危険を引き受けるべきである。そのため，Aは価格賠償の必要はなく，×が正解と考えられる。

*1 『民法V』7-73

❷　**果実・使用利益の返還義務・費用償還義務**

> **CASE25-17**　　A会社（自動車ディーラー）は，商用車10台をB会社（自動車サブディーラー）に代金完済までの所有権留保つきで販売し，Bはその1台（以下，甲車という）をC会社に販売し，Cは甲車を商用車として使用している。CはBに代金を完済しているが，Aが甲車の登録を有しているため，Cは甲車の登録名義を取得していない。
> 　Cが甲車の引渡しを受けてから8カ月後に，Bは事実上倒産し，Aは留保所有権に基づいてCから甲車の返還を受けた。そこで，CがBに対して，債務不履行を理由に売買契約を解除して，支払った代金の返還を求めた。これに対して，Bの債権者Dが，BがCに対して8カ月分の使用利益の返還請求権があると主張し，権利者代位権に基づき，これとCのBに対する代金返還請求権との相殺を主張した。
> 　【Q】　Dが代位行使をした，BのCに対する使用利益の返還請求権との相殺の意思表示は有効か。

【A】　〇（所有権留保つき目的物の売買でも，契約解除により使用利益の返還請求権が成立する）

[解説]　契約解除における原状回復義務として，他人物売買であっても，売主は買主に対して目的物の使用利益の返還を請求できるのかを考える問題である*1。

2017年改正法は，従前の判例を明文化して，受領後の目的物の果実——使用利益に拡大解釈される——について返還を義務づけられることを明記した（545条3項）。所有権留保つきの目的物の転売がされた場合についても，判例は「解除までの間目的物を使用したことによる利益を売主に返還すべき義務を負うものであり，この理は，他人の権利の売買契約……についても同様である」と判示し

た（最判昭51・2・13民集30巻1号1頁）。この判例は，改正545条3項の解釈として先例価値が認められる。そのため，Cは善意なので，AがCに対して使用利益の返還請求はできず（189条），Bが545条3項によりCに対して使用利益の返還を請求できることになる。よって，○が正解である。

 *1 『民法Ⅴ』7-84

(C) 損害賠償義務

> **CASE25-18** A会社は，乳製品の製造販売を業とする会社であり，B会社から注文を受けて高級ヨーグルト2000個を100万円で販売した。○○年2月6日までにBが代金を支払い，同日に代金の支払を確認して製品をAがBに納品する約束になっていた。Aは，Bに納品するヨーグルト（本件ヨーグルトという）を生産し，倉庫に特定して保管し，Bの代金の支払を待ったが，期日まで入金はなかった。そのため，Aは何度もBに催告したが，期日から1週間を過ぎてもBからの入金はなかった。そのため，AはBとの売買契約を解除した上で，本件ヨーグルトの消費期限が短くなったため，やむを得ずこれを激安販売店にすべて50万円で販売せざるを得なかった。
>
> 【Q】 AはBに対して，差額50万円を損害として賠償請求することができるか。

【A】 ○（545条4項により損害賠償請求が可能）

[解説] 契約解除における損害賠償請求について考えてもらう問題である*1。

 判例は解除の効力について直接効果説を採用しており，契約は取消し同様に遡及的に消滅することになる。そうすると契約上の債権も消滅し，債権の効力としての履行利益の賠償請求権も消滅してしまいそうである。しかし，民法は545条4項により，解除をしても損害賠償請求ができることを規定しており，履行利益の賠償請求権を認める趣旨であると解されている。そのため履行利益の賠償として，Aには差額50万円の賠償が認められるべきである。Bは金銭債務の不履行であるが，本問では419条による遅延損害金への賠償内容の制限は適用にならない。419条は遅滞して履行された場合の規定であり，解除された場合には，419条の制限は適用にならず，目的物を他に販売しなければならず安くしか売れなかった等，相当因果関係にある損害がすべて賠償請求できることになる。よって，○が正解である。

 *1 『民法Ⅴ』7-87以下，7-90

著者紹介

平野　裕之（ひらの　ひろゆき）

1960 年　東京に生まれる
1981 年　司法試験合格
1982 年　明治大学法学部卒業
1984 年　明治大学大学院法学研究科博士前期課程修了
　　　　明治大学法学部教授を経て
現　在　慶應義塾大学大学院法務研究科教授
　　　　早稲田大学法学部，日本大学法科大学院非常勤講師

主要著書

『製造物責任の理論と法解釈』（信山社，1990 年）

『債権総論［第 2 版補正版］』（信山社，1994 年）

『契約法［第 2 版］』（信山社，1996 年）

『考える民法 I〜IV』（辰巳法律研究所，1998-2001 年）

『基礎コース民法入門』（新世社，2001 年）

『基礎コース民法 I 総則・物権［第 3 版］』（新世社，2005 年）

『基礎コース民法 II 債権法［第 2 版］』（新世社，2005 年）

『法曹への民法ゼミナール 1・2』（法学書院，2003 年）

『プチゼミ債権法総論』（法学書院，2005 年）

『保証人保護の判例総合解説［第 2 版］』（信山社，2005 年）

『間接被害者の判例総合解説』（信山社，2005 年）

『プラクティスシリーズ債権総論』（信山社，2005 年）

『民法総合 5 契約法』（信山社，2008 年）

『民法総合 3 担保物権法［第 2 版］』（信山社，2009 年）

『民法総合 6 不法行為法［第 3 版］』（信山社，2013 年）

『事例から考える民法』（法学書院，2012 年）

『新・論点講義シリーズ物権法』（弘文堂，2012 年）

『物権法』（日本評論社，2016 年）

『担保物権法』（日本評論社，2017 年）

『民法総則』（日本評論社，2017 年）

『債権総論』（日本評論社，2017 年）

『コア・テキスト民法 I〜VI［第 2 版］』（新世社，2017-2019 年）

『新・考える民法 I　総則』（慶應義塾大学出版会，2018 年）

『債権各論 I　契約法』（日本評論社，2018 年）

『新・考える民法 II　物権・担保物権』（慶應義塾大学出版会，2019 年）

『コア・ゼミナール民法 I・II』（新世社，2019 年）

ライブラリ 民法コア・ゼミナール-3

コア・ゼミナール 民法III 債権法1
債権総論・契約総論

2020 年 5 月 25 日 © 初 版 発 行

著 者 平野裕之 発行者 森平敏孝
印刷者 加藤文男

【発行】 株式会社 新世社
〒151-0051 東京都渋谷区千駄ヶ谷 1 丁目 3 番 25 号
編集 ☎(03)5474-8818(代) サイエンスビル

【発売】 株式会社 サイエンス社
〒151-0051 東京都渋谷区千駄ヶ谷 1 丁目 3 番 25 号
営業 ☎(03)5474-8500(代) 振替 00170-7-2387
FAX ☎(03)5474-8900

印刷・製本 加藤文明社
《検印省略》

サイエンス社・新世社のホームページのご案内
https://www.saiensu.co.jp
ご意見・ご要望は
shin@saiensu.co.jp まで.

ISBN 978-4-88384-310-7
PRINTED IN JAPAN

ライブラリ 民法コア・テキスト 4

コア・テキスト
民 法 Ⅳ
債権総論 第2版

平野 裕之 著
A5判／392頁／本体2,400円（税抜き）

民法学修の「コア」を明快に説き，初学者から司法試験受験生まで幅広く好評を得ている「ライブラリ 民法コア・テキスト」を2017年の民法（債権関係）改正に合わせ，内容を刷新・拡充！ 本巻では，このたびの改正の中核部分となる債権総論について解説を行い，新たな規定に対応して，大幅な書き換えを行った。さらに図表を大幅に追加し，各巻のクロスリファレンスのリファインも行って新しい民法を一層理解しやすいものとしている。

【主要目次】

債権法について／債権・債務の意義／債務の分類及び債権の目的／弁済（履行）／相殺（法定相殺）／その他の債権の消滅原因／債権の効力と履行の強制／債権者代位権／詐害行為取消権（債権者取消権）／債務不履行に対する債権者の法的保護と提供・供託／債務不履行による損害賠償責任／債務者の帰責事由／債務不履行責任の効果／保証債務／分割主義の原則／不可分債権・不可分債務／連帯債務・連帯債権／債権譲渡／意思表示によらない債権の移転／債務引受け／契約譲渡（契約引受け）／有価証券についての一般規定

発行 新世社　　発売 サイエンス社

ライブラリ 民法コア・テキスト 5

コア・テキスト
民 法 Ⅴ
契約法 第2版

平野 裕之 著
A5判／424頁／本体2,500円（税抜き）

民法学修の「コア」を明快に説き，初学者から司法試験受験生まで幅広く好評を得ている「ライブラリ 民法コア・テキスト」を2017年の民法（債権関係）改正に合わせ，内容を刷新・拡充！ 本巻では今改正においてとりわけ影響の大きい契約法を扱い，解説を新たにしている。さらに図表を大幅に追加し，各巻のクロスリファレンスのリファインも行い，一層のわかりやすさを配慮した。

【主要目次】
契約の意義及び契約関係の規律／契約の分類／契約の成立／契約の効力／同時履行の抗弁権／危険負担／契約解除／売買契約及び交換契約（総論）／売買契約及び交換契約（各論）／利息付消費貸借契約／賃貸借契約／雇用契約／請負契約／有償委任契約／有償寄託契約／無償契約総論／贈与契約／無利息消費貸借／使用貸借契約／無償委任契約／無償寄託契約／組合契約／和解契約／終身定期金契約

発行 新世社 　　 発売 サイエンス社

ライブラリ 民法コア・テキスト 6

コア・テキスト
民 法 VI
事務管理・不当利得・不法行為
第2版

平野 裕之 著

A5判／352頁／本体2,000円（税抜き）

民法学修の「コア」を明快に説き，初学者から司法試験受験生まで幅広く好評を得ている「ライブラリ 民法コア・テキスト」を2017年の民法（債権関係）改正に合わせ，内容を刷新・拡充！ 第VI巻ではとくに不法行為法分野において初版刊行以降に出された重要新判例に対応し，さらに図表を大幅に追加している。ライブラリ各巻のクロスリファレンスのリファインも行い，一層のわかりやすさを配慮した。

【主要目次】

事務管理／不当利得総論／侵害利得／費用利得及び求償利得／給付利得（原状回復）／不法行為法の基礎理論／不法行為の基本的成立要件／過失と違法性をめぐる各論的考察／損害の発生及び不法行為との因果関係／不法行為責任の成立を阻却する事由／不法行為責任の効果／損害賠償の調整／損害賠償と相続／特定的救済（差止請求）／不法行為債権の期間制限／失火責任／責任無能力者の監督者責任／使用者責任／請負の注文者の責任／土地工作物責任／動物占有者の責任／共同不法行為／無過失責任を認める特別法

発行 新世社　　発売 サイエンス社

コア・ゼミナール
民 法 Ⅰ
民法総則

平野 裕之 著
A5判／184頁／本体1,400円（税抜き）

民法の事例問題には，定義・要件・効果の理解に加えて，問題文から「論点」を発見する能力が求められる。本書は，民法総則における173のCASE（設問）をまとめ，多様なCASEに取り組み，その解答・解説を読むことを通して問題を解く力を養成する，「事例問題の千本ノック」ともいうべき画期的演習書である。同著者による『コア・テキスト民法Ⅰ 民法総則 第2版』との併読でより理解が深まる。

【主要目次】
法人格（権利能力）とその始期・終期／法人制度（一般法人・公益法人）／契約（法律行為・意思表示）の解釈など／心裡留保，虚偽表示及び94条2項の類推適用／契約（法律行為）の無効とは？／制限行為能力者の行為／詐欺及び強迫による契約（法律行為・意思表示）／錯誤による意思表示／取消しをめぐる法律関係／代理制度総論／代理権の範囲と消滅／無権代理1（狭義の無権代理）／無権代理2（表見代理）／条件及び期限／時効制度総論／消滅時効／取得時効／時効の共通規定／物について／権利の行使・義務の履行についての一般原則

発行 新世社　　　発売 サイエンス社

ライブラリ 民法コア・ゼミナール 2

コア・ゼミナール
民 法 II
物権法・担保物権法

平野 裕之 著
A5判／248頁／本体1,700円（税抜き）

民法の事例問題には，定義・要件・効果の理解に加えて，問題文から「論点」を発見する能力が求められる。本書は，物権法・担保物権法分野における233のCASE（設問）をまとめ，多様なCASEに取り組み，その解答・解説を読むことを通して問題を解く力を養成する，「事例問題の千本ノック」ともいうべき画期的演習書である。同著者による『コア・テキスト民法II 物権法 第2版』及び『コア・テキスト民法III 担保物権法 第2版』との併読でより理解が深まる。

【主要目次】
 [物権法] 物権及び物権法／物権の効力／物権の公示と公示への信頼保護／物権変動及び物権変動の公示／不動産物権変動1／不動産物権変動2／不動産物権変動3／登記の有効要件及び登記請求権／動産物権変動の対抗／立木，農作物についての物権変動 ほか
 [担保物権法] 担保物権法総論／抵当権総論／被担保債権及び抵当権の効力の及ぶ目的物の範囲／抵当権の侵害に対する効力／物上代位／抵当不動産の用益権者の保護／抵当不動産の第三取得者の法的保護／抵当権の処分／共同抵当権／根抵当権 ほか

発行 新世社　　発売 サイエンス社